Le dernier saut de l'ange

Sylvain-Claude Filion

Le dernier saut de l'ange

Les défis d'Yves La Roche

Libre Expression

Données de catalogage avant publication (Canada)

Filion, Sylvain-Claude

Le dernier saut de l'ange : les défis d'Yves La Roche

ISBN 2-89111-880-4

1. La Roche, Yves, 1959- . 2. Ski acrobatique. 3. Saut à ski.
4. Skieurs – Québec (Province) – Biographies. I. Titre

GV854.2.L37F54 2000   796.93'7'092   C99-941773-8

Toutes les photographies publiées dans cet ouvrage ont des droits de reproduction réservés et sont utilisées avec l'aimable autorisation de leur auteur ou des titulaires des droits d'auteur. Les crédits de création ont été accordés sur la base des recherches effectuées auprès des titulaires de droits apparents. Toute erreur serait bien involontaire.

SOURCES DES PHOTOS :
Couverture :
SuperStock, Dominique Gstalder, Philippe La Roche et Julie Joannette.
Cahier photos :
Yves La Roche, Jean-Marc Rozon, Philippe La Roche, Dany Savard,
Dominique Gstalder, Suzanne La Roche, *La Presse* et Julie Joannette.

Recherche préliminaire
DOMINIQUE PAYETTE ET LUCIE FISET / PRODUCTIONS OP INC.
Maquette de la couverture
FRANCE LAFOND
Infographie et mise en pages
SYLVAIN BOUCHER

Libre Expression remercie le gouvernement canadien
(Programme d'aide au développement de l'industrie de l'édition),
le Conseil des Arts du Canada et la Société de développement
des entreprises culturelles du soutien accordé à
ses activités d'édition dans le cadre de leurs programmes
de subventions globales aux éditeurs.

Publié avec l'aimable autorisation d'Yves La Roche.
Tous droits de la personnalité réservés.

Éditions Libre Expression
2016, rue Saint-Hubert
Montréal (Québec) H2L 3Z5

Dépôt légal :
1ᵉʳ trimestre 2000

ISBN 2-89111-880-4

À Eliott

PREMIÈRE PARTIE

1

Fils du ciel

Tout au long de sa carrière de skieur acrobatique, Yves La Roche a sauté pour le plaisir. Le pur plaisir de vivre suspendu, ne serait-ce que durant quelques secondes, entre ciel et terre. Né sous le signe des Gémeaux, il y voit une explication naturelle à cette envie irrésistible qu'il a toujours eue de vouloir se sentir plus léger que l'air. D'aussi loin qu'il s'en souvienne, il a toujours éprouvé ce désir plus puissant que toutes ses volontés réunies. Suzanne La Roche, sa mère, se rappelle cette manie qu'il avait, quand il était haut comme trois pommes, de se projeter depuis le garde-fou de la galerie, agrippé à l'une des branches basses du vieil orme montant la garde derrière la maison. Le destin d'Yves La Roche se profilait déjà.

À la sensation indescriptible qu'il éprouvait à se retrouver dans les airs s'ajoutait cette impression absolue de flotter, d'échapper aux lois de la gravité, de dépasser les limites de son statut d'hominien. Il y avait aussi ce sentiment de vélocité qui lui faisait tourner la tête. Enfant, lorsqu'il s'abandonnait à rêver, Yves se sentait transporté vers le ciel à chaque songe, guidé par un élan inné, comme si sa vocation d'acrobate était inscrite dans ses gènes.

Parmi tous ses souvenirs d'enfance, rien n'égale l'émoi que lui a procuré son premier cerf-volant. Il était bleu comme le ciel. Avec des bandes rouges qui rutilaient entre les cumulus attroupés dans l'azur comme des moutons paresseux. Son petit poing crispé sur la pelote, il aurait aimé être bercé par les courants aériens à l'autre bout de la longue ficelle, allant jusqu'à souhaiter qu'une rafale subite le soulève et l'emporte.

Yves avait dix ans en 1969 lorsque les Américains marchèrent sur la Lune. Pendant un bref moment, il crut vouloir devenir astronaute. Mais la démarche des astronautes, lente, balourde, le déçut rapidement. Son sang commandait de l'action. Il avait envie de gagner, de dompter, de posséder ces secondes d'éternité qu'il pouvait voler aux lois de la nature lorsqu'il s'élançait dans les airs.

Quelques années plus tard, la pratique du trampoline lui apporta une satisfaction éphémère qui le laissa sur son appétit. Yves voulait aller plus haut. Il avait envie d'allonger ces précieuses secondes durant lesquelles il échappait à l'attraction terrestre. Yves était un adolescent taciturne et rêveur. Quand il vit le contentement de ses frères et de leurs amis cabriolant au-dessus des arcs de neige glacée qu'ils avaient façonnés au bas des pentes, Yves se surprit à les envier. Il eut envie d'essayer, et saisit l'occasion d'exécuter un premier saut acrobatique en ski. Sa petite taille et son poids léger étaient des atouts de plus pour pirouetter aisément dans le ciel, une fois propulsé par l'élan du tremplin de neige. Ce jour-là, ce fut le déclic. Yves fut ébloui par une révélation que depuis longtemps il espérait en secret. Désormais, il ne vivrait que pour le ski acrobatique. Il ne lui fallut que quelques années pour se démarquer et se hisser sur les podiums de la compétition internationale. Dès 1983, il surclassait tous les athlètes de sa catégorie, devenant le meilleur du monde, le premier à accomplir un *full-full-full*, un triple saut périlleux arrière doublé de trois vrilles successives.

Il remporta ensuite le titre convoité de vainqueur de la Coupe du monde deux fois en trois ans. Mais, du sommet de sa gloire, Yves se cherchait encore. Sa soif de liberté, de se sentir sans attaches, demeurait inextinguible. Il quitta la compétition pour expérimenter d'autres moyens de prolonger l'euphorie du saut. Il sauta en *bungee*, en parachute. Il découvrit la joie, l'extase de se retrouver plusieurs minutes dans les airs, mais la sensation d'être précipité vers le sol bémolisait son plaisir. Il ne volait pas, il ne flottait pas, il n'avait aucun contrôle sur sa course aérienne, ou si peu. Il lui fallait surtout se préoccuper d'ouvrir le parachute à temps, ou de penser à négocier son atterrissage.

Au fil des années 80, malgré sa carrière réussie et son heureux mariage avec Dany, Yves semblait toujours en quête d'une voie à suivre. Bien sûr, il avait fait ses preuves, il avait acquis la reconnaissance de ses pairs et du public dans le monde entier. Il était aimé, recherché, populaire. Et surtout il avait franchi le fil d'arrivée du défi qu'il s'était fixé des années auparavant. Mais ce n'était pas assez. Toutes les réalisations qu'il avait inscrites à son palmarès personnel n'assouvissaient pas sa soif démesurée de grands espaces. C'était une obsession. Yves ne pensait qu'à découvrir de nouvelles façons de prolonger la sensation qu'il éprouvait lorsqu'il défiait les lois de la gravité.

À cette époque, le parapente était une nouvelle discipline sportive qui faisait fureur en France. Le concept permet aux parachutistes de sauter sans prendre l'avion, et aux alpinistes de redescendre aisément des montagnes qu'ils escaladent. Et, mieux qu'un deltaplane, le parapente, voile et sellette, se transporte dans un simple sac à dos. Des amis français initièrent Yves à ce nouveau sport et, dès sa première envolée, il craqua pour le parapente. Jamais il n'avait atteint un tel degré d'exaltation. Son cœur battait à tout rompre. Pendant près d'une heure, il vola comme un oiseau au-dessus des massifs rugueux cernant Grenoble, les yeux remplis de paysages en mouvement, de forêts frémissantes, de montagnes, de labours et de pacages, tout en voyant se déployer au loin les courbes de l'Isère et les reliefs calcaires du Vercors. Il se fondait dans le paysage. Il volait. Il s'approchait du soleil.

Comme il avait alors les moyens de se payer de petites folies, il suivit la formation prescrite et acquit l'équipement. Durant les saisons qui suivirent, il effectua ses vols planés dans les Alpes, s'élançant du haut des pics enneigés, ou survolant, l'été, le fleuve Saint-Laurent en sautant depuis les hauteurs de Cap-Rouge ou de Saint-Nicolas. Enfin, il était libre comme l'air, dans l'air !

Au début, Dany n'avait rien contre le nouveau passe-temps d'Yves. Elle savait bien qu'il avait besoin de poursuivre cette quête aérienne et qu'il eût été vain de protester. À la naissance d'Eliott toutefois, elle lui demanda d'être prudent. Il était maintenant chef de famille, sa femme et son fils comptaient sur lui. Alors, même la tête en l'air, Yves promit de s'arranger pour garder les pieds sur terre.

Il était heureux avec Dany. Mais s'il accepta de devenir entraîneur de l'équipe canadienne de saut acrobatique, après avoir fait ses adieux à la compétition, ce fut un peu pour garder sa liberté. Pour avoir toujours l'occasion de voyager, et de pouvoir sauter, planer librement, loin du regard désapprobateur de Dany. Pour fréquenter les nuages, surplomber les choucas sillonnant les ravins alpins et redécouvrir la géographie des Bauges et de la Vanoise.

Survoler, voler longtemps, quitter la Terre, s'abandonner tout entier à cette osmose aérienne, juste pour être bien, pour être ailleurs, ou nulle part, peu importe, pour être loin, être haut. Yves a atteint toutes sortes de sommets. Insatiable, il persistait à vouloir sauter encore plus haut, plus loin, s'étourdissant dans une chasse à l'infini, l'âme en quête, l'esprit en perdition, toujours plus haut, toujours plus loin.

Ce désir insatiable, qui ne connaissait pas de limites, ne pouvait que mener Yves à un terrible rendez-vous avec le destin. Un jour, à Tignes, la Mort s'est dressée devant lui. Après être revenu à la vie, Yves s'est dit que la fatalité s'était chargée de le ramener à la réalité, à ses responsabilités. «Cet accident, dit-il souvent, c'est ce qu'il m'est arrivé de mieux dans la vie. Il m'a ouvert les yeux.»

2

Le dernier saut de l'ange

Tignes, 9 décembre 1989

Samedi, neuf heures. La neige n'est pas tout à fait au rendez-vous, mais il y a quand même une saine animation dans la jolie et moderne station d'hiver de Tignes, nichée à deux mille cent mètres d'altitude en Savoie, dans les Alpes, tout près de Val-d'Isère. Jeudi soir ont eu lieu les premières compétitions de ballet acrobatique. Depuis quelques années, Tignes constitue la première étape de la Coupe du monde, qui se tient de décembre à mars. On trouve au calendrier une douzaine de compétitions se déroulant surtout en Europe. Chaque saison comporte aussi une ou deux escales aux États-Unis, et, c'était fréquent au début des années 80, quelques épreuves au Québec, au mont Gabriel, au mont Sainte-Anne ou à Morin-Heights.

Mais la saison de la Coupe du monde débute invariablement dans les Alpes, la neige y étant généralement plus abondante; même si cette année il n'en est pas encore tombé beaucoup. Les cimes rocheuses de la vallée de l'Arc, où peuvent s'accumuler, les bonnes années, jusqu'à vingt-quatre mètres de neige, ne sont pas immaculées comme sur les cartes postales.

Les skieurs utilisent le monorail pour aller retrouver la blancheur incandescente de la Grande Motte, un demi-kilomètre plus haut, au-dessus des nuages. Quant aux athlètes, on a aménagé pour eux la rampe de saut, les pistes de ballet et les champs de bosses sur les versants intérieurs du Val Claret, à quelques pas des résidences. Depuis le début de la semaine, ils sont près de quatre-vingts sportifs, en provenance d'une quinzaine de pays, logeant dans l'une ou l'autre de ces résidences hôtelières qui, la nuit, avec leurs lumières jaunes et rouges, créent une sorte de girandole serpentant au pied des montagnes massives ceinturant la vallée.

Pour une quatrième saison consécutive, Yves est l'un des trois entraîneurs de l'équipe canadienne de ski acrobatique, et le coach attitré des sauteurs. Pionnier du saut acrobatique, inventeur du triple salto arrière trois vrilles, adulé par les sportifs de toute l'Europe, du Canada, du Japon et de l'Australie, et surnommé par les Français «le gourou du saut», voilà trois ans qu'il a quitté la compétition pour se consacrer à l'entraînement. Il veut transmettre à la nouvelle génération de sauteurs ce qu'il a retiré de la compétition : ses joies, ses expériences, son enthousiasme. Il est marié depuis quelques années déjà avec Dany, son égérie, sa femme de tête, qui le soutient et l'accompagne partout depuis une dizaine d'années. Pour une rare fois, elle n'a pas voyagé avec lui, car elle est restée auprès d'Eliott, le fils qu'elle lui a donné il y a six mois.

En cette matinée ensoleillée du 9 décembre, alors que son frère Philippe est déjà sorti pour s'entraîner,

Yves se rase doucement, en laissant vagabonder sa pensée. Il se sent très bien, seul dans sa chambre d'hôtel. Il a toujours aimé se tenir à l'écart des autres. Depuis quelque temps, il se demande même parfois s'il n'est pas plus heureux ainsi. À Tignes depuis cinq jours, il profite de ses matinées libres pour sauter en parapente, et, l'après-midi, il s'occupe de l'entraînement de ses athlètes de plus en plus fébriles à mesure que l'heure des compétitions approche.

Tout en se rasant, Yves jouit du silence omniprésent qui l'entoure. Il revoit Dany, projetant dans sa tête, comme s'il l'avait filmée avec un caméscope, la vision qu'il a enregistrée mentalement juste avant son départ de Lac-Beauport. Elle était étendue sur l'édredon vert forêt, tenant le petit Eliott dans ses bras, et souriait malgré le léger trouble qui voilait son regard, comme si elle n'était pas certaine de bien comprendre pourquoi il la fixait aussi intensément.

— Je veux prendre une photo de vous deux dans ma tête, avait-il simplement dit.

Alors qu'il se rince la figure avec de l'eau froide, Yves ferme les yeux et refait son cinéma. Il enfile ensuite son manteau de ski aux couleurs de l'équipe canadienne, met ses verres miroirs aux reflets dorés, et va rejoindre les autres autour des pistes.

Les épreuves de ski à bosses viennent d'être annulées : il n'y a pas assez de neige. On va donc passer au saut acrobatique plus tôt que prévu. Deux des frères d'Yves font partie de l'équipe canadienne. Philippe, le plus jeune, entame sa deuxième saison et représente l'un des espoirs les plus prometteurs de l'équipe. Il prépare un triple saut périlleux quatre vrilles qui plus tard deviendra sa marque de commerce et le conduira sur les podiums olympiques. Alain, quatre fois champion du monde au combiné en six ans, a déclaré forfait ce matin-là, s'étant blessé à la cheville lors d'un saut de réchauffement.

Dès que les athlètes et leur entourage parviennent au sommet des couloirs d'élan, les conversations s'étiolent. En quelques gestes, utilisant toujours la parole avec parcimonie, Yves prodigue ses derniers conseils aux athlètes de l'équipe canadienne tout en observant les autres compétiteurs, qui s'élancent sur la rampe de saut chaque fois que retentit le signal.

— Les juges sont prêts! *Judges are ready!*

C'est à Philippe La Roche de sauter. Au coup de clairon, il s'élance vers le bas, accélère en arrivant dans l'arc de la rampe, qui l'aspire, puis virevolte durant un peu plus de deux secondes. Il exécute impeccablement son triple saut périlleux quatre vrilles et atterrit sur le tapis blanc. Les spectateurs rangés de part et d'autre de la piste applaudissent. Philippe s'immobilise dans l'aire d'arrivée; il est satisfait mais attend son pointage avec une curiosité mêlée d'anxiété. Au tableau apparaît un excellent score qui déclenche une autre salve d'applaudissements. En suivant les traces de ses frères, le fils cadet garantit la longévité d'une tradition qui veut que le nom d'un La Roche soit toujours en tête des pelotons.

Philippe est assuré de décrocher la médaille d'argent lorsqu'il va retrouver son frère qui discute avec Dominique Gstalder. Grand ami d'Yves, Gstalder est l'organisateur des spectacles de ski acrobatique commandités par Marlboro qui animent les stations hivernales. Les frères La Roche et plusieurs autres sauteurs québécois y participent depuis plusieurs années. Ce week-end-là, Gstalder est à Tignes par plaisir, par amitié, par amour du sport. Quand il a vu Philippe réussir son saut, une belle rangée de dents blanches est apparue sous son épaisse moustache brune.

La compétition tire à sa fin; il ne reste que quelques sauts, et probablement rien qui puisse modifier l'issue du classement. Une faible acclamation accueille l'apparition des derniers pointages sur le tableau indicateur. En attendant que soit dressée l'estrade pour la remise des médailles, qui aura lieu à la tombée du jour, Philippe a déjà arrêté ses plans.

— On s'en va sur la terrasse de *L'Arbina*, lance-t-il à Yves. Tu viens nous rejoindre ?

— Non, pas tout de suite, répond Yves. Je vais faire un dernier saut en parapente.

Philippe n'insiste pas, car il sait qu'Yves ne boit à peu près jamais. Gstalder, lui, propose à Philippe de l'accompagner.

— On se retrouvera à l'Inter-Résidences, conclut Philippe.

Yves a vraiment envie de retourner sauter en parapente. Quand il aperçoit son ami Mike Abson dans la foule qui s'ébranle vers la sortie, il l'interpelle.

— Mike ! Est-ce que tu as apporté ton parapente ? Je pense qu'on pourrait faire un saut avant que le soleil se couche.

Mike possède une solide expérience, mais n'affiche pas la témérité caractéristique des La Roche. Il se laisse toutefois tenter. Il n'a sauté qu'une seule fois avec Yves, plusieurs mois auparavant, en Allemagne.

— *Sure, let's do it!* Mais il faut se dépêcher parce qu'il va faire noir de bonne heure.

Mike, un ex-sauteur de l'équipe canadienne, vit maintenant en Suisse, où il occupe un poste de direction à la firme horlogère Swatch. L'entreprise est alors commanditaire de toutes les Coupes du monde, et il est venu s'assurer, notamment, que les bannières publicitaires sont bien en vue sur les filets de protection, et, en général, que la présence et l'implication de la compagnie qui l'emploie jouissent d'une bonne visibilité sur les sites de compétition.

Compétiteurs et amateurs se dirigent vers le cœur du village, soit pour aller se changer, soit pour aller se désaltérer dans les cafés ou sur les terrasses. Ils s'agglutinent sur celles qui bénéficient encore des pâles rayons du soleil, lequel ne tardera pas à être masqué par les crêtes montagneuses.

Ce matin-là, en regardant à la fenêtre le temps qu'il faisait, Yves avait contemplé le profil majestueux du mont Palafour. Sachant que l'envie de sauter serait encore la plus forte, il avait apporté, en quittant le studio de l'Inter-Résidences, ce gros havresac qui contient son parapente. Mike va chercher le sien pendant qu'Yves s'arrête pour scruter l'horizon. Les conditions météorologiques semblent bonnes, l'air est vif mais pas froid, et le mercure oscille autour de zéro.

Situé juste en face du Val Claret, le secteur le plus retiré du village de Tignes, le mont Palafour, d'une altitude de deux mille six cents mètres, est un endroit réputé dangereux. En hiver, le saut en parapente n'y est autorisé que sur le versant opposé au village. Comme la saison est à peine entamée, les remonte-pentes ne sont pas encore en fonction. Mike et Yves doivent donc trouver un autre moyen de gravir la montagne afin d'atteindre un plateau duquel ils pourront s'élancer. Peter Judge, l'entraîneur-chef de l'équipe canadienne, accepte d'aller les reconduire le plus près possible du sommet avec son véhicule à quatre roues motrices. Lorsqu'ils montent dans la quatre-quatre, il est largement passé quinze heures et le soleil commence à sombrer derrière le pic de la Grande Motte, dont l'ombre ne tardera pas à se répandre sur le village.

Le mont Palafour possède des pentes assez abruptes, d'où peuvent se détacher des plates-formes entières de neige accumulée. Dans les Alpes, les montagnes sont nues, sans arbres ni végétation pour retenir les éventuels effondrements neigeux. C'est pourquoi plusieurs sommets alpins sont ceinturés de larges écrans d'acier pouvant atteindre dix mètres, solidement plantés dans des bases de ciment, et dont le rôle est de retenir les avalanches, ou, à tout le moins, de contribuer à réduire les dégâts. Vus d'en bas, ces paravalanches, disposés par paliers, ressemblent à des rangées de gigantesques chaises longues disposées à flanc de montagne.

La quatre-quatre s'engage dans le chemin d'accès utilisé en été pour faire la vérification du système mécanique des remonte-pentes. L'aller est ardu. Il faut contourner le pic de la montagne, et le chemin est tortueux car il épouse des sinuosités rocheuses et escarpées. Il devient vite impraticable. À quelques centaines de mètres du sommet, Judge laisse descendre Yves et Mike et les salue. Il va les regarder planer d'en bas, avec les autres qui sont déjà réunis à la terrasse de *L'Arbina*, devant une bière ou un Coca-Cola.

En effcctuant le reste du trajet à pied, Yves et Mike constatent que l'oxygène se raréfie, mais Yves a l'habitude. Il connaît bien le phénomène et il sait maîtriser sa respiration, économiser chaque geste. Il sait qu'une fois en haut ses capacités de résistance, sa condition physique, ses poumons vont être rudement mis à l'épreuve. Simplement marcher demandera une dépense d'énergie énorme. Mais la griserie qui accompagne le saut, Yves la connaît bien aussi. Cette sensation de planer, invincible, sur des panoramas inimaginables, que nulle caméra n'a sans doute jamais captés. L'ivresse des visions vierges. Le bain de nature le plus absolu.

Yves se concentre déjà sur le saut et la trajectoire qui l'attendent. Il se revoit mentalement sur le toit de la Grande Motte, qui est toujours inondé de soleil parce que bien au-dessus de la ceinture de nuages, et d'où il s'est souvent élancé, son parapente déployé, pour atterrir en plein cœur du village. Mike ne parle pas beaucoup. Les deux hommes sont comme deux soldats sur le sentier de la guerre, réservant leurs énergies pour ce combat extrême qu'ils vont livrer contre les éléments.

Une tranquille excitation envahit le cœur des deux hommes. Le plateau d'où ils vont s'élancer donne sur un précipice. Yves prévoit qu'au moment de sauter il va sentir le vent monter vers son visage et qu'il devrait s'élever sans problème. Mike trouve pourtant qu'il y a des vents latéraux. Mais il en faut plus pour rebuter Yves. Soigneusement, les deux hommes étendent leurs toiles de Gore-Tex au sol, démêlent les suspentes, inspectent les élévateurs, les sangles et les boucles. Le soleil vient de disparaître et les cieux semblent balayés par des faisceaux halogènes, vaguement rosés, offrant un contraste saisissant avec l'enfilade mauve et grise des arêtes rocheuses qui découpe l'horizon.

Le parapente de Mike Abson étant moins performant que celui d'Yves, c'est lui qui sautera le premier. Mike met son casque et regarde Yves, qui vient de s'apercevoir qu'il n'a pas le sien.

— Tu vas sauter sans casque ? demande Mike.

— Je l'ai laissé à l'hôtel. Tant pis.

Mike est prêt. Il prend son élan et saute dans le vide. Il ne vole pas très haut ni très loin, car un vent puissant vient le pousser par-derrière. Un véritable rouleau de vent, ressemblant au foehn, et qui donne l'impression d'être un vent de face pour mieux venir frapper dans le dos. C'est ce que Mike et Yves n'ont pas prévu : les vents ascendants disparaissent avec le soleil. Les courants thermiques s'inversant, c'est un vent descendant qui tire Mike vers le bas, rabattant sa voile contre la montagne, où il atterrit tant bien que mal, vingt secondes plus tard, sur une saillie. L'atterrissage a été brutal, son parapente s'est déchiré, et sa chute lui a laissé quelques ecchymoses. Du haut de son perchoir glacé, Yves n'a rien vu. Mike tente de lui faire signe, il crie en vain, agite les bras pour lui faire comprendre qu'il ne faut pas sauter, que c'est trop dangereux. Peine perdue. Yves ne voit rien, n'entend rien. Il va sauter.

Il vérifie le vent, regarde une dernière fois là où il prévoit atterrir, fait la synthèse du trajet aérien qui l'attend. Il recule, ajuste une dernière fois les courroies de sa ceinture, resserre un sanglon, saisit les poignées de commande, inspire profondément et court les quinze mètres qui le séparent du vide. La voile rose se gonfle, comme une baudruche dans laquelle un géant souffle, ses fils se tendent, elle est presque déjà au-dessus de sa tête. Vers la bourrasque qui l'attend, Yves s'élance. Le vent descendant, impitoyable, vient à sa rencontre. Yves plane, son âme plane. Aspiré par la spirale venteuse qui va bientôt le rabattre sur les épaisses grilles métalliques du paravalanche, il ne sait pas que son âme va planer encore longtemps, longtemps, dans des mondes inconnus.

3

Un instant de terreur

Encore secoué par sa chute, comprenant d'instinct qu'il l'a échappé belle et angoissé par son impuissance à faire comprendre à Yves qu'il ne doit pas sauter, Mike Abson ne peut que prier pour que le parapente de son compagnon, plus performant que le sien, réussisse à surmonter les vents descendants qui l'ont projeté contre le Palafour. Levant les yeux, il essaie de voir au-delà de la saillie rocheuse lorsque soudain il aperçoit Yves. Quelque chose cloche, son parapente ne peut se déployer dans toute son envergure. Yves est en train de perdre l'élan de l'envolée. Mike doit se pencher pour ne pas être heurté par les pieds de son camarade lorsque ce dernier passe au-dessus de sa tête.

En dépassant le seuil de la falaise, le parapente d'Yves, au lieu de s'élever, tombe comme un pigeon d'argile. Trois secondes passent. Mike s'avance jusqu'au bout de la saillie, s'appuie sur le crêt bordant la combe et regarde en bas. Ce qu'il voit le glace d'effroi. La toile rose du parapente d'Yves est accrochée aux fourches du paravalanche, dont ils n'avaient pas relevé la présence au-dessous d'eux. Mike appelle, il crie, il voit le corps d'Yves qui semble empalé entre deux poteaux, la tête pendante, inerte. Il entreprend de descendre sur le palier où se trouve le corps de son ami. Sous le flux de l'adrénaline, Mike n'a pas le temps de réfléchir à ce qu'il fait. Il ne sait pas si le sang qui luit sur ses jointures provient des blessures subies lors de sa chute ou de celles causées par la rugosité des reliefs auxquels il s'agrippe. Lorsque enfin il réussit à s'approcher de son compagnon, un spectacle horrible s'offre à son regard. Yves a la langue pendante, et le sang sort de sa bouche et de ses oreilles. Son corps n'a pas été transpercé par l'une des fourches du paravalanche, mais sa tête a dû s'y fracasser. Mike sent la panique le submerger, il ne sait que faire.

Il arrive néanmoins à se ressaisir, et grimpe sur le paravalanche pour déprendre le corps d'Yves. Il parvient à le dégager de sa cage d'acier et il le dépose par terre, puis l'enveloppe dans la toile de Gore-Tex pour préserver sa chaleur corporelle et prend son pouls. Yves vit encore. Mais pour combien de temps?

Jamais, de toute sa vie, Mike ne s'est senti aussi seul sur terre, juché sur un pic alpin, quelque part sur le toit du monde, à deux mille mètres de toute âme qui vive. Fixant son regard sur le village minuscule au creux de la vallée, il crie à s'en déchirer les poumons. Il enlève sa veste de ski, qu'il agite à bout de bras, comme un pavillon. Pendant cinq longues minutes, le hurlement désespéré qui sort de sa bouche lui fend l'abdomen. Une éternité s'écoule. Le soir tombe et l'horizon a pris une teinte métallique. Les yeux hagards, Mike voit enfin un point noir se déplacer en contrebas. C'est la camionnette d'une athlète italienne, il le saura plus tard, qui s'approche du flanc de la montagne pour faire clignoter ses feux en signe de reconnaissance. Mike sent au plus profond de son être un immense soulagement. Les secours vont arriver.

4

Ondes de choc

Assis à la terrasse de *L'Arbina*, son grand corps athlétique presque trop large pour la petite chaise de CPV qui le contient, Philippe termine sa première bière d'une seule traite. Entamer la saison de la Coupe du monde avec une médaille d'argent donne meilleur goût à la bière, qui dilue le stress de la journée en lui procurant une douce torpeur. Autour de lui, Peter Judge, Dominique Gstalder et quelques athlètes devisent dans la bonne humeur. On parle déjà de la prochaine épreuve, qui se tiendra à La Plagne, dans deux semaines. On surveille distraitement les deux parapentistes, qui apparaissent comme deux petits points de couleur mobiles en haut du Palafour. On attend de les voir planer, tout en poursuivant une conversation à bâtons rompus qui se veut aussi légère que le col mousseux des bocks.

Soudain, quelqu'un discerne, près d'une rangée de paravalanches, une veste fluo qu'on agite comme un drapeau. Le mot circule rapidement de table en table et des regards convergent vers le Palafour.

— N'est-ce pas la voile d'Yves, là-bas, sur les râteliers ? commente Gstalder.

— On dirait Mike Abson qui envoie des signaux, ajoute Philippe.

— Je pense que quelque chose ne va pas, fait Gstalder.

Pendant que d'autres têtes se tournent vers la montagne, Dominique Gstalder bondit de son siège et se précipite à l'intérieur du bar afin de trouver un téléphone. Peter Judge, qui l'a suivi, lui donne le numéro du Club des sports. L'appel de détresse est immédiatement relayé à la Sécurité des pistes, qui alerte le Service mobile d'urgence et de réanimation. Il est seize heures cinq. Quatre minutes plus tard, le véhicule tout-terrain du SMUR quitte le garage avec trois hommes, dont le sapeur en chef Dimier, et tout le matériel de montagne. On prévient la police municipale et la gendarmerie. À seize heures douze, en route pour le sommet du Palafour, le sapeur Dimier contacte le centre médical de Tignes-le-Lac; le docteur Schubert, un ex-gymnaste spécialisé dans le traitement des accidents sportifs, quitte la clinique en trombe pour monter les rejoindre. Resté au Club des sports, Aimé Favre, l'organisateur de la Coupe du monde, redoute le pire. Il suggère qu'on envoie immédiatement un hélicoptère, même si, au fond, il ne veut pas croire à la gravité de l'accident. Mais il s'agit d'Yves La Roche, «le fou du ciel» comme il l'appelle, et ce n'est donc pas un accident comme les autres. Depuis plusieurs années, Yves est cité en exemple dans tout le circuit du ski acrobatique, car son professionnalisme, son honnêteté et son bon jugement au comité de sécurité durant les compétitions lui ont acquis un respect sans équivoque. Mais Favre sait bien que le processus habituel doit être suivi à la lettre. Il ne peut qu'attendre, sur la fréquence radio, les consignes officielles.

Gstalder et Judge sont retournés auprès de Philippe sur la terrasse. Impuissants, ne sachant pas encore ce qui se passe, ils décident de rentrer à pied à l'Inter-Résidences. L'éclat du jour commence à faiblir. Charles Puts est à la réception lorsque arrive le cortège. Il est tout de suite atterré. Depuis une dizaine d'années, les athlètes canadiens séjournent toujours à l'Inter-Résidences Le Palet, que dirige M. Puts, un homme jovial mais aussi caractériel, et qui est un peu comme un second père pour eux. Il aime les Canadiens et les athlètes le lui rendent bien.

On prévient ensuite Alain La Roche, resté dans sa chambre. Lui ne s'énerve pas. Il dit qu'Yves s'est probablement fait mal à un genou ou quelque chose comme ça. Les frères La Roche ont tellement l'habitude des petits bobos. Ils affichent depuis longtemps une espèce de fierté orgueilleuse devant la fatalité. Dans leurs regards d'acier, on peut lire depuis toujours leur arrogante impunité. Philippe, qui n'a que vingt-trois ans, a la carapace moins trempée. Il scrute le visage de ses aînés, de Gstalder, de Judge, dans l'espoir d'y déceler une lueur rassurante.

— Probablement encore une niaiserie, laisse tomber Alain en haussant les épaules.

Mais Puts a perçu de l'inquiétude dans les yeux de Philippe.

— Allons voir ce qui se passe, dit-il d'un ton péremptoire en prenant son manteau.

Alain, Philippe, Gstalder et Judge le suivent, alarmés par sa mine inquiète. Ils essaient de comprendre, dans le jour qui meurt, ce qui se passe sur le Palafour. La voile rose du parapente d'Yves est toujours affalé sur l'un des râteliers. Qu'est-ce que cela signifie ? On voit une quatre-quatre qui poursuit péniblement son ascension. Puts veut en avoir le cœur net et décide de se rendre illico au centre médical.

Quinze minutes se sont écoulées depuis que l'appel de détresse a été enregistré par la Sécurité des pistes. Le véhicule de secours et de réanimation arrive à proximité des pistes du Palafour, à quelques centaines de mètres du lieu du drame, et ne peut pas rouler plus loin. On poursuit à pied avec le docteur Schubert et le matériel de secours. Dix minutes plus tard, on arrive à la hauteur du râtelier où Yves s'est abîmé avec son parapente et on voit Mike Abson accroupi au pied du paravalanche, tenant la tête d'Yves sur ses genoux. Constatant la gravité de l'accident, Dimier demande tout de suite un hélicoptère, pendant que le docteur Schubert examine Yves et le place sous oxygène. Il se tourne ensuite vers Mike Abson. Celui-ci, les lèvres tremblantes, l'œil hagard, ahane, l'état de choc le paralyse. Il soutient encore la tête d'Yves. Il essaie d'expliquer ce qui s'est passé. À seize heures quarante-sept, lorsque l'hélicoptère des services de secours quitte sa base de Courchevel, la nuit est pratiquement tombée. Après un examen plus poussé, le docteur Schubert pose un premier diagnostic. Yves est dans un coma profond, son pouls, sa respiration, sa tension artérielle semblent stables, mais il y a une otorragie importante et un traumatisme crânien qui paraît grave. Schubert le place sous perfusion sanguine.

À dix-sept heures douze, l'hélicoptère parvient à se poser dans une anfractuosité à proximité du véhicule de secours. Le corps d'Yves est rapidement déplacé sur un matelas gonflable et installé dans une coquille. Dans l'obscurité de la nuit qui les enveloppe maintenant, les secouristes manquent par deux fois de trébucher sur les roches gelées en le transportant vers l'hélicoptère. Il faut ensuite plusieurs minutes pour le treuiller par cordage, sur un brancard spécial, à l'intérieur de l'hélico. Le docteur Schubert et le sapeur Dimier demandent qu'Yves soit transporté à Annecy, chef-lieu du département. Mais le transfert leur est refusé : il faut suivre la sourde hiérarchie des services de santé français. C'est au petit centre hospitalier de Bourg-Saint-Maurice, à une quinzaine de kilomètres de là, que l'hélicoptère va déposer Yves. Des minutes, des heures précieuses vont être gaspillées.

Sur les terrasses du Val Claret, où la nouvelle s'est répandue comme une traînée de poudre, et au pied des pentes, où Alain, Philippe, Gstalder et les autres scrutent l'obscurité qui vient d'absorber le Palafour, on s'accroche à l'espoir et on spécule à peine. Quand on voit les feux de position de l'hélicoptère des secours aériens clignoter au-dessus des paravalanches, tout le monde comprend que ce qui est arrivé est gravissime. Des gorges se serrent; Alain La Roche ne crâne plus.

Au centre médical, Puts suit sur la fréquence des pompiers la conversation radio qui se poursuit avec l'équipe de sauvetage et le docteur Schubert. Il réalise rapidement à son tour la gravité de l'accident qui est survenu. Dès qu'il a la confirmation qu'Yves est acheminé vers l'hôpital de Bourg-Saint-Maurice en hélicoptère, il court vers sa voiture pour informer les autres à l'Inter-Résidences. Conduisant sa Honda le regard fixé droit devant lui, les mains crispées sur le volant, le cœur battant la chamade, il ne voit rien des bouquets de lumières jaillissant à gauche et à droite de sa voiture et est indifférent à l'éclairage brutal des lampadaires du tunnel-paravalanche reliant Tignes-le-Lac et le Val Claret.

M. Puts est déchiré, en proie à la tristesse et à la stupeur. Au fil du temps, il a vu grandir son attachement pour les athlètes canadiens, qui séjournent souvent plusieurs fois par année dans l'un des cent cinquante studios de son Inter-Résidences Le Palet. Depuis le jour où les Canadiens se sont pointés à la réception pour y passer une première semaine, au début des années 80, une profonde amitié s'est nouée entre lui et ces fils du ciel qui avaient aussi le bonheur de parler la même langue que lui. Puts avait déjà sponsorisé des équipes nationales qui lui avaient laissé d'amers souvenirs. Il adore recevoir les équipes américaines ou européennes, mais affiche une nette préférence pour les membres de l'équipe canadienne. Dès le début, il a été impressionné par leur bonne conduite. Les athlètes canadiens sont jeunes et exubérants, bien sûr, mais Puts a été ébloui par leur gentillesse et leur spontanéité, qu'il s'agisse des La Roche autant que des autres vedettes du ski acrobatique canadien comme Lloyd Langlois ou Jean-Marc Rozon.

Lorsque Charles Puts entre dans le lobby de son hôtel, le visage défait, il sent que le courage va lui manquer. Des accidents sur les pistes, parfois mortels, il y en a toujours plusieurs par année à Tignes. Mais, cette fois, le destin vient de s'en prendre à Yves, et cela l'atteint jusqu'au tréfonds de lui-même. C'est injuste. Jamais la montagne ne s'en était prise à l'un des siens. Il doit maintenant dire aux autres ce qu'il sait, en utilisant des mots qu'il n'a jamais voulu prononcer.

Dans le petit salon attenant au hall de l'hôtel, le feu dans le foyer répand sa lueur orangée sur les visages consternés des frères La Roche, de Dominique Gstalder et de Peter Judge, qui attendent, immobiles, la suite des événements. Tony Galea, un urgentiste de Toronto qui accompagne l'équipe canadienne, s'est joint à eux. Parfois l'un d'eux ouvre la bouche, mais, jugeant préférable de ne rien dire, n'exhale qu'un soupir de résignation, alourdissant le silence de plomb que le crépitement des bûches est seul à troubler.

Lorsque Puts arrive auprès d'eux, son visage ravagé rend tout préambule inutile.

— Yves est dans le coma, murmure-t-il, la voix éteinte. Un hélico le transporte à Bourg-Saint-Maurice. Nous devrions prendre deux voitures pour nous y rendre. Ainsi…

— Partons tout de suite, l'interrompt Alain.

— Oui, allons-y, enchaîne Philippe.

Dominique propose de véhiculer les frères La Roche.

— Docteur Galea, vous allez monter avec moi, dit Puts avec autorité avant de se tourner vers Philippe. Toi, il vaut mieux que tu restes ici pour servir de relais. Et il faut préparer la valise d'Yves. Il faut être paré à tout.

Quelqu'un a rapporté le parapente d'Yves et l'a laissé en boule sur un des fauteuils de la réception. Puts le recueille machinalement en sortant afin de le placer dans le coffre de sa voiture. En repliant la toile sur la roue de secours, il y voit des taches de sang. Cela lui confirme l'immensité du drame. Il ne peut retenir une larme, qui va choir sur la toile rose du parapente. Il s'essuie les yeux avant de refermer le coffre. Il ne faut surtout pas qu'on le voie pleurer. Les autres sont déjà sortis et prennent place dans la voiture garée près de la sienne.

Philippe avait protesté mollement en recevant la consigne de Puts. Au fond, il préfère qu'on lui dise quoi faire. Chaque minute qui passe lui semble tellement irréelle. Il reprend l'ascenseur pour aller mettre les affaires d'Yves dans une valise. Il se sent tout drôle car il n'arrive pas à croire à la fatalité qui vient de s'abattre sur son frère. Il essaie de comprendre pourquoi les rôles sont soudain inversés : c'est lui, le sauteur, qui a couru des risques toute la journée ; comment se fait-il que cela arrive à Yves ? Les La Roche savent depuis longtemps qu'ils flirtent avec le danger. Combien de fois lui et ses frères Dominic, Alain et Yves se sont-ils élancés de la rampe ? Des milliers de fois. C'est comme si la loi des probabilités venait finalement d'imposer sa règle : un accident devait se produire tôt ou tard. Mais pourquoi est-ce Yves qui en est la victime, lui qui, en abandonnant la compétition, semblait s'être mis à l'abri du mauvais hasard ?

Philippe est complètement abasourdi lorsqu'il tourne la clef dans la serrure de la chambre qu'il partage avec son frère depuis une semaine. Il ramasse les chaussettes qu'Yves avait insérées dans les fentes du calorifère pour les faire sécher après les avoir lavées la veille dans la baignoire. Tout ce qui l'entoure prend soudain un aspect dramatique. Philippe n'a jamais été particulièrement proche d'Yves, ce grand frère que, dans son adolescence, il voyait parcourir la planète pour sauter en ski depuis les plus hauts sommets.

Étrangement, cette semaine-là, il s'est beaucoup rapproché d'Yves. À la faveur de leur vie commune dans le petit studio de l'Inter-Résidences, Yves s'est beaucoup ouvert à lui, parlant abondamment de sa vie et lui expliquant comment il se sentait quand il sautait. Il voulait lui transmettre sa vision de la compétition, l'état d'esprit qui garantissait la réussite d'un saut, lui enseigner les préceptes d'une philosophie gagnante, pour la Coupe du monde comme pour la vie en général. En repensant à ces conversations, Philippe se demande si Yves n'a pas agi par prémonition, comme s'il avait su qu'il allait mourir…

— Mourir…, mourir…, murmure Philippe en proie à un sentiment de vertige. C'est impossible…

* * *

Il est peut-être dix-huit heures trente lorsque les deux voitures parties de Tignes arrivent à l'hôpital Saint-Michel de Bourg-Saint-Maurice. Mais dans la tête de Puts, d'Alain, de Gstalder et de Galea, on dirait que des journées entières viennent de s'écouler tellement la lassitude qui les envahit est dense.

Yves vient d'être admis aux soins intensifs. Les médecins qui l'examinent refusent d'abord à qui que ce soit de le voir. Les premiers constats qu'ils livrent sont alarmants. Charles Puts insiste.

— Je veux le voir, il le faut !

— Non, vous ne pouvez pas entrer, répète sèchement le médecin.

36

Puts ne l'entend pas ainsi. Il garde un mauvais souvenir du petit hôpital où il a déjà dû se faire soigner. Le ton sec du médecin a mis le feu aux poudres. Puts explose.

— Je me fous de vos règles! J'exige que le médecin de l'équipe canadienne, Tony Galea, puisse aller voir le blessé. Nous voulons savoir quelle est la situation réelle!

La fureur de Charles Puts demeure sans réplique. Galea se présente aux médecins de l'hôpital Saint-Michel, les remercie d'un signe et quitte le groupe quelques minutes. Gstalder et Alain sont restés assis, silencieux, sur un banc. Ils n'ont même plus le courage de se regarder. Ils observent Charles Puts, debout, les bras croisés, sous la lumière crue.

Lorsque Galea ressort de la salle des soins intensifs, son regard est sombre. Il ne parle pas tout de suite, cherchant ses mots.

— Allez, parle! l'implore Alain.

La voix de Galea est monocorde.

— Yves a subi un traumatisme crânien, il a une fracture ouverte de l'os pariétal droit. Il y a un encombrement bronchique, ça veut dire qu'il a inhalé de son sang. La constriction de ses mâchoires laisse supposer un trismus serré. Il est plongé dans ce qu'on appelle un coma réactif et il ne répond pas à la stimulation douloureuse.

— Son cœur? demande Puts.

— Son pouls est à soixante-dix, ce qui est normal, et il y a probablement d'autres fractures. Ce qui est plus grave, c'est qu'il a peut-être un traumatisme du tronc cérébral et cela pourrait endommager

37

irréversiblement son système nerveux. Il faudrait des examens poussés pour établir un diagnostic plus précis.

Les médecins de Saint-Michel se sont rapprochés d'eux. Tony Galea décide de ne pas cacher la vérité à ses amis.

— Il y a très peu d'espoir qu'Yves survive. Son coma est profond. Ses bras et ses jambes ont commencé à se recroqueviller sous l'effet de la décérébration.

— Nous sommes désolés, il n'y a plus rien à faire, ajoute derrière son épaule la voix d'un médecin qui va ensuite rejoindre ses collègues.

Un silence assourdissant accueille le discours de Galea. Soudain, Alain La Roche, ce colosse qui a toujours paru aussi solide que le roc, éclate en sanglots.

— Mon frère va mourir! Mon frère va mourir!

En voyant cet homme fait pleurer comme un gamin, le sang de Puts ne fait qu'un tour. Il se précipite aussitôt vers les médecins de l'hôpital pour exiger qu'on transporte Yves dans une plus grande institution dans les meilleurs délais. Les médecins refusent en disant qu'il ne passera pas la nuit. Puts crie. On ne laissera pas Yves La Roche, l'un des athlètes les plus respectés de la confrérie du ski international, mourir sans avoir fait tout ce qui est humainement possible de faire pour le sauver. On songe d'abord à Lyon, puis à Grenoble, où il y a un centre hospitalier universitaire. Dominique Gstalder approuve et il va téléphoner à sa sœur, qui est là-bas chef de service en anatomie pathologique. Avec le concours de son mari, lui aussi professeur de faculté et spécialiste à l'hôpital, elle pourra s'assurer qu'Yves recevra le meilleur traitement possible.

Les autorités médicales de Bourg-Saint-Maurice finissent par céder, mais les médecins ne cachent pas leur pessimisme. Ils restent convaincus qu'Yves n'arrivera pas vivant à Grenoble. Puisque les hélicoptères ne peuvent circuler la nuit, Charles Puts demande une ambulance. Il finit par l'obtenir, mais, comme Yves est sous perfusion, intubé, et qu'il a besoin d'un respirateur, il faudra attendre un véhicule spécialisé qui ne sera pas disponible avant au moins une heure. Encore du temps perdu.

Galea s'approche de Puts et déclare qu'il serait important d'avertir la femme d'Yves dans les plus brefs délais. Avec un geste de réconfort, Puts demande à Alain de téléphoner à Dany. Ayant repris son calme, Alain décide plutôt d'informer ses parents, son père surtout, en premier lieu.

* * *

Au moment où Yves La Roche gravissait le Palafour avec Mike Abson pour tenter d'exécuter un saut en parapente, Guy et Suzanne La Roche prenaient leur petit déjeuner au lac Beauport. À cette époque, alors que plusieurs des enfants La Roche parcourent la planète d'une compétition à une autre, la maison située au pied des pentes constitue le relais familial, le centre officiel de renseignements.

En décembre 1989, Guy et Suzanne vivent seuls dans leur grande maison du chemin des Pentes. Seul leur fils Bernard, qui occupe l'un des logements du bas, est parfois près d'eux; les autres poursuivent leur vie ailleurs, mais plusieurs ont leur résidence permanente à Lac-Beauport. Dominic se consacre à ses entreprises de production télévisuelle, Simon est à Trenton, en Ontario, où il termine son mandat au sein des forces armées, et, pendant qu'Alain, Philippe et Yves sont à Tignes, Lucie poursuit ses compétitions de descente. Elle a terminé la veille au vingt-quatrième rang aux épreuves de Steamboat Springs, dans le Colorado.

Après le petit déjeuner, Guy s'affaire à fabriquer des couronnes avec des branches de sapin pendant que Suzanne décore l'arbre de Noël autour duquel toute la famille va se réunir dans quelques semaines. Depuis près de trente ans, le réveillon du 24 décembre est un soir sacré au calendrier des La Roche. Lorsque la maison entière fleure bon le sapin fraîchement coupé, tous les rameaux de l'arbre familial sont rassemblés dans la grande salle à manger pour un festin de fruits de mer. Guy La Roche a institué cette tradition et, ce soir-là, il endosse avec un plaisir non dissimulé ses habits de patriarche.

Un peu après midi, le téléphone sonne. Guy et Suzanne s'attendent tous deux à recevoir un appel de Tignes, car, à l'issue de toutes leurs compétitions, les enfants La Roche téléphonent immanquablement à la maison pour annoncer à leurs parents les résultats de la journée.

— Ce sont les garçons, fait distraitement Suzanne en choisissant un angelot en plâtre dans une boîte de décorations.

Guy décroche le récepteur. Il ne lui faut qu'une seconde pour comprendre, à la voix d'Alain, que quelque chose ne va pas. Alain, qui n'a pas l'âme à s'embourber dans les formes, est plutôt laconique.

— Yves a eu un accident en parapente. Il a reçu un coup sur la tête. On ne sait pas s'il va passer la nuit.

Guy reste bouche bée. Suzanne, qui vient de s'emparer d'une guirlande, s'étonne de son silence.

— Qu'est-ce que tu me racontes ? dit Guy en serrant le combiné un peu plus fort.

La voix d'Alain, à l'autre bout du fil, semble tellement loin.

— On ne sait rien, papa. On va le transporter à Grenoble, dans un hôpital universitaire. La sœur de Dominique Gstalder travaille là.

— Mais Yves ? Passe-le-moi !

— Yves est dans le coma, papa. On ne sait pas s'il va passer la nuit. On va vous tenir au courant au fur et à mesure, O.K. ? Ça ne sert à rien d'en parler.

Trait typique. Les émotions, chez les La Roche, ça ne se discute pas, ça se digère. Guy a cessé d'écouter Alain. Cédant à son scepticisme naturel, il veut se convaincre que ce n'est pas vraiment sérieux. Ses fils se sont infligé des dizaines et des dizaines de blessures au cours des ans, mais il est impossible que quelque chose de grave soit arrivé. Il refuse d'y croire. Suzanne, prenant conscience que le coup de fil comporte un élément inhabituel, demeure interdite devant le sapin, avec, pendante, la guirlande accrochée entre les doigts. Alain ayant promis à son père qu'il le tiendrait au courant au fur et à mesure des développements, Guy raccroche. Il ressent un poids immense sur ses épaules. Suzanne est toujours devant le sapin à demi-décoré, comme une ombre floue dans le halo diaphane de l'après-midi neigeux qui entre à pleines fenêtres. Il la regarde longtemps dans les yeux, incapable de lui répéter ce qu'il vient d'entendre. Elle comprend sans aucun doute, car elle reste immobile devant le sapin odorant et ne pose aucune question.

* * *

Avant même la naissance d'Eliott, Dany savait qu'elle devrait faire une croix sur les voyages. Plus question d'accompagner Yves aux quatre coins du monde. Ni de sortir, de danser, de s'éclater dans les discos, le soir, alors que les athlètes sont déjà au lit. Elle devrait désormais se consacrer aux soins de son bébé. Elle savait aussi qu'Yves avait envie de bouger, de s'éloigner d'elle. Elle comprenait son besoin de liberté. C'est sans doute pour tromper l'ennui que lui procuraient les absences prolongées de son mari que Dany travaillait régulièrement à son salon de coiffure du quartier Limoilou.

Le 9 décembre, elle y a coiffé des clientes tout l'avant-midi avant de sortir à l'heure du lunch pour aller faire quelques emplettes au marché aux puces de la basse ville.

Une surprise l'attend lorsqu'elle revient au salon en début d'après-midi. Guy et Suzanne La Roche sont debout dans l'entrée. Ils ont gardé leurs manteaux, comme s'ils venaient d'arriver ou plutôt comme s'ils n'avaient pas l'intention de rester longtemps. L'imagination de Dany s'emballe. Ses beaux-parents ne sont pas du genre à lui rendre une petite visite de courtoisie au salon. Au contraire, depuis des années, leurs relations se limitent à une tiède cordialité. Le regard stoïque de Guy l'impressionne, des larmes baignent le visage de Mme La Roche. Dany comprend très vite qu'il s'est passé quelque chose d'épouvantable.

— Il faut que tu partes, lui dit Guy. Yves a eu un accident. Il s'est blessé à la tête.

Dany se sent défaillir, elle est tétanisée.

— Qu'est-ce qui est arrivé? Qui vous a appelé?

— Alain nous a téléphoné. Yves a eu un accident de parapente. Ce n'est pas très grave, mais il faut que tu ailles le rejoindre.

Dany se prend la tête entre les mains. Elle croit entendre le grondement sourd d'un tremblement de terre, tout semble s'écrouler autour d'elle. Elle fait un effort surhumain pour se dominer. En reniflant, elle confie les clefs à une employée, puis quitte le salon avec ses beaux-parents, qui la ramènent à Lac-Beauport. En entrant chez elle, Dany commence à réaliser l'étendue du drame. Ses belles-sœurs sont déjà là, il y en a deux qui pleurent à chaudes larmes sur le divan. Elle doit immédiatement prendre plusieurs décisions. Il lui faut d'abord acheter un billet pour le prochain vol à destination de Genève. Dany n'a pas d'argent. Elle téléphone à sa mère, qui lui répond qu'elle ne peut pas l'aider. La nouvelle de l'accident est déjà en train de se répandre dans la province et le téléphone n'arrête pas de sonner. France, la compagne de Philippe La Roche, est dans la chambre de Dany, en train de préparer sa valise. Lorsque Dany finit par trouver une place sur un vol d'Air Canada en partance de Mirabel à dix-huit heures, Marie-Andrée, la compagne d'Alain, lui tend sa carte de crédit. Guy et Suzanne La Roche, qui ont songé à prendre l'avion pour Genève eux aussi, décident de rester au lac.

— Alain et Philippe sont déjà là-bas, déclare Guy. Nous serons plus utiles ici. S'il y a quoi que ce soit à coordonner, je pourrai m'occuper de tout.

Un premier avion doit décoller de l'aéroport de L'Ancienne-Lorette à dix-sept heures pour mener Dany à Mirabel. Elle n'a même pas le temps de se changer, et elle ignore ce que France a mis dans son sac de voyage. Tout ce qu'elle sait, c'est qu'elle doit se rendre au chevet de son mari. Il n'y a pas une minute à perdre. On la presse, son beau-père l'attend déjà dans la voiture. La dernière image qu'elle garde de la maison est celle du petit Eliott, qu'une de ses tantes tient dans ses bras, agitant sa menotte dans la fenêtre du salon, pendant que des flocons de neige tourbillonnent entre eux.

* * *

Ce soir-là, dans les Alpes, les conditions routières ne sont pas trop mauvaises. Les routes, heureusement, ne sont pas glacées au sortir de Bourg-Saint-Maurice, où les virages en épingle à cheveux sont encore nombreux, et les précipices, à fleur de route. Mais il faut rouler à cinquante kilomètres-heure pour garantir la stabilité des appareils auxquels Yves est relié.

Tout le temps que dure le parcours, Alain, Philippe et Dominique Gstalder rongent leur frein en silence. Mille images se bousculent dans l'esprit des frères d'Yves, se superposant comme dans un kaléidoscope. Yves brandissant son trophée sur la première marche du podium. Yves faisant une pitrerie avant de dévaler une pente. Yves rêvassant au-dessus de son assiette, au restaurant. Ou sa tête bouclée penchée au-dessus d'un manuel. Ses mains sculptant une rampe de saut. Son corps arqué dans le ciel. Son sourire révélant deux rangées de dents blanches au soleil.

Vers minuit, après une course de quelque deux cents kilomètres, l'ambulance qu'ils ont suivie avec impatience se gare dans le parking de l'hôpital Michaillon du Centre hospitalier universitaire de Grenoble. Et, lorsque les ambulanciers retirent de cette étrange limousine la civière sur laquelle le blessé repose, ils poussent un soupir de soulagement.

Yves respire toujours.

Au même moment, à Mirabel, Dany prend place dans l'avion, qui est prêt à s'élancer sur la piste.

5

Les amoureux du lac Beauport

Il est difficile d'imaginer qu'un drame aussi terrible puisse s'abattre sur des gens qui habitent Lac-Beauport, tellement le site, protégé par les montagnes arrondies et son épaisse flore laurentienne, respire une rassurante immobilité. Tout autour du lac et dans les reliefs vallonnés qui l'entourent, la nature a conservé son charme discret et sa vérité champêtre, en dépit de l'apparition de constructions pompeuses dans certains nouveaux développements. Les sentiers de la forêt sont séculaires, des pistes de ski la traversent depuis le début du siècle. Dans les années 30, la villégiature et le tourisme s'y sont taillé une grande place, grâce à la proximité des monts Saint-Castin, Tourbillon, Le Relais, ainsi que des stations de ski de Stoneham et du mont Sainte-Anne. Jusque dans les journaux de New York, des publicités destinées à promouvoir le tourisme apparient les charmes de la Vieille Capitale à ceux des stations de sports d'hiver du lac Beauport.

Les observateurs de la scène sportive ont aussi identifié la région comme un prodigieux sérail d'athlètes de calibre international. Avant que la célébrité des La Roche ne rejaillisse sur elle, d'autres athlètes du coin se sont illustrés dans des compétitions de raquette, de descente et de slalom, comme les champions canadiens Conrad Delisle et André Bertrand, qui ont participé aux Jeux d'hiver de 1952 à Oslo et à ceux de 1956 à Cortina d'Ampezzo.

Dépositaires de la tradition, les enfants La Roche ont déjà de qui tenir, car non seulement leurs parents sont eux-mêmes des sportifs aguerris, mais, depuis longtemps chez eux, le sport est une affaire de famille qui se transmet d'une génération à l'autre.

Guy La Roche, le père d'Yves, est né à Québec le 30 mai 1930, treizième d'une famille de seize enfants. Des enfants forts. Presque tous les neuf frères et six sœurs de Guy étaient d'habiles sportifs, et si plusieurs s'orientèrent plus tard vers des professions libérales, Guy demeura longtemps un athlète accompli. L'été, il travaillait sur les bateaux dans le port de Québec; l'hiver, il était garçon de table au Château Frontenac. Son corps était sculpté par le sport. En plus de jouer au hockey et d'être le joueur-vedette de l'équipe de water-polo du Palais Montcalm, il décrocha, entre 1947 et 1952, les meilleurs honneurs dans une foule de compétitions canadiennes : ski de randonnée, patinage de vitesse, saut à skis, saut de barils, slalom, et combiné nordique.

Guy excellait particulièrement au saut de barils, une coutume sportive typiquement canadienne maintenant tombée dans l'oubli. Il s'agissait, patins aux pieds, de prendre son élan sur la glace afin de sauter par-dessus une rangée de barils de bois de quarante centimètres de diamètre, sans les déplacer. Le 24 février 1951, Guy La Roche devint champion canadien lorsqu'il termina au troisième rang mondial lors d'une compétition tenue à Grossinger, dans l'État de New York. Il avait survolé seize barils.

À cette époque, celle de l'apogée du duplessisme, qui privilégiait de loin le sport à l'expression artistique comme opium pour le peuple, la fièvre sportive était très présente dans la région de Québec. En 1952, on rêvait déjà d'y accueillir les jeux Olympiques d'hiver. Guy La Roche poursuivit ses démonstrations de saut dans toute la province, puis, se classa cinquième lorsqu'il retourna aux championnats mondiaux. C'est sans doute par orgueil qu'il quitta alors inopinément la compétition pour se consacrer plus sérieusement à son avenir. Depuis la fin de la guerre, il fréquentait régulièrement une jeune fille du quartier Saint-Fidèle, Suzanne Grondin. Elle avait le même âge que lui, elle était sportive comme lui... et indépendante, comme lui. Suzanne avait aperçu Guy pour la première fois dans la haute ville, lors d'une course de patinage qu'il avait gagnée, naturellement, y remportant, comme dans toutes les courses, l'incontournable *cadran* offert par le commanditaire.

Ils s'étaient revus sur les pentes du Relais pour skier. Ensemble, ils firent du patin. Il entreprit des études d'architecture, elle prit des cours d'histoire de l'art. Guy voyageait souvent. Suzanne devient commis de bureau au ministère de l'Industrie et du Commerce. Leurs fréquentations durèrent onze ans, ce qui alimentait parfois les commérages. Leurs amours paradoxales, dans le Québec judéo-chrétien des années 50, n'avaient pas de quoi enchanter la famille Grondin. Guy et Suzanne avaient largement dépassé l'âge de la majorité lorsque, par hasard ou par provocation, ils se marièrent à Québec le jour de l'Halloween, le 31 octobre 1957. Et lorsqu'ils s'embarquèrent sur le *S.S. Homeric* pour aller vivre en Europe une lune de miel qui allait durer dix-huit mois, ils acquirent une irrémédiable réputation d'originaux.

Guy connaissait l'Europe pour y avoir séjourné plusieurs fois, seul. Cette fois, il avait la réjouissante tâche d'initier Suzanne aux délices de la vie dans les vieux pays. Sa nouvelle épouse était folle d'enthousiasme. Elle avait quitté son emploi et tout vendu, ses meubles, sa voiture. À Paris, Guy s'inscrivit à la Sorbonne pour compléter une maîtrise en urbanisme. Suzanne l'accompagnait parfois aux cours magistraux. Amoureux dans la ville des amoureux, ils prenaient des photos de belles corniches, de gargouilles, de portiques remarquables. Ils faisaient du camping. Ils n'attendirent que la fin de la période des examens pour acheter une deux-chevaux d'occasion et prendre le large. Ils sillonnèrent alors la Belgique, la Suisse, la Grèce, la Sicile, remontant par la Côte d'Azur et les rivages atlantiques jusqu'aux pays scandinaves. Ce voyage changea la vie de Suzanne La Roche. Non seulement elle ne verrait plus jamais les choses de la même façon, mais elle conserverait dans son attitude, pour le reste de ses jours, un calme impressionnant. L'apparente sérénité avec laquelle elle affronterait les épreuves que lui réservait le destin, même si elle se résumerait parfois à un masque de dignité, serait toujours inébranlable. Pour Suzanne La Roche, la souffrance morale était une affaire personnelle, et elle n'en accaparerait jamais qui que ce soit.

Quand le couple revint au Québec, au printemps 1959, Suzanne réalisa l'ampleur du chemin parcouru.

Elle avait goûté à l'effervescence culturelle des Français, à leur sens du plaisir, de la conversation, de la table, des bons vins. Les Québécois lui apparaissaient soudain obsessivement matérialistes, presque ridicules. De son séjour dans les vieux pays, elle avait retenu que, même en vivant avec presque rien, la culture restait la plus grande richesse. Mais après avoir passé un an et demi à respirer la liberté, réintégrer le giron d'une société québécoise encore subjuguée par une Église toute-puissante et un Premier ministre autocrate n'avait rien d'attrayant. Suzanne avait heureusement un nouveau défi à relever. Revenue à Québec enceinte de sept mois, elle donna naissance à un premier fils le 7 juin 1959. On l'appela Yves.

6

Voyage en enfer

Lac-Beauport, 9 décembre 1989

Pendant qu'entourée des siens Dany essaie de garder son sang-froid dans sa maison de la rue de la Sapinière, la nouvelle de l'accident survenu à Yves fait le tour de la province. Les stations de radio de Québec reprennent la nouvelle à intervalles réguliers, amis et connaissances s'empressent de se communiquer les miettes d'informations qu'ils recueillent. Le voisin d'Yves, l'ex-sauteur Daniel Côté, a tôt fait de remarquer le va-et-vient des voitures dans l'entrée contiguë à la sienne. Après s'être rendu chez Dany, où l'une des belles-sœurs l'a informé des tragiques événements, il rentre chez lui pour partager la nouvelle avec sa femme. Celle-ci s'empresse de la transmettre à un autre couple ami, des voisins également, Johanne et André Savard.

Depuis plusieurs années, les Savard sont des intimes de Dany Lessard. Avant d'habiter à Lac-Beauport, André et Johanne occupaient un petit logement de Limoilou situé tout près du salon de coiffure de Dany. Celle-ci avait pris l'habitude d'aller casser la croûte chez eux le midi. Quand Yves est entré dans la vie de Dany, le trio amical s'est rapidement transformé en quatuor. André et Yves aimaient tous deux bricoler et ils ont souvent effectué ensemble des travaux de menuiserie. Lorsque Dany a fait l'acquisition du salon de coiffure, les deux hommes ont trimé durant trois jours et trois nuits pour reconstruire les comptoirs et les aires de travail, afin que tout soit fin prêt pour la réouverture. Les deux couples se fréquentaient assidûment. Quand se tenaient ces gargantuesques agapes dans la vaste salle à manger des La Roche, autour de la table japonaise, André et Johanne étaient souvent de la partie.

En ce jour fatidique du 9 décembre, André et Johanne rentrent d'un brunch familial lorsqu'ils reçoivent l'appel téléphonique de l'épouse de Daniel Côté.

— Vous avez entendu la radio? Yves viens d'avoir un grave accident en France.

— Quoi? Qu'est-ce que tu dis? s'écrie Johanne.

Voyant son épouse fondre en larmes, André s'inquiète. Dès qu'elle a raccroché le combiné, il l'interroge.

— Qu'est-ce qu'il y a?

— Yves a eu un gros accident en Europe. Il s'est blessé à la tête. Dany va le rejoindre.

Consterné, André téléphone tout de suite à Dany, qui lui explique que sa belle-sœur est en train de préparer sa valise et qu'elle part à la minute.

— Avec qui pars-tu? lui demande-t-il.

— Personne, fait Dany.

— Ça n'a pas de bon sens, grogne André.

Dany est trop pressée pour argumenter. Elle raccroche en lui disant qu'elle lui donnera des nouvelles dès qu'elle en saura plus.

André attend une ou deux minutes, puis il prend une décision.

— Je pars avec elle !

Il demande à sa femme de réserver un billet d'avion pendant qu'il saisit un fourre-tout dans lequel il glisse une paire de chaussettes et quelques sous-vêtements de rechange. Johanne, vu la grande amitié qui les lie à Dany, obtempère sans dire un mot.

Comme elle n'arrive pas à obtenir le numéro du vol d'Air Canada que doit prendre Dany à Mirabel, André s'impatiente et téléphone au bureau de la Gendarmerie royale du Canada, à l'aéroport de L'Ancienne-Lorette. Par bonheur, il tombe sur quelqu'un de compatissant.

— Vous allez trouver une femme en état de choc qui attend un vol pour Mirabel. C'est la femme d'Yves La Roche, qui vient d'avoir un gros accident en Europe. S'il vous plaît, pouvez-vous me trouver une place dans l'avion ?

André contacte ensuite la police pour demander si l'on peut le conduire d'urgence à l'aéroport de Québec.

— Vous comprenez, c'est un cas exceptionnel. Vous avez dû apprendre…

Le policier, qui avoue pourtant être au courant puisque depuis une heure la radio serine la nouvelle du drame, répond mollement :

— Monsieur, on ne fait pas ce service-là. Appelez un taxi.

André proteste que cela n'ira pas plus vite, mais en vain. Il demande donc à Johanne de le conduire à pleins gaz. Tant pis s'ils attrapent une contravention pour excès de vitesse. Après quinze minutes de route, ils atteignent le parc de stationnement de l'aéroport. Prévenu par la GRC, le pilote d'Air Alliance, qui assure la liaison entre Québec et Montréal, a retardé le décollage d'une dizaine de minutes. Lorsque Dany voit arriver André, elle n'en croit pas ses yeux.

— André! Qu'est-ce que tu fais ici?

— Tu es beaucoup trop petite pour aller affronter des affaires comme ça toute seule, répond-il d'un ton qui n'invite pas à la réplique.

Dany arrive à peine à balbutier une protestation. Le geste d'André la touche profondément et la soulage immédiatement.

Durant les cinquante minutes que dure le vol qui les conduit à l'aéroport international de Mirabel, ils parlent peu, chacun prenant lentement conscience de ce qui leur arrive. André fouille ses poches : il n'a que son passeport et quelques dollars. Il avait toujours dit à Yves qu'un jour il irait le rejoindre en Europe. Mais il n'avait jamais imaginé que cela se produirait dans des circonstances aussi dramatiques.

À Mirabel, le vol d'Air Canada à destination de Londres quitte la piste vers dix-huit heures. Un appareil de Swissair les transportera ensuite de Londres à Genève. Pour André, c'est un saut dans l'inconnu; pour Dany, c'est un voyage en enfer. Lorsque l'avion se retrouve au-dessus de l'Atlantique, Dany, plongée dans ses réflexions, se rappelle soudain un incident curieux qui s'est produit plus tôt dans la journée, alors qu'elle faisait des emplettes au marché aux puces, une heure avant de recevoir la visite impromptue de ses beaux-parents au salon de coiffure. Un bijoutier qui connaissait son penchant pour les sciences occultes l'avait encouragée à aller consulter un cartomancien qui tenait un stand tout près du sien.

À peine assise, elle avait entendu le gros homme lui dire, de but en blanc :

— Tu vas partir en voyage subitement.

Dany avait protesté faiblement.

— C'est impossible, je viens d'avoir un enfant. Les voyages, c'est fini pour moi! Je n'ai même pas voulu accompagner mon mari à Montréal quand il voulait que je présente Eliott aux journalistes après la conférence de presse de l'équipe canadienne...

Le voyant ne bronchait pas.

— Je ne vois plus aucune énergie autour de toi. Ton aura est très foncée. Tu vas partir en voyage subitement. Je vois beaucoup de monde autour de toi, tellement de monde, c'est étonnant.

Dany était médusée. En quittant la petite table circulaire du prophète de malheur, elle avait finalement pris la chose avec un grain de sel. Retournant à pied jusqu'au salon de coiffure, elle s'était surtout préoccupée des formations nuageuses qui annonçaient une autre bordée de neige.

Dans l'avion, Dany comprend maintenant que la prophétie se réalise... Et elle se prépare au pire. Si on lui a répété, avant son départ, que ce n'était pas grave, pourquoi faut-il qu'elle se rende d'urgence au chevet de son mari? On ne force pas quelqu'un à aller en Europe pour une bagatelle. Donc, elle en est maintenant convaincue, il doit être arrivé quelque chose de très grave à Yves. Les plus sombres pressentiments l'oppressent. Sa nervosité va grandissant, et Dany se demande si elle sera capable de maîtriser ses nerfs encore longtemps. Elle revoit le petit Eliott qui, de la fenêtre de sa maison, lui a envoyé la main tandis que des flocons ouateux chutaient légèrement du ciel.

André, qui s'est donné pour mission de veiller sur elle, lui demande à quoi elle pense.

— J'essaie de ne penser à rien, fait Dany avec un soupir. Je donnerais n'importe quoi pour être déjà là.

— Ça ne sert à rien d'y penser; tu vas finir par supposer le pire.

Dany essaie courageusement de contrôler son imagination en cavale, mais c'est inutile. À un moment donné, n'y tenant plus, elle chuchote à André :

— Ça va être le plus long voyage de ma vie… Dis-moi n'importe quoi, donne-moi quelque chose, assomme-moi !

André expose l'état de Dany à l'hôtesse et lui demande si elle peut lui administrer un calmant. L'employée d'Air Canada sympathise tout de suite : Yves La Roche est l'idole de son fils ! Mais elle suggère plutôt de prendre un simple comprimé de Gravol. Si elle descelle la trousse de médicaments, il faudra, à Heathrow, prendre le temps de faire entériner la décision de l'agent de bord par un médecin qualifié, ce qui risque d'être long et menace de leur faire rater la liaison avec le vol de Swissair pour Genève. Va donc pour le Gravol. Dany complète le traitement avec quelques onces de Grand Marnier. S'allongeant ensuite sur des bancs inoccupés de la rangée centrale, elle se laisse glisser dans un profond sommeil.

Après leur arrivée à Londres, André et Dany doivent patienter une heure avant que ne débute l'embarquement pour le vol de Swissair. Assis côte à côte sur les inconfortables fauteuils en rangée de la grande aire d'attente du terminal de Heathrow, ils combattent leur anxiété en échangeant des banalités. André a l'impression de baigner dans l'irréel; les enseignes lumineuses et les boutiques clinquantes qui l'entourent ne semblent pas avoir de sens. Dany, qui a déjà beaucoup voyagé, ne prête aucune attention à tout cela. Les décorations de Noël, qui en d'autres temps l'auraient égayée, l'affligent plutôt.

Elle fait des efforts pour essayer d'imaginer un dénouement heureux à cette équipée imprévue. Yves ne peut pas mourir, c'est impossible. Elle voudrait croire que, lorsqu'ils arriveront à l'hôpital de Grenoble, Yves sera assis dans son lit, souriant comme un gamin, comme toutes les fois où il lui a servi une bonne frousse. Dany lui décochera alors une sacrée taloche par la tête en lui disant : «Maudit La Roche! Tu m'as encore fait peur pour rien!» Ou encore : «Tu m'as fait dépenser quinze cents piastres pour un petit bobo? Tu m'enrages!» Ça, se dit-elle, c'est la conclusion rêvée, le happy end hollywoodien. Elle a beau se concentrer sur l'hypothèse d'un dénouement heureux, elle n'arrive pas à imposer à son esprit une solution aussi facile. La réalité, lancinante, la rattrape constamment. Une petite voix revient sans cesse hanter son esprit. «Yves va mourir, c'est pour ça qu'ils m'ont fait venir d'urgence. Moi, veuve? Yves, mourir? Ça ne se peut pas... Dites-moi, mon Dieu, que ça ne se peut pas...»

La dernière étape du voyage est heureusement franchie rapidement. Lorsque l'avion atterrit à Genève, dans l'après-midi du 10 décembre, André et Dany s'attendent à voir l'entraîneur-chef de l'équipe, Peter Judge, venir à leur rencontre. C'est plutôt l'athlète canadienne Lucie Barma qui apparaît au-devant d'eux, accompagnée d'une skieuse américaine que Dany ne connaît pas. Ils ont encore deux heures de route à faire avant d'arriver à Grenoble. Dès que la voiture démarre, ils pressent Lucie de questions.

— Comment est-il? Que s'est-il passé?

Au volant, Lucie Barma reste coite, fait barrage à toutes les questions. Elle répète inlassablement:

— Tu verras rendue là-bas.

Sur l'autre banquette, la skieuse américaine n'arrête pas de pleurer. Cela n'augure rien de bon. Dany est atterrée. André lui serre le bras tellement fort qu'elle a l'impression qu'il va le lui arracher. Le trajet semble interminable. Les jolis paysages, que Dany a toujours aimé admirer, elle ne les voit même pas. En arrivant à Grenoble, que surplombe majestueusement le massif des Bauges, ils s'enregistrent à l'hôtel Alpha, un endroit bon marché, pas très loin de l'hôpital Michaillon, où ils se rendent illico. Dany sait que Philippe et Alain La Roche seront là. Elle connaît bien la façade impassible des La Roche. Ils ne sont jamais très démonstratifs. Elle sait aussi qu'ils connaissent bien son caractère passionné. Elle se dit qu'il ne faut surtout pas qu'elle fasse de crise de nerfs ou qu'elle fonde en larmes, car ils ne sauront pas comment réagir. Elle se promet qu'elle ne pleurera pas.

Quand elle arrive au cinquième étage, où sont situées les salles de réanimation, elle se retrouve face à face avec Philippe, Alain et le médecin de l'équipe canadienne, Tony Galea. Elle ne s'est pas trompée. Ses deux beaux-frères sont prostrés, muets. Elle se tourne vers Galea.

— Tony, dis-moi ce qui se passe. Qu'est-il arrivé ? Comment est-il ?

— Du calme, dit Tony d'une voix douce en la prenant à l'écart pour l'informer de la situation. Je te connais, je sais que tu es forte ; je ne mettrai donc pas de gants blancs.

— Je veux avoir l'heure juste, Tony ! Dis-moi tout !

— Yves est dans un coma profond. Il est en décérébration. Ça veut dire que son cerveau et son corps ne sont presque plus en contact. Ses bras et ses jambes ont l'air de vouloir s'enrouler.

— Comment ça, s'enrouler ?

— Le tronc nerveux a peut-être été sectionné. On ne sait pas encore, il faut attendre le résultat de la scanographie cérébrale. Pour le moment, les médecins lui donnent vingt-quatre heures. On va aller le voir cinq minutes.

— Est-ce qu'André peut venir ?

— Oui, si tu veux. Tu vas peut-être trouver ça impressionnant. Il est branché sur un respirateur, il a plein de tubes, il a parfois des convulsions. C'est un peu apeurant.

Dany ne dit rien. Elle a l'impression de faire un mauvais rêve, de jouer le rôle d'une autre personne. Lorsque Galea lui fait signe de le suivre, elle se laisse conduire dans le corridor, marchant d'un pas mal assuré sur les carreaux cirés, pleins d'écho, qui reflètent la lumière crue des néons. Elle est si fatiguée. Heureusement, André Savard est avec elle. Avant d'entrer dans la chambre, elle relève le front. Son nez pique, ses yeux brûlent. Elle entre. Jamais, même dans les délires les plus fous qui ont assiégé son cerveau tout au long du voyage, elle n'aurait pu se préparer au spectacle qui s'offre à ses yeux. Un silence funèbre règne dans la chambre où gît le corps inanimé de l'homme qu'elle aime plus que tout.

7

La maison du bonheur

En 1959, la mort du Premier ministre Maurice
Duplessis mit fin à une époque. Le Québec entrait dans
une période d'effervescence que l'on appellerait plus
tard Révolution tranquille. Si la province entière vivait
à l'heure des grands débats, la naissance d'Yves
La Roche ne bouleversa pas outre mesure la vie de
Suzanne et de Guy La Roche. Guy trouva un emploi
dans un bureau d'architecte et acheta le terrain de ses
rêves au pied des pentes du mont Saint-Castin. Il y
érigea à la force de ses bras une maison dont il avait
lui-même dessiné les plans. Pour la durée des travaux,
le jeune couple s'installa chez les parents Grondin. Un
an plus tard, ils emménagèrent, chemin des Pentes,
avec les meubles, dépareillés mais solides, qu'ils
avaient rapaillés au fil des mois. Au cours de chacune
des quatre années qui suivirent, Suzanne donna naissance à quatre autres garçons : Dominic, Simon,
Bernard et Alain. Des enfants en santé, comme elle.
Jamais elle ne rata une saison de ski à cause de ses
grossesses. Les amis étaient nombreux et la maison
était souvent bondée, de sorte que la légende de ce
refuge aux portes ouvertes, sans sonnette à l'entrée ni
serrure à la porte, était déjà née. Le premier hiver dans

leur nouvelle demeure du chemin des Pentes, ils étaient trois couples à l'habiter, dont un frère de Guy et son épouse, qui avaient trois enfants. Dans cette maison toujours remplie de monde, la table était généreuse mais sans chichis. Les La Roche n'étaient pas riches, mais ils n'étaient pas dans le besoin non plus. Au terme de sa sixième grossesse, contre toute attente, Suzanne donna naissance à un sixième garçon, Philippe, en 1966. Et c'est deux ans plus tard que naquit Lucie, la fille tant souhaitée, qui vint compléter la tribu. Pour nourrir sa marmaille, Suzanne utilisait le numéro de compte d'un frère de Guy qui tenait une tabagie. Elle pouvait ainsi acheter de la nourriture en gros, des denrées et des légumes frais à pleines caisses, chez un distributeur. Parfois, c'était Guy qui, depuis le marché Jean-Talon, à Montréal, remplissait sa camionnette de victuailles. La chambre froide était toujours bien garnie, douze mois par année.

Il y avait beaucoup d'animation dans la maison, mais les enfants apprirent très tôt à être autonomes et débrouillards. Les samedis matin d'hiver, Suzanne les faisait asseoir côte à côte sur le long banc de bois de la salle à manger. Elle devait user de toute son autorité pour parvenir à les habiller avant de les envoyer jouer dehors. Elle en avait parfois pour une heure avant qu'ils ne soient prêts à aller batifoler dans la neige ou glisser en file indienne dans leurs petits traîneaux à manchons. Quand le jour tombait, elle faisait clignoter les lumières de la maison pour les prévenir que c'était l'heure de rentrer souper. Ils avaient deux ou trois ans lorsqu'ils chaussèrent leurs premiers skis. Ces six garçons qui se ressemblaient à s'y méprendre se sont vite taillé une réputation à Lac-Beauport. Vers la fin des années 60, une compagnie de skis de plastique les remarqua et en fit les vedettes d'une publicité pour la télévision qui fut filmée au mont Sainte-Anne. On a donc vu les membres de la tribu La Roche au petit écran, glissant à la queue leu leu sur leurs petits skis multicolores.

Ainsi, les médias façonnaient déjà la légende qui veut que les La Roche constituent une famille tricotée serré. Il est agréable de croire que les frères La Roche ont formé une équipe homogène, mais cela relève du mythe. Les frères La Roche pratiquaient certes des activités de groupe et ils évoluaient au sein d'un vaste cercle d'amis, mais ils grandirent en développant un singulier esprit d'indépendance. Aucun d'eux n'aurait voulu l'avouer, mais au fond d'eux-mêmes il y avait un sentiment de compétition qui les opposait les uns aux autres et qui encourageait l'émulation.

Yves ne se préoccupait guère de sa qualité d'aîné. Il était le plus sauvage de tous, ne parlant pas beaucoup, et préférant bricoler dans son coin plutôt que de faire équipe avec ses frères. C'était un enfant curieux, parfois téméraire, mais en excellente santé, fort et résistant. Car, s'il se blessait souvent, il ne souffrait jamais d'infections. Avec le tohu-bohu qui régnait souvent dans cette maison en perpétuel mouvement, les petits La Roche apprirent vite qu'après une chute, il n'y avait qu'une seule chose à faire : se relever. Le médecin du village les connaissait bien; il avait depuis longtemps cessé de comptabiliser les plaies et les entorses.

Les enfants La Roche étaient des enfants de plein air. Guy La Roche observait avec plaisir leur goût inné pour la nature. Quant à Suzanne, encore marquée par son séjour en Europe, elle continuait de beaucoup aimer les arts et la culture en général et elle faisait tout ce qu'elle pouvait pour y intéresser ses enfants, qui fréquentaient alors l'école primaire Saint-Louis-de-Gonzague. Elle voulait leur ouvrir des horizons nouveaux. Grâce, entre autres, à un frère de Guy, Jacques La Roche, qui était impresario, elle obtenait des billets pour des concerts ou des pièces de théâtre présentés à l'Institut-Canadien, au Palais Montcalm ou au théâtre Capitol. Elle initia tous ses enfants à la musique, pendant un an ou deux, le temps que cela dura. Bernard apprit la trompette, Alain, le mélodica. Philippe suivit des cours de piano et Simon, de violon. Yves hérita du saxophone. Le seul plaisir dont il se souvient, c'est que c'était encore mieux que d'aller à l'école.

Durant toute son enfance, Yves préférait l'été. La proximité de la forêt était idéale pour essayer le motocross, et le garage, un endroit rêvé pour bricoler. Conquis aux sports d'hiver, ses frères étaient moins stimulés par la belle saison, ce qui les amenait à concocter des mauvais coups. Comme celui, manigancé un jour de désœuvrement, où ils pulvérisèrent les vitres du chalet de ski du mont Saint-Castin avec une carabine à plombs.

La résidence continua à prendre de l'expansion grâce aux projets de Guy La Roche. Avec les agrandissements, les garçons eurent tous un jour leur propre chambre. Certaines pièces surplombaient une piscine intérieure. Car Guy La Roche s'assurait que ses enfants puissent s'adonner au sport en toute saison.

En entrant un à un dans la délicate période de l'adolescence, les fils La Roche se mirent à afficher les traits de caractère qui allaient plus tard colorer leur réputation. Dominic, Alain, Simon et Bernard poussaient comme de la mauvaise herbe. Avec leurs tignasses blondes, leurs yeux vert profond comme le feuillage de juin, leurs gueules carrées, leur superbe et leur outrecuidance, ils faisaient penser aux héritiers Kennedy. Audacieux et sanguins comme des Vikings, ils incarnaient pour certains la terreur du lac Beauport. Et, aux dires du voisinage, leurs frasques n'avaient rien à envier à celles du clan Kennedy.

Mais Yves n'était pas du tout comme ses frères. Il manquait de confiance en lui et ne se comportait jamais comme l'aîné de la famille. Les gens du lac Beauport pensaient même que Dominic et Simon étaient plus vieux que lui. Qui plus est, Yves avait cessé de grandir; sa taille ne dépassait pas un mètre soixante-dix. À la puberté, il se retira, léguant à Dominic, le deuxième des fils La Roche, le rôle de leader. Il se trouvait moins beau parce qu'il avait les incisives écartées, signe néanmoins distinctif de plusieurs La Roche. Et au sein de cette famille d'hyper actifs où l'action ne connaissait pas de répit, il s'éloignait des turbulences. Il avait l'impression que le reste de la famille ne l'appréciait pas, et il finit par décider qu'il préférait les choses ainsi. Il était manifestement plus heureux lorsqu'il ne recevait aucune attention particulière. Il se renfermait lentement sur lui-même et en arrivait à trouver quelque confort dans ce retrait volontaire.

Yves avait l'impression d'évoluer en spectateur. À cette époque, étrangement, les sports d'hiver le laissaient indifférent. Il regardait ses frères et leurs innombrables amis qui hantaient les pistes du mont Saint-Castin pour ensuite faire bombance dans l'accueillante salle à manger de la résidence familiale. Les samedis d'hiver, dans la cour enneigée des La Roche, qui commençait là où finissaient les pentes du mont Saint-Castin, il voyait les dizaines et les dizaines de paires de skis qui montaient la garde pendant que la bande d'affamés assiégeait la salle à manger. La maison des La Roche y gagna le surnom de «deuxième chalet de ski».

Devant un tel spectacle de joie de vivre, Yves étouffait tout sentiment d'envie et gardait ses distances. Comme le sens de la vie lui échappait, il se tourna vers les machines, les mécanismes, les rouages, comme s'il espérait y comprendre mieux ce qui faisait tourner le monde. Cette passion l'enveloppa soudainement et occupa bientôt toutes ses heures de loisirs. Déjà, tout petit, il bricolait avec tout ce qui lui tombait sous la main. On lui donnait un bout de bois et il pouvait s'amuser pendant des heures. Il avait hérité de son père une aptitude à exécuter des travaux manuels. Interrogé, il disait souvent qu'il avait appris en regardant faire les autres. Combien d'heures a-t-il passées avec ses meccanos, silencieux, patient, démontrant un rare sens de la minutie dans ses constructions!

Yves était un adolescent solitaire. Alors que ses frères commençaient à se faire remarquer par leurs talents de casse-cous, dévalant les pentes du Relais sans bâtons et esquissant déjà des figures entre ciel et neige, Yves découvrait avec délices les rudiments de la mécanique. Il démontait tout ce qui lui tombait sous la main, parfois des nuits durant, avec une curiosité féroce qui l'enivrait et qui ne le quittait que lorsqu'il était venu à bout des énigmes qui s'étalaient en mille morceaux devant lui.

L'été, c'était pareil. Pendant qu'Alain, Dominic, Simon et les autres faisaient du kayak, de la voile ou du ski nautique, Yves n'en avait que pour les blocs-moteurs, les carburateurs, les soupapes et les démarreurs. Toujours en solitaire, sans souffler mot, faisant du garage sa thébaïde.

Presque chaque été, la famille La Roche quittait la résidence du lac Beauport pour de longues vacances. S'ils n'allaient pas à Sept-Îles, où Guy La Roche avait aussi un cabinet d'architecte, ils parcouraient la côte est américaine. Du Maine à la Floride, ils visitaient toutes les plages à la mode. Pour Guy, un architecte orgueilleux, il s'agissait aussi de maintenir un standing enviable.

Encore une occasion en or pour les petits Vikings de faire les quatre cents coups. Les vacances, c'était courir sur la plage, asperger d'eau les dames qui se faisaient bronzer, écraser les crabes sous les roues de leurs vélos, pêcher des tortues pour ensuite les promener en laisse... D'adorables petits garnements qui manifestaient un talent particulier pour exaspérer leur mère.

Leur mère, forcément, car plus souvent qu'autrement Suzanne se retrouvait seule avec sa smala sur les plages américaines. Guy La Roche ne passait pas tout l'été avec sa famille. Quelques jours ou une semaine après les avoir escortés en villégiature, il rentrait à Québec ou à Sept-Îles. Il avait alors le champ libre pour roucouler avec Hughette, sa secrétaire et maî-tresse. Suzanne La Roche fermait les yeux. Elle comprenait facilement qu'une autre femme puisse admirer son mari et elle préférait garder le silence, convaincue qu'elle parvenait ainsi, par cet acte d'abnégation, à maintenir un climat de décence, de sécurité sous son toit. La liaison d'Hughette et de Guy La Roche a duré vingt-cinq ans. Toute la famille a su de quoi il retournait bien assez tôt, mais personne n'a jamais osé y faire allusion en présence du père. Ce dernier a peut-être pensé que personne n'avait réussi à percer son secret. Lorsqu'il réintégrait la demeure familiale après une escapade et qu'il mentionnait invariablement qu'il avait été «retenu à Montréal», ses enfants souriaient d'un air entendu. Au fond, ils voyaient bien qu'ils avaient de qui tenir, et les mensonges maladroits du paternel les amusaient plus qu'autre chose.

Des colporteurs de ragots reprochaient parfois aux parents La Roche le laisser-aller qui régnait dans la maison, où les enfants faisaient un peu tout ce qui leur passait par la tête. Suzanne La Roche semblait quelque peu dépassée par l'exubérance de ses fils, mais elle remplissait son devoir de mère. Il y avait toujours quelque chose qui mijotait sur le feu dans le grand faitout orange, et elle était toujours là quand ils avaient besoin d'elle. Elle incarnait la constance, le point de repère, était celle sur qui ils pouvaient toujours compter. Pour beaucoup de gens au lac Beauport, et pour plusieurs de ses fils qui, à l'âge adulte, ont mieux compris ce qu'elle avait cédé comme terrain à leur père, Suzanne La Roche est une sainte femme.

En dépit de ses absences nombreuses, Guy n'a cependant jamais quitté sa femme. Il a toujours assuré une présence chez lui, y passant quand même le plus clair de son temps et la plupart des week-ends. Les démonstrations d'affection étaient inexistantes, et l'intérêt qu'il démontrait envers ses enfants pouvait paraître superficiel. Yves n'a pas enregistré beaucoup de moments privilégiés dans sa mémoire. Il n'admirait pas son père; il le trouvait prétentieux. Dans sa tête d'enfant, son idée s'était coulée dans le béton le jour où il l'avait entendu lancer à sa mère, en blaguant, alors qu'elle lui demandait de sortir les ordures :

— Je suis architecte, moi. Un architecte, ça ne sort pas les vidanges.

Sur les photos de famille, où tous se pressaient les uns contre les autres pour constituer une masse compacte que Guy immortalisait sur pellicule, Yves regardait ailleurs. À gauche, à droite, mais jamais devant, en direction de celui qui manipulait l'objectif de l'appareil-photo.

Au fil de l'adolescence, la chahut des fils La Roche devint plus marqué. Les frasques tapageuses de ces Vikings fiers et audacieux alimentaient les racontars. Ils étaient très actifs, très inventifs, certes, mais peut-être un peu désœuvrés, surtout quand ils revenaient passer le week-end après leur semaine au pensionnat. Ils étaient déjà rebelles, et prenaient un malin plaisir à défier l'autorité et à ignorer les règlements sur les pentes de ski.

Malgré sa différence, Yves n'échappait pas à la règle. Sans être aussi fantasque que certains de ses frères, il n'en est pas moins dissipé. Dès le début de ses études secondaires à la polyvalente Notre-Dame-des-Laurentides, les choses se gâtèrent. Yves se révéla un élève très moyen, et, dès le 3e secondaire, il obtint de moins en moins souvent la note de passage.

En classe, Yves ne suivait pas. Il rêvait. Il démontrait certaines aptitudes pour les mathématiques, mais il n'aimait que l'algèbre. Cependant, il se demandait bien en quoi cela lui serait utile dans la vie. Il ne savait pas encore que l'apprentissage d'une discipline aussi abstraite que l'algèbre lui servirait sans doute un jour à régler ses sauts, à les dessiner dans son esprit, à les élaborer comme des équations mathématiques ou chimiques, avec leurs courbes de réaction, leurs complexes activés.

Yves séchait allégrement les cours qui l'intéressaient le moins. Il jouait aux cartes avec des complices dans la cafétéria. Ses absences se multipliaient sauf pour les classes d'équipement motorisé, de travaux manuels, de soudure ou de mathématiques. Des matières où il réussissait sans effort. Les jours d'activités parascolaires, il ne se montrait même pas le bout du nez.

Combien de fois le directeur de la polyvalente dut-il téléphoner à Suzanne La Roche pour lui demander d'intervenir! Ou Guy de supplier les religieuses, au moyen de lettres dactylographiées sur le papier à en-tête de son bureau d'architecte, de reprendre Yves qui avait été suspendu.

L'adolescence étant un âge où la présence d'un modèle masculin est capitale, les absences intermittentes de Guy La Roche commencèrent à avoir des répercussions insidieuses sur le comportement des fils La Roche. Yves souffrit de l'éclipse de son géniteur. Il n'avait pas de guide, et pour rien au monde il n'aurait suivi ses frères. De plus, l'antagonisme qui l'opposait à son frère Dominic prenait du relief. Les deux frères guerroyaient à coups d'œufs, de boîtes de conserve et de pépins de melon qu'ils se crachaient à la figure. Impuissante, Suzanne La Roche finissait souvent par leur crier :

— Allez vous tuer dehors, qu'on en finisse !

De plus en plus, Yves se sentait comme un étranger à l'intérieur de sa propre famille. Il en vint à cultiver et à chérir cette indépendance farouche. Consciemment ou non, il fit tout ce qu'il pouvait pour accentuer sa différence. Si quelque chose de nouveau captivait ses frères, il se braquait d'emblée sur l'idée que cela ne l'intéressait pas. Sans y accorder une seule minute de réflexion, il détournait le regard et cherchait ailleurs. Il n'avait pas la moindre idée de ce qu'il voulait faire plus tard et ne pensait même pas à réussir en quoi que ce soit. Il n'avait pas de foi, pas de plan, et se laissait dériver au gré des jours. Il ferait sa vie tout seul, son cœur porté par la conviction aveugle que le destin lui avait donné des rendez-vous.

8

Au chevet d'Yves

Grenoble, 11 décembre 1989

Le lundi matin, trente-six heures après l'accident, l'état d'Yves demeure inchangé. L'électroencéphalographie et la tomodensitométrie confirment le lugubre pronostic. Un traumatisme crânien a plongé Yves dans un coma réactif de classe 4 sur l'échelle de Glasgow. Un œdème comprime son cerveau sur le côté droit. Comme il ne semble pas y avoir d'hémorragie, aucune intervention chirurgicale n'est jugée nécessaire. Il y a quelques foyers de contusions parenchymateuses au cerveau et une fracture du mastoïde droit. Yves souffre également d'une kératite à l'œil droit. On maintient l'intubation naso-trachéale, les sondes urinaire et gastrique. On lui administre de la rocephine pour combattre l'hypothermie et quatre grammes de Nesconal par jour pour le maintenir sous anesthésie, afin de limiter les efforts de son organisme et de ménager sa résistance. Il faut maintenant attendre que la phase critique des soixante-douze heures se soit écoulée avant de savoir s'il s'en sortira avec des séquelles neurologiques graves. Peu portés sur l'optimisme, les médecins croient que le coma d'Yves pourrait durer plusieurs semaines. Aussi, c'est seulement au compte-gouttes qu'ils informent Dany et les proches d'Yves de son état de santé général.

Dans l'attente de nouveaux développements, tous sont en proie à l'anxiété. À Grenoble, Philippe La Roche, Alain La Roche, Jean-Marc Rozon, Lucie Barma, André Savard et Dany sont rejoints par Dominique Gstalder, qui lui aussi se morfond d'inquiétude. Sachant que les moyens financiers de Dany et d'André sont précaires, il met à leur disposition une petite Renault pour faire la navette entre l'hôtel et l'hôpital. Il les invite également au restaurant à plusieurs reprises afin de les soustraire à des repas frugaux absorbés en vitesse dans des bouis-bouis.

Une fois l'heure, jamais tous en même temps, les membres du groupe sont invités à se rendre au chevet d'Yves pendant cinq minutes. Le voyant ainsi inconscient, ils ont du mal à croire qu'il est toujours vivant alors qu'il semble tellement absent. Le personnel spécialisé a beau multiplier les explications, tout semble un peu irréel. Souvent, les infirmières leur disent :

— Parlez-lui! Il faut le stimuler!

Philippe se penche alors au-dessus du crâne rasé de son frère aîné et lui crie presque :

— Écoute, Yves, tu as eu un coup sur la tête; maintenant c'est fini, réveille-toi!

Rien.

— J'ai gagné la médaille d'argent, tu te souviens?

Yves est muet, immobile, indifférent.

— On était à Tignes, tu as sauté en parapente avec Mike Abson! Rappelle-toi!

Peine perdue. Yves semble tellement loin.

73

Dany, dont la force de caractère semble renaître par moments, retrouve parfois son naturel frondeur. Elle essaye de provoquer une réaction chez Yves en l'injuriant :

— Je vais te donner une bonne claque. Tu vas voir que tu vas te réveiller !

Ou elle tente de le séduire :

— Réveille-toi, Yves, on va aller chez *McDonald's* !

En désespoir de cause, Dany se résout à acheter une cassette des meilleurs succès d'Elton John pour la lui faire jouer dans sa chambre d'hôpital, les chansons du rocker britannique ayant ponctué leurs amours depuis le jour où ils se sont rencontrés. Mais Yves n'offre aucun signe de vie.

À court d'idées, Dany finit par se contenter de s'assoir près du lit en tenant la main d'Yves, muette, espérant un signe, une pression des doigts, tout en épiant du coin de l'œil la moindre fluctuation sur l'écran du moniteur cardiaque.

Mais l'appareil continue de scander le temps, en égrenant ses bips lassants avec une déprimante régularité.

— Ne nous lâche pas, Yves ! Ton fils a besoin de toi… Tu ne vas quand même pas le laisser passer son premier Noël tout seul !

Dany s'habitue mal à cette attente si difficile à mesurer. Elle parvient parfois à s'imaginer que, au moment où elle s'y attendra le moins, Yves va brusquement se réveiller et lui dire, comme au cinéma : «Chérie ! Je suis là !» Mais le miracle ne se produit pas. Dany sent toute son existence se résumer à une seule activité : attendre, attendre, attendre.

9

Le déclic

Dans les verdoyants alentours du lac Beauport, au milieu des années 70, on faisait de plus en plus le rapprochement entre la famille La Roche et la dynastie des Kennedy. Les têtes fortes et blondes du chemin des Pentes multipliaient les coups de gueule, mais on saluait aussi leur fougue de conquérants. Car les exploits sportifs de la tribu eurent tôt fait de rallier l'enthousiasme des amateurs de sport et de susciter la fierté dans toute la région.

Les frères La Roche étaient devenus assez habiles au ski pour s'inscrire à des compétitions régionales, puis, nationales. Dominic fut le premier à se distinguer. À dix ans, il brillait déjà aux compétitions de juniors qui se déroulaient au Manoir Saint-Castin. Bernard se spécialisa dans la descente et remporta le championnat canadien de 1978. Dans le sillage de ses frères, Alain La Roche commença lui aussi à sauter. Et Simon, à dix-sept ans, expérimenta à son tour l'exaltation de la liberté en travaillant le soir comme disc-jockey.

Alors que ses frères s'en donnaient ainsi à cœur joie, Yves continuait de feindre l'indifférence. Il passait de plus en plus de temps dans sa coquille. Il achetait des disques de Led Zeppelin, de Pink Floyd, de

Supertramp. Comme il aimait rire, il se procura aussi de vieux enregistrements des Cyniques, et il s'enticha un moment des réparties absurdes de Paul et Paul, le groupe d'humoristes qui avait pris la relève. Pour mieux se distinguer de ses frères, autour de qui gravitait une meute de jeunes sportifs, la belle jeunesse du lac, il resserra les liens avec deux amis français qu'il avait connu à la polyvalente, Laurent Sigié et Dominique Baert. Avec Laurent, il faisait de la motoneige, du motocross, et, pendant les demi-saisons, il se livrait à sa passion pour les moteurs, passant des soirées entières à démonter des engins et à essayer de les remonter. Il faisait bien du ski de temps en temps, parce que tout le monde skiait, au lac Beauport, mais sans grande conviction. Les filles non plus ne l'intéressaient pas. Il ne savait pas comment s'y prendre avec elles, et il ne ressentait pas cette fièvre qui tourmentait ses frères. Il préférait passer son temps à se salir les doigts de cambouis, et à écouter de la musique en fumant des gitanes et en buvant de la bière. Laurent partageait sa passion pour la mécanique, et ensemble ils passaient des nuits blanches à rafistoler des motoneiges et des motocyclettes.

En marge de ses activités nocturnes, Yves échoua à plusieurs cours au 4e secondaire. Il trouva alors plus prometteur de s'orienter vers les cours du secondaire professionnel long à la polyvalente de Charlesbourg l'année suivante. Mais ses résultats scolaires n'y furent guère plus reluisants. Son comportement prit les teintes de la révolte. Sa différence s'accentua, et il se plaisait tellement à être le mouton noir de la famille que d'aucuns étaient prêts à croire qu'il consommait de la drogue.

Pendant ce temps, les esbroufes de ses frères faisaient le tour du lac. On racontait qu'un La Roche avait fait un trou dans le plancher de sa chambre pour pouvoir plonger directement dans la piscine intérieure, un palier plus bas. On propageait des rumeurs de flirt avec l'un des beaux blonds. On relatait comment les filles grimpaient sur le balcon de la résidence du chemin des Pentes pour aller rejoindre l'un des Vikings dans sa chambre. Eux aussi se désintéressaient de leurs études. Dominic et Alain passaient plus de temps en skis que devant leurs manuels scolaires.

Les deux frères furent bien inspirés lorsqu'ils commencèrent à expérimenter le saut en skis. Les premières images du ski hot-dog, l'ancêtre du ski acrobatique, apparaissaient à la télévision. C'était la nouvelle mode qui faisait rage en France et aux États-Unis. Les fils La Roche étaient fascinés par l'Américain Wayne Wong, un véritable précurseur, qu'ils voyaient dévaler un parcours de bosses dans une publicité de Coca-Cola. Un jour, ce fameux Wayne Wong vint participer à une démonstration de ski hot-dog au centre de ski Le Relais, à Lac-Beauport. Dominic attrapa le virus : puisque les montagnes étaient trop petites pour s'envoyer en l'air, et que skier sans bâtons n'avait plus rien d'excitant, il essayerait le saut acrobatique. On parlait de plus en plus du ski hot-dog dans les magazines et, pour s'entraîner, Dominic et ses amis façonnèrent des bosses sur les pentes des centres de ski… que les préposés à l'entretien défaisaient invariablement à la tombée du jour.

En 1976, Dominic et Alain s'inscrivirent à une première compétition de ski acrobatique au mont

Sainte-Anne. Ils s'y distinguèrent, et ainsi, sans le savoir, ils posèrent alors les premiers jalons d'une dynastie qui régnerait sans conteste pendant plus de quinze ans. Le saut acrobatique devint la nouvelle passion des frères La Roche.

Habité par son penchant pour les loisirs solitaires, Yves demeura insensible à cette nouvelle frénésie. Il sourcillait à peine lorsqu'il entendait sa mère pousser les hauts cris lorsque les gars s'entraînaient en culbutant par-dessus le divan du salon. Yves avait de nouvelles ambitions. Son ami Laurent, qui travaillait aux cuisines du Manoir Saint-Castin, lui procura un job de plongeur.

Yves découvrit le monde de l'hôtellerie, y rencontra de nouveaux visages, et s'adapta rapidement au travail dans les cuisines. Il commençait à toucher un salaire régulier. La sensation d'avoir des dollars dans les poches lui plaisait follement. Au fil des mois, il accéda aux fourneaux et apprit à préparer les petits déjeuners. Il n'en demandait pas plus. De toute façon, il ne savait toujours pas ce qu'il voulait faire plus tard et cela ne le préoccupait nullement.

La nouvelle lubie d'Yves surprit ses parents et les déçut. Suzanne La Roche tenta de dissimuler sa désapprobation et Guy fit mine de ne rien voir. C'est sa fierté d'architecte qui en prenait un coup. Tous ses enfants brillaient sur les pentes, même Lucie, la petite dernière, qui avait fait ses débuts en compétition de descente à onze ans. Bernard était devenu entraîneur de l'équipe canadienne junior. Alain et Dominic s'apprêtaient à joindre les rangs des athlètes de calibre international. Quant à Philippe, le cadet, il était déterminé à suivre les traces de ses frères. Yves était le seul de la famille à suivre un chemin différent. Il aurait bientôt dix-neuf ans, il sentait que sa conduite dérangeait et il aimait bien faire tout ce qui lui chantait sauf ce qu'on attendait de lui.

Son travail de cuisinier lui convenait parfaitement. Il se levait aux aurores, rentrait chez lui en après-midi, et avait encore tout son temps pour bricoler et faire la foire. Cependant, au bout de quelques mois, son plaisir s'émoussa. Un matin du printemps 1978, au lever du soleil, il se réveilla allongé contre le mur du garage. Il avait trop bu, la veille, pour trouver le chemin de sa chambre. Quelques heures plus tard, au Manoir, il se sentait vraiment mal. Il entendait encore les musiques disco tournoyer dans sa tête alors qu'il devait s'affairer à retourner les œufs et à faire griller des saucisses pour les dizaines de clients qui se pressaient dans la salle à manger.

Il commença alors à se demander s'il ne faisait pas fausse route. Il réalisa que ses frivolités le menaient un peu trop loin. Il lui fallut du courage pour admettre qu'il n'était pas heureux. Il enviait ses frères et leurs amis, qui se défonçaient dans le sport et qui célébraient en bons vivants leur virile camaraderie après avoir passé la journée sur les pentes ou à faire des sauts. Tous leurs week-ends se terminaient en *party*, au bar du chalet ou chez l'un ou l'autre. Ils avaient les joues rouges, les yeux clairs, un sourire éclatant, et toutes les filles leur tournaient autour. Yves se sentait exclu des rites, condamné par son entêtement à rester dans son coin. Lui aussi avait envie de revêtir l'habit fluorescent des skieurs de compétition, de partager avec ses congénères la mâle fierté de l'exploit accompli, et de baigner dans l'ambiance chaleureuse des retrouvailles de fin de journée devant un gueuleton, un feu de foyer, là où on fêtait les bonnes descentes et oubliait les mauvaises.

Peu de temps après cette prise de conscience, l'occasion se présenta. En congé forcé du Manoir parce qu'il s'était tailladé un doigt en dépeçant une pièce de bœuf, Yves traînait dans la maison. Un samedi matin, Stéphane Hainaut, un sauteur qui s'entraînait avec Dominic La Roche, lui tendit la perche.

— Viens donc essayer un ou deux sauts avec nous !

Yves hésita.

— Je ne sais pas, bredouilla-t-il en cherchant une excuse, même s'il mourait d'envie de saisir l'occasion.

Dominic, dans un élan fraternel grimé de raillerie, pudeur fraternelle oblige, ajouta :

— Viens donc ! Qu'est-ce que tu attends pour te déniaiser ?

Un samedi ensoleillé d'avril 1978, Yves les accompagna donc. Le chemin des Pentes, au milieu duquel était érigée perpendiculairement la résidence des La Roche, n'était jamais déblayé que jusqu'au bas de la côte, là où existe maintenant un chemin de service et où finissent les pistes de ski du mont Saint-Castin. Les amoncellements qu'empilaient les déneigeuses atteignaient une bonne hauteur en hiver. Les gars amorçaient leurs descentes depuis la rue même. Ils façonnaient le monticule du bas de la pente jusqu'à ce qu'ils obtiennent une forme concave, propre à créer au terme de la descente cet arc de transition qui projette le skieur en l'air. C'est sur ce site improvisé, rudimentaire, qu'ils s'exerçaient à leurs débuts.

Dominic et Stéphane maîtrisaient le saut périlleux avant et arrière, sans plus. Mais ils trimaient dur, car l'auguste Fédération internationale de ski s'apprêtait à sanctionner le ski acrobatique comme sport de compétition et ils voulaient être sur les rangs.

Tout en chaussant ses skis, Yves demanda quelques explications à Stéphane Hainaut, mais pas grand-chose, car son orgueil le retenait. Il préférait observer en silence, enregistrer, et surprendre les autres.

Une fois arrivé en haut du chemin, il hésita à peine. Il s'élança, et, sur la poussée exponentielle fournie par l'arc du tremplin, il se retrouva dans les airs. Il trouva instinctivement le moyen de pivoter sur lui-même, accomplissant le saut périlleux arrière, puis, moins de trois secondes plus tard, retomba sur le sol, un peu sur le derrière, c'est vrai, mais, pour un premier saut, ce n'était pas si mal. Dominic et Hainaut furent surpris de l'aisance naturelle d'Yves. Ils ne cachèrent pas leur appréciation.

Pour Yves, ce fut le déclic. Il retrouvait enfin le sentiment absolu de voler, de s'éloigner du sol. Les deux ou trois secondes qu'il avait passées dans les airs l'avaient enivré. Mais, fait tout aussi important, il sentait qu'il gagnait l'estime de Dominic, son propre frère, ainsi que celle de Stéphane Hainaut. Dans son for intérieur, Yves était galvanisé. Il avait envie d'explorer cette nouvelle sensation.

Au cours des week-ends qui suivirent, à force de regarder sauter les autres pendant l'entraînement, Yves songea qu'un saut périlleux serait beaucoup plus intéressant s'il était jumelé à une vrille. Il demanda à Stéphane Hainaut comment on pouvait faire ça. Hainaut prit un air ahuri : lui-même ne l'avait encore jamais essayé.

— Essaie donc d'abord un périlleux arrière, pour améliorer ta maîtrise, suggéra-t-il.

Yves ne voulut rien entendre; il désirait aller plus loin tout de suite.

— Tu brûles les étapes, Yves, jeta Dominic.

En le voyant retourner en haut de la piste de descente, il ne put retenir une exclamation :

— Il est fou! Il va se tuer!

Yves ne se tua pas, mais il ne réussit pas non plus à sa première tentative. Mais il savait maintenant qu'il allait persévérer jusqu'à ce qu'il réussisse un saut périlleux avec vrille. Il sentait qu'il tenait le bon bout, qu'il allait parvenir avant longtemps à impressionner ses frères. Le jour où il compléta un saut périlleux arrière avec vrille, un étrange sentiment s'empara de lui, indéfinissable. L'impression que quelque chose de fabuleux s'offrait soudain à lui, un moyen de satisfaire son besoin de se dépasser, de réaliser quelque chose d'original, d'unique. Il sentait qu'il pouvait pousser bien plus loin sa maîtrise. Sauter en skis et pirouetter entre ciel et terre, voilà une activité qui correspondait à sa nature profonde. Il se convainquit qu'il pouvait maintenant se mesurer à ses frères. Avant longtemps, il susciterait leur admiration et on le respecterait. Voilà ce qu'il désirait depuis toujours : être considéré, être aimé. C'est ce que lui criait son cœur.

Durant l'été qui suivit, Yves poursuivit l'entraînement avec ses frères Alain et Dominic et quelques amis, qui allaient s'exercer sur la rampe de l'athlète

Pierre Poulin, dans le comté de Bellechasse. Émule de Jean Corriveau, alors champion québécois, Pierre Poulin consacrait tous ses loisirs au ski acrobatique. Corriveau et un athlète de Montréal, Craig Clow, qui faisaient alors bonne figure dans les compétitions internationales, étaient de la partie.

Il se créa alors une sorte de confrérie, l'embryon de ce que les journalistes du monde entier désigneraient plus tard sous le nom de *Québec Air Force*. Autour de Poulin, de Corriveau, de Craig Clow et des frères La Roche essaimèrent d'autres sauteurs. Un noyau se forma.

Yves était en train d'obtenir ce qu'il convoitait avant tout : faire partie de la bande et éprouver la saine joie de vivre intensément, en se donnant entièrement à une expérience magique à l'avant-garde des sports d'hiver.

Sa nouvelle passion éclipsa tout ce qui l'intéressait alors. Il intensifia son entraînement et s'appliqua à développer des vrilles, tout en essayant de concevoir des sauts que personne n'avait encore jamais vus. Il se souvenait de l'émotion que lui avait procurée John Eaves, son idole, un après-midi de mars, lors d'une compétition professionnelle qui avait lieu au mont Sainte-Anne. Eaves était alors le roi du ski acrobatique canadien, et servait d'inspiration à plusieurs sauteurs.

Les sauteurs acrobatiques, les Québécois surtout, s'entraînaient durant la belle saison sur la rampe de Pierre Poulin. Celui-ci avait aménagé sa rampe d'été sur le terrain de camping *La Jolie Rochelle*, dont il connaissait le propriétaire à Saint-Raphaël de Bellechasse. D'une hauteur de quinze mètres, elle était considérée comme plus ou moins sûre. Périlleux sinon dangereux, les sauts se terminaient dans un petit lac artificiel qui avait pour rôle d'amortir la chute. Il s'agissait, pour ces jeunes fous, de répéter le même saut aussi souvent qu'il le fallait, jusqu'à ce que son exécution atteigne la perfection. C'est là, à l'été 1978, qu'Yves s'infligea sa première blessure. Une fois qu'il fut sur sa lancée, ses skis s'enrayèrent et, au lieu de sauter, en atteignant à cinquante kilomètres-heure la cuiller du tremplin, il fut projeté contre l'élévation de la rampe. Il se releva complètement sonné, mais il s'en tira avec une commotion cérébrale sans gravité et quelques égratignures. La semaine suivante, il était prêt à recommencer.

À l'époque, le ski acrobatique comprenait trois disciplines : le parcours de bosses, le ballet acrobatique et le saut acrobatique. Certains athlètes s'inscrivaient aux trois épreuves, se qualifiant ainsi pour le combiné, couronné en fin de saison du grand prix de la Coupe du monde. Puisque ses frères Dominic et Alain avaient toujours compétitionné dans le combiné, Yves, à ses débuts, se sentit quelque peu obligé de tester ses aptitudes dans les trois disciplines. Durant l'hiver 1979, il s'enregistra pour participer au combiné à l'occasion d'une compétition régionale organisée au mont Saint-Castin. Peu expérimenté dans le ballet et les bosses, il se renseigna auprès des autres pour acquérir des techniques, glaner des trucs. Il monta une bande sonore et se prépara une routine de ballet qu'il répéta pendant des jours, mais lorsqu'il se présenta à la compétition du mont Saint-Castin, il n'impressionna guère les juges. À la descente de bosses, ce fut encore pire : il tomba deux fois. Mais il décrocha la première place en saut acrobatique grâce à un saut périlleux arrière avec une vrille qui souleva une salve d'applaudissements. À l'ivresse d'avoir fréquenté le ciel s'ajoutait maintenant celle de la reconnaissance, de l'approbation d'un auditoire, de l'admiration nourrie d'amour que lui vouaient les spectateurs. Sa performance avait aussi été remarquée par ses frères et par d'autres athlètes, et, au fond de son cœur, Yves sentit brûler une nouvelle flamme. Ces manifestations de reconnaissance, d'appréciation, devinrent son suc vital. La sève nouvelle qui le rassurait et le motivait. Yves La Roche croyait avoir trouvé sa voie, mais il savait qu'il ne pouvait pas encore se qualifier pour le circuit professionnel.

Réaliste, Yves conserva son travail à temps partiel dans les cuisines du Manoir Saint-Castin. L'été, il trouva aussi du boulot au service de la voirie de la municipalité de Lac-Beauport et amassa de l'argent. Cet argent ne faisait que transiter entre ses mains car chaque dollar gagné servait à acheter de l'équipement destiné à l'entraînement. Puis Yves, ses frères et quelques amis acquirent en se cotisant un premier trampoline, le moyen par excellence de développer une agilité motrice permettant de réussir des sauts de plus en plus élaborés. Plus tard, les La Roche y intégrèrent un système de ceinture à suspension, d'abord pour garantir leur sécurité, mais surtout pour tester des mouvements plus difficiles et plus risqués. L'hiver, le conseil municipal de Lac-Beauport leur permit d'installer le trampoline dans une salle de l'Hôtel de Ville afin de pouvoir poursuivre l'entraînement. Les édiles de la municipalité de Lac-Beauport ayant toujours encouragé leurs athlètes, il n'est pas étonnant de voir qu'un si grand nombre de jeunes résidants ont pu ensuite laisser leur marque dans le sport international. Car, en plus des sept prodiges du clan La Roche, on dénombre plusieurs talents reconnus, des gages de fierté locale comme Caroline Brunet en canoë-kayak, Lucie Barma en ballet acrobatique, Caroline Olivier en saut acrobatique, et Manon Rhéaume, qui fut la première gardienne de buts d'une équipe professionnelle de la Ligue nationale de hockey, le temps que durent les roses...

Mais la question pécuniaire est toujours une source de maux de tête pour les jeunes athlètes. Dominic La Roche avait déjà commencé à sillonner la planète. Au fil des compétitions professionnelles, il revenait avec des bourses rondelettes, des trophées chatoyants ou des prix fournis par les commanditaires chaque fois qu'il se classait avantageusement. Le ski acrobatique demeurait un marché libre. Les Coupes du monde étaient encore des événements commerciaux pouvant rapporter à un athlète performant de quoi subvenir à ses besoins. Même si parfois les prix attribués avaient quelque chose de répétitif : le champion canadien John Eaves a déjà remporté quatre voitures neuves en une seule année !

C'est en juin 1979, lors d'un congrès tenu à Nice, que la Fédération internationale de ski, la FIS, consentit à intégrer le ski acrobatique dans ses structures, rendant la discipline éligible à devenir une épreuve olympique. L'argent avait donc son importance dans les objectifs que se fixaient alors les athlètes, car le ski est d'emblée un sport qui coûte cher, et les déplacements qu'impliquent la tenue de compétitions étaient onéreux.

Au début, les parents La Roche ne prirent pas les exploits de leurs fils au sérieux et les laissèrent agir à leur guise, comme ils leur avaient toujours laissé une grande liberté. Et, sans vouloir les décourager, ils ne contribuaient pas au financement de leurs activités. Ils n'avaient tout simplement pas les moyens de le faire et préféraient les laisser se débrouiller. À la maison, il y avait déjà un bateau, des motoneiges, des planches à voile, mais le financement d'une saison de sport professionnel était une dépense supplémentaire qu'ils étaient incapables d'assumer, malgré tout ce que pouvaient en penser les voisins.

Par ailleurs, le bureau d'architecte dirigé par Guy avait englouti des sommes folles dans la rénovation d'un îlot de maisons historiques de la rue des Remparts, dans la Vieille Capitale, et venait de déclarer faillite. En attendant que Guy se trouve un nouvel emploi, Suzanne, à cinquante ans, dut retourner sur le marché du travail, et elle dénicha un poste de fonctionnaire chez Hydro-Québec.

Ainsi préoccupés, ils avaient de la difficulté à se faire à l'idée que leurs aînés aspiraient à une carrière professionnelle dans le sport. Suzanne La Roche, même avec la meilleure volonté du monde, n'arrivait pas encore à croire que ses fils pourraient un jour gagner décemment leur vie simplement en sautant en skis. Sans parler de l'inquiétude viscérale que ces jeux de casse-cou éveillaient dans son cœur de mère. Le jour où sa petite dernière, Lucie, s'enticha à son tour du ski au point de s'inscrire à des compétitions de descente, elle ne put s'empêcher d'exprimer sa déception.

— Oh non ! Pas elle aussi !

Lorsque Suzanne La Roche allait les voir sauter, quand des compétitions se déroulaient au mont Sainte-Anne ou au Relais, le cœur lui manquait. Il leur faudrait, à elle et à Guy, quelques années avant de saisir que leurs fils étaient des pionniers. Ils ne voyaient pas encore qu'ils empruntaient un chemin très peu fréquenté et qu'ils allaient devenir les maîtres d'une nouvelle discipline sportive, récoltant au passage une renommée internationale qui rejaillirait sur tout le Québec et le Canada.

Mais, pour l'heure, il n'était pas question de les soutenir financièrement. Si Suzanne payait parfois les frais d'inscription nécessaires pour aider ses fils à participer à certaines compétitions, la contribution des parents s'arrêtait là. Les déboires professionnels de Guy La Roche avaient failli ruiner la famille. L'heure étant grave, c'est dans un silence nourri par le renoncement que Suzanne La Roche prit aussi sur elle de payer les taxes et l'hypothèque de la maison familiale, grâce à un héritage qui tombait à point.

C'est aussi à cette époque que la maison du chemin des Pentes se vida peu à peu. Dominic, Alain et Yves étaient appelés à voyager à l'étranger. Simon, qui avait dû abandonner le sport à la suite d'une blessure, faisait maintenant carrière au sein des forces armées canadiennes, où il avait décroché un poste de navigateur dans l'aviation. Bernard, qui avait travaillé pendant un certain temps comme entraîneur de ski au lac, s'était replié sur lui-même, s'abandonnant tout entier à sa passion pour la chasse et la pêche. Quant à

Philippe et à Lucie, inéluctablement attirés par les exploits de leurs aînés, ils s'apprêtaient eux aussi à entreprendre leur conquête du globe.

Si Yves passait encore trois saisons sur quatre au lac Beauport, ses parents ne le voyaient pas plus souvent pour autant. Il s'astreignait à une discipline de fer. Il s'entraînait tous les matins de sept heures à huit heures et demie, puis passait le reste de ses avant-midi à écrire des lettres et à solliciter des commanditaires. L'après-midi, c'étaient les sauts sur la rampe, et, le soir, le trampoline et les plongeons. Il y avait aussi les séances de musculation au club Nautilus, le motocross, le boulot au resto, les petits contrats de rénovation ou de voirie. De plus, il avait enfin commencé à voyager grâce à Craig Clow, un autre sauteur de l'équipe canadienne. Natif de Montréal, grand artiste du saut, Clow venait d'accepter la charge d'un spectacle de sauts acrobatiques devant avoir lieu en Angleterre.

Au printemps 1979, il proposa à Yves d'en faire partie pour un engagement de deux semaines à Blackpool. Ils commencèrent d'abord par une semaine de promotion à Londres, et, avec Big Ben et le palais de Westminster à l'arrière-plan, Yves exécuta des sauts devant la reine Élisabeth. Quant aux spectacles prévus à Blackpool, des rafales de vent venant de la mer d'Irlande firent s'écrouler la rampe et ils furent annulés.

Yves était sur sa lancée. Non seulement se préparait-il à une vie de voyages, de découvertes, de victoires glorieuses et de moments uniques, mais une rencontre inopinée l'entraînerait bientôt dans la plus folle des aventures : l'amour.

10

Phase critique

Grenoble, 12 décembre 1989

Rien ne bouge. Rien ne change. Le temps perd tout son sens. Soixante heures maintenant qu'Yves a sombré dans le coma. Dany, Alain, Philippe et les autres se sentent glisser dans une attente irréelle. À Grenoble, les jours pluvieux se succèdent et, quand la ville n'est pas imbibée de grisaille humide, des bourrasques font ployer les platanes dénudés et les passants qui se hasardent dans les squares.

Le rythme des tours de garde se poursuit à l'hôpital Michaillon. Dany et les autres connaissent maintenant chaque recoin de la salle d'attente. Ils vivent continuellement dans l'expectative des cinq minutes que le personnel médical leur accorde à chaque heure pour rester au chevet d'Yves.

Parfois, Dany est sûre qu'il a bougé. À force de l'observer, elle finit par acquérir la certitude qu'il a levé un sourcil, entrouvert les lèvres, qu'il a sèches. Un jour, dans un élan d'optimisme, elle annonce à Guy La Roche qu'Yves a levé un doigt, ce qu'il s'empresse de claironner aux journalistes, comme pour entretenir l'espoir qui anime les Québécois depuis l'annonce du drame.

À Lac-Beauport, le chef de la famille La Roche a pris les opérations en charge afin de soutenir l'attention de la population. Il alimente les médias, répond aux nombreuses demandes de compte-rendu qui lui parviennent depuis toute l'Europe et le reste du monde. Les médias européens en redemandent. À l'hôpital Michaillon, la frénésie pousse même des journalistes français à poursuivre Dany et les frères d'Yves dans les corridors pour leur quémander quelques détails mélodramatiques dont ils pourraient abreuver leurs lecteurs.

L'assurance dont Guy La Roche fait preuve peut paraître candide, mais certains l'interprètent comme de l'arrogance. Sans doute essaie-t-il de camoufler son angoisse en distillant autour de lui autant de paroles encourageantes. De Tignes, Charles Puts lui a téléphoné pour parler de la situation. Le père spirituel des sauteurs a le vague à l'âme, et la visite qu'il a faite à Grenoble, quelques jours après le drame, l'a complètement retourné. Il est frappé par cette espèce de désinvolture qu'il perçoit dans le ton du patriarche.

— Ce n'est pas grave, Yves va s'en sortir, répète Guy. Mes gars s'en sortent toujours, ils sont faits forts.

Puts comprend mal la réaction de Guy La Roche. Depuis le jour de l'accident, il est plongé dans le drame jusqu'au cou, succombant à une anxiété que même son épouse Renée n'arrive pas à endiguer.

— Vous savez, monsieur La Roche, les médecins, ici, ne nous laissent guère d'espoir.

Puts est convaincu qu'Yves vit ses derniers instants, ou que, s'il en ressort vivant, ce sera à l'état végétatif. Mais le père La Roche demeure imperméable.

— Je vous dis qu'il va s'en sortir. Ça va aller, vous allez voir.

En France, chez les journalistes de la presse sportive autant que dans l'organisation de la Coupe du monde, on a aussi peine à croire qu'Yves s'en sortira. Le pessimisme ambiant assombrit tous ses proches. Et les bonnes nouvelles que Guy La Roche répand dans les journaux canadiens sont un paravent qui sert à masquer le désespoir.

* * *

Pendant quelques jours, Jean-Marc Rozon et Lucie Barma demeurent auprès de leurs amis à l'hôtel Alpha. Ils accompagnent régulièrement Alain, Philippe et Dany à l'hôpital, où ils préfèrent passer le plus de temps possible, convaincus qu'Yves va finir par émerger de son sommeil cataleptique. Pour rien au monde, ils ne veulent rater ce moment béni.

Une force étonnante émane de Dany. Peut-être a-t-elle fait usage de cette ordonnance de calmants que lui a glissée Tony Galea le jour de son arrivée à Grenoble, consciente que, si elle flanche, ses beaux-frères vont en être affectés. Ils observent une sorte de consigne tacite qui les empêche de craquer. Philippe La Roche a l'impression de redécouvrir sa belle-sœur. Elle a toujours été un rempart et un soutien pour Yves, mais il ne peut s'empêcher de croire que son impassibilité n'est qu'un moyen comme un autre de masquer sa détresse. Peut-être que toutes ces années à côtoyer des personnages en apparence aussi inébranlables que les La Roche ont aussi fini par influencer sa façon d'agir. Alain également remarque le ferme courage de

Dany. Il n'aurait jamais cru la voir un jour braver la catastrophe avec autant de maîtrise de soi. C'est un peu comme si tout le monde était fasciné de voir combien une souffrance partagée peut être rassembleuse.

Prendre conscience de leur propre résistance les encourage secrètement. Dany elle-même s'étonne parfois de la modération qu'elle affiche. Elle bronche à peine lorsqu'une spécialiste la prend à part pour la préparer à toute éventualité.

— Je sais que ce que je vais vous dire va vous sembler difficile, mais je crois qu'il est préférable que vous le sachiez tout de suite.

— Au point où nous en sommes, je suis prête à n'importe quoi, ironise Dany avec un sourire faux.

— Je regrette beaucoup, madame, mais je crois qu'il vaut mieux que vous sachiez. Si votre mari s'en sort, même s'il parle et marche de nouveau un jour, il ne sera plus jamais le même. Ce que vous allez devoir vivre est un deuil. L'homme que vous avez connu ne reviendra jamais.

Ces propos lui font l'effet d'une gifle, et le regard de cette femme glace Dany. Il lui faudra des semaines, des mois, pour comprendre toute la portée de ces paroles. Sur le coup, elle se jure d'ailleurs de ne plus jamais pleurer sur son sort.

Ce soir-là, pourtant, quand elle se retrouve seule dans sa chambre anonyme de l'hôtel Alpha, sa nouvelle réalité lui saute aux yeux et la douleur la transperce. Sans enlever son manteau, elle s'abandonne en travers du lit, couchée sur le ventre, et laisse s'échapper des torrents de larmes qui la libèrent de l'insoutenable tension dans laquelle elle est plongée depuis son arrivée à Grenoble. Elle repense à la dernière fois qu'elle a vu Yves, avant l'accident. Ce jour où il est venu lui annoncer son départ pour Tignes, à la maison de la rue de la Sapinière. Et surtout ce moment très spécial où il lui a demandé de s'allonger sur le lit, sur l'édredon vert forêt, avec le petit Eliott dans ses bras, pour qu'il puisse prendre une photo dans sa tête. «C'était fatal, songe Dany, il *savait* qu'il ne nous reverrait pas.»

* * *

Toujours rien de nouveau; il devient de plus en plus difficile de croire que l'attente n'est pas vaine. Entre les murs bleus de la salle d'attente exiguë, Dany et les autres essayent de tuer le temps en parlant de tout et de rien, de n'importe quoi sauf de *ça*. Fidèle à sa nature de boute-en-train, Jean-Marc Rozon fait parfois des blagues pour détendre l'atmosphère. Ça ne rit pas fort, mais au moins personne ne pleure. Comme si on s'était donné le mot pour contenir tout débordement qui alourdirait l'atmosphère, ce qui correspond tout à fait à la nature stoïque des La Roche, devenus spécialistes dans la rétention émotive.

Un certain après-midi, alors qu'ils attendent dans un silence lancinant, une caricature de la *mamma* italienne typique, en robe et fichu noirs, vient s'asseoir près d'eux. Son petit-fils vient de subir lui aussi un grave accident. Dès qu'elle est assise, la *mamma* se met à gesticuler en proférant une savante litanie de prières en italien, au moyen desquelles elle implore Dieu, tous ses saints et tous ses anges de venir au secours de son petit-fils. Dany et les autres se regardent, muets mais l'œil amusé, luttant contre un irrésistible fou rire. Cependant, en voyant la pauvre femme déverser bruyamment sa douleur, tous comprennent qu'elle agit exactement comme eux s'interdisent de le faire depuis des jours. Car, dans leur for intérieur, ils ressentent précisément le même besoin de s'épancher.

Le mercredi 13 décembre, l'un des médecins responsables de l'unité invite Dany et Alain dans son bureau.

— Nous venons de franchir la phase critique des premières soixante-douze heures. Je sais, votre ami ne montre aucun signe d'éveil, mais on pourra bientôt le considérer comme sauvé. Je dois cependant insister : si, miraculeusement, il se réveillait, il y a toujours la possibilité qu'il demeure dans un état neurovégétatif. Je ne veux pas que vous nourrissiez d'espoirs démesurés.

— Qu'est-ce qu'on fait maintenant ? avance timidement Dany.

— Nous allons le garder sous anesthésie pendant encore quelques jours. L'œdème ne semble pas vouloir diminuer et on peut encore craindre des complications cérébrales. Mais nous sommes maintenant presque convaincus que le cerveau n'a pas été endommagé. Votre mari est un athlète et il a de la chance. Ses signes vitaux sont d'une force et d'une résistance supérieures à la moyenne.

Dany est réconfortée : elle sait qu'Yves se bat farouchement pour survivre. D'emblée, l'attente lui devient un peu moins lourde à supporter. Mais elle se sent toujours prisonnière d'un gigantesque sablier.

Vers la fin de la semaine, Philippe annonce qu'il va se rendre à LaPlagne, près de Tignes, pour participer à l'étape suivante de la Coupe du monde.

— C'est ce qu'Yves, mon coach, me dirait de faire, explique-t-il.

L'entraîneur-chef Peter Judge a pris la relève auprès des sauteurs. Jean-Marc Rozon annonce aussi son départ dans le but de poursuivre la compétition. Alain hésite, car il n'est pas sûr que sa cheville est suffisamment remise de l'entorse qu'il s'est infligée à Tignes. De plus, il songe à ses parents, au reste de sa famille, au Québec. Ils apprécieront son retour, porteur qu'il sera d'impressions et d'informations fraîches et exactes. Les autres sont d'accord. L'attente s'annonçant longue, l'évidence s'impose qu'il est inutile que tout le monde s'attarde au chevet d'Yves en même temps.

Dany attend secrètement qu'on l'autorise à ramener Yves au Québec. Lors de son dernier appel téléphonique, Guy La Roche a parlé de la possibilité de rapatrier le corps d'Yves, ce qui allégerait la situation immédiate de Dany, qui tôt ou tard va devenir exagérément onéreuse et intenable. Sans parler de la note d'hôpital, qui grimpe de façon astronomique à mesure que les jours passent. De plus, on n'a pas encore déterminé si l'accident d'Yves est couvert par une assurance, de sorte que cet autre problème, énorme, de la question pécuniaire pèse sur l'entourage immédiat. Ramener Yves au Québec serait aussi un soulagement pour ses parents et sa famille, qui auraient au moins la possibilité de l'entourer, de l'encourager. Mais, pour l'instant, les spécialistes de l'hôpital Michaillon s'opposent formellement à un rapatriement. Il faut au moins attendre que l'œdème du tissu cérébral soit enrayé avant que l'on puisse juger de la capacité du patient à supporter un tel voyage. De plus, il faut déterminer les conditions médicales qui doivent être mises en place.

La famille comprend qu'il ne faut rien brusquer. Personne ne désire mettre la vie d'Yves en danger en procédant à un déplacement prématuré. Ceux qui sont à Grenoble se résignent à prendre leur mal en patience. C'est donc de bon cœur, et dans un effort collectif, qu'après quatre jours de veille, le jeudi soir, Alain, Philippe, Dany, André Savard et Dominique Gstalder décident de faire une pause et de s'éloigner de l'hôpital pour quelques heures, histoire de prendre un peu de recul et de s'accorder une reposante diversion. Leurs vies continuent, Yves vit toujours, le choc de l'accident commence à se résorber, il ne peuvent rien faire d'autre qu'attendre. Il devient donc impératif de songer à reposer leurs nerfs, qui viennent d'être sévèrement éprouvés.

Ils se retrouvent devant une bonne table du centre-ville de Grenoble, et Dominique Gstalder, un amateur de bons vins, commande quelques bonnes bouteilles. La bonne humeur refait son apparition, des rires fusent, même. Dany a l'impression qu'elle n'a pas ri depuis un siècle. Cette intimité nouvelle, née dans un mouvement spontané de solidarité, la rapproche de Philippe et d'Alain et lui fait chaud au cœur. La pression, sans disparaître tout à fait, s'allège. À un moment donné, alors qu'un ange passe, Philippe La Roche interrompt le silence et, l'air solennel, lève son verre.

— Attention, tout le monde, je souhaite porter un toast.

Il se lève, sa coupe à la main, et jette un regard à tous les convives.

— Je bois à la santé d'Yves !

Et comme les épées des mousquetaires qui viennent se croiser bien haut pour conjurer le mal, tous entrechoquent leurs verres autour du sien.

11

Dany

Dany Lessard est née à Charlesbourg, presque deux ans avant Yves. C'est une fonceuse et une femme de tête. Elle a l'esprit vif et l'imagination fertile. Elle est douée pour l'écriture et sait inventer des histoires. Éclectique, elle s'intéresse à beaucoup de choses, et voit dans les sciences occultes une porte menant à la compréhension de l'inconnu. C'est aussi une femme intuitive, capable d'identifier dans les manifestations de la destinée des liens, des coïncidences, des analogies d'une étrange justesse.

La mère de Dany lui avait donné naissance sans être mariée, ce qui était très mal vu à l'époque. Dany fut graduellement élevée, puis adoptée par sa tante Colette, qui fut autant une mère qu'une sœur pour elle. Elle grandit dans une maison pleine de femmes, ou plutôt dans un salon saturé de présence féminine, car Colette était coiffeuse. Dès l'adolescence, elle affectionna l'univers dans lequel elle évoluait. Elle aimait la dynamique du salon, les échanges entre femmes, les confidences, les petits bonheurs, les gros drames, les rires, les larmes. À dix-huit ans, elle décida d'exprimer ses intuitions artistiques avec un peigne et des ciseaux et embrassa la profession. Dany était une fille dans le vent; elle aimait les beaux vêtements, soignait son apparence, lisait beaucoup, et poursuivait une quête spirituelle inspirée par les écrits de Martin Gray qui lui avaient laissé une forte impression.

Dany aimait aussi skier, et c'est au chalet, après une journée de descentes, qu'elle rencontra l'homme qui allait changer sa vie.

La saison s'achevait et Yves venait de participer à ses premières compétitions. À cette époque, à la fin de leurs journées d'entraînement, les gars se retrouvaient au chalet de ski pour prendre un verre et draguer : les admiratrices connaissaient la routine et elles étaient nombreuses à s'y rendre. Yves, qui prenait sa nouvelle carrière au sérieux, avait cessé de fumer et de consommer de l'alcool du jour au lendemain. Il fréquentait néanmoins le chalet comme les autres, mais obéissait à son instinct de solitaire en s'installant le plus souvent devant les machines à boules. Il se défoulait avec frénésie en actionnant les flippers de sa préférée, la *Eight Ball Deluxe*, savourant ses éclairs lumineux et son vacarme enivrant. Il avait pris l'habitude de placer des cendriers sous les pattes de devant de la machine, pour modifier son inclinaison afin que la boule puisse circuler plus longtemps dans les labyrinthes du billard électrique.

Lorsqu'elle rencontra Yves La Roche, au printemps 1980, Dany était devenue une jolie brune, pas très grande, avec un visage rond, des yeux noisette légèrement en amande, et une physionomie un peu enfantine. Elle fréquentait depuis l'âge de seize ans un entrepreneur, Jérôme, un Beau Brummel toujours tiré à quatre épingles, qui roulait en Corvette et qui souhaitait l'épouser. Après sept ans de fréquentations, Dany commençait à s'ennuyer ferme dans cette relation trop conventionnelle qui manquait d'imprévu, de surprises. Lorsqu'elle avait fini de coiffer ses clientes, Dany aimait bien sortir, prendre un verre et s'amuser.

La première fois qu'elle aperçut Yves au chalet de ski, elle remarqua aussitôt son abondante crinière. Elle se sentit mystérieusement attirée vers lui, même s'il était habillé plutôt gauchement : il portait un pantalon de velours côtelé brun, un gros pull de laine informe, et des bottes de cow-boy. Sans comprendre pourquoi, Dany trouva cela charmant, elle qui était plutôt du genre à suivre la mode disco, un style qui persistait malgré l'invasion de la musique new-wave qui mêlait ses airs aux derniers succès jouant dans les haut-parleurs du bar. Elle s'approcha d'Yves et s'appuya sur la machine voisine pour le regarder se démener.

— As-tu envie de jouer ? finit par demander Yves après un long silence.

— Oui, oui ! Je m'appelle Dany.

— Moi, c'est Yves. As-tu des vingt-cinq sous ?

Ils disputèrent une partie, mais ils ne se parlèrent pas beaucoup. Ils ne jouèrent pas longtemps non plus. Le beau Jérôme arriva inopinément et tira Dany à l'écart pour lui manifester son dédain et sa jalousie.

— Tu te la coules douce ! Qu'est-ce qui te prend de flirter avec un La Roche ? Ce sont tous des *bums* !

Cette première rencontre engendra cependant un désir nouveau dans le cœur de Dany. Caressant secrètement l'espoir de revoir Yves, elle retourna plusieurs fois au bar du chalet de ski, que fréquentait régulièrement sa copine Louise Barma. À cette époque, Louise était l'amie de Dominic La Roche. Elle était souvent accompagnée de sa sœur Lucie, qui deviendrait plus tard une skieuse de renom. Mais Yves ne se montrait pas souvent.

Un dimanche après-midi, les filles trouvèrent que le chalet était trop tranquille. Même la bouteille de Grand Marnier que l'une d'elles avait sortie de son casier, au Relais, avait perdu son pouvoir de susciter une atmosphère de fête. Yves et certains de ses frères étaient là, mais il ne se passait pas grand-chose. Dany n'arriva pas à s'en approcher, car Jérôme la talonnait. La soirée prit une tournure plus excitante lorsque, sur la piste de danse, quelqu'un proclama à la ronde :

— On va continuer le *party* chez les La Roche !

Dany était déjà un peu éméchée, mais l'occasion était trop belle, et elle décida de suivre. Une fois parvenus dans la maison des La Roche, chemin des Pentes, les jeunes se déchaînèrent. On mit de la musique, on décapsula des bières. À un moment donné, Dany et d'autres filles montèrent sur la table pour faire un concours de duchesses du carnaval. C'était le délire. Un peu plus tard, Dany se retrouva auprès d'Yves, délaissant Jérôme qui fulminait seul dans un coin. C'était la première fois qu'Yves et elle se parlaient ailleurs qu'au chalet de ski. Ils conversèrent longuement et le courant passa entre eux. Mais lorsqu'il devint évident que Dany était ivre, Jérôme intervint, l'arracha à Yves, la fit monter de force dans sa voiture et la reconduisit chez elle. Il lui fit toute une scène.

— T'es-tu vue ? Tu étais collée sur lui ! Pour qui tu me prends ?

Pour Dany qui n'aimait pas qu'on la domine, ce fut la fin. Elle savait que ce jour-là finirait par arriver. Elle quitta Jérôme pour reprendre sa liberté longtemps mise en veilleuse. Il était encore tôt pour savoir dans quoi elle s'aventurait, mais l'envie de tourner la page était la plus forte. Elle avait soif de quelque chose de totalement différent.

Elle prit l'habitude d'aller rejoindre Yves au bar du Relais après les journées d'entraînement. Yves lui parlait de ses rêves, de ses espoirs de faire partie de l'équipe canadienne en gestation, de s'inscrire à la Coupe du monde. Dany était emportée, fascinée. Elle ne comprenait pas encore ce qui lui arrivait. Elle était plus âgée qu'Yves, qui n'avait que vingt ans. Financièrement autonome, elle considérait qu'elle était arrivée à quelque chose dans la vie, alors qu'Yves ne vivait que pour le sport, carburant à l'espoir. Il investissait dans son rêve le modeste salaire qu'il gagnait aux cuisines du Manoir. Elle trouvait que c'était un mignon petit bonhomme, même s'il semblait toujours avoir sur le dos la même chemise terne à manches courtes, rayée beige et brun. Elle s'amusait à le voir danser comme un perdu sur les succès du palmarès que le disc-jockey enfilait à satiété, *Planet Claire*, *Funkytown*, *YMCA*, *I Love the Nightlife*… Elle souriait de le voir trépigner frénétiquement sur la piste, échevelé, la figure rougie par le soleil, la chemise échancrée, entièrement absorbé dans sa galaxie.

Une mystérieuse force d'attraction ramenait pourtant Dany au chalet de ski, plusieurs fois par semaine, juste pour le voir, et parfois faire un brin de conversation avec lui. Mais on aurait dit qu'Yves ne captait pas ses signaux, qu'il était indifférent, qu'elle le laissait froid. Il dansait, jouait aux machines à boules, buvait du Coca-Cola. C'était un gamin.

Un soir, lorsque la saison de ski fut terminée, Dany se heurta à des portes closes. Elle réalisa qu'elle ne reverrait plus Yves et se rendit compte qu'elle s'était réellement attachée à lui. Comme elle savait qu'il n'avait pas d'argent, et qu'elle ne voulait pas blesser son amour-propre, elle imagina un stratagème pour l'amener à sortir avec elle. Elle parcourut le journal pour trouver une activité qui se rapprochât suffisamment des goûts sportifs d'Yves, et acheta une paire de billets pour un spectacle des Ice Capades qui devait avoir lieu au Colisée. Trois jours avant la soirée, elle lui téléphona.

— Ça va?

— Oui, ça va, répéta Yves, peu engageant.

— Qu'est-ce que tu fais samedi soir?

Et, sans lui laisser le temps de répondre, elle enchaîna :

— J'ai gagné deux billets pour les Ice Capades à la radio. Veux-tu venir avec moi?

Yves accepta et lui proposa d'aller la chercher avec sa voiture. Il venait de s'acheter une vieille Ford Capri pour la somme ridicule de deux cents dollars, et l'avait repeinte à la main en rouge. Il devait cependant y entrer par le côté du passager parce que l'autre porte ne s'ouvrait plus. Lorsque Colette Lessard aperçut le tas de ferraille se garer devant sa maison, elle voulut mourir de honte. Elle supplia sa fille de lui dire que ce n'était pas sérieux. Dany était beaucoup trop émue pour prendre le temps de lui répondre, et encore moins d'y penser. Elle sortait avec son Yves, qu'elle aurait à elle toute seule toute la soirée. Peu importait le reste.

Après le spectacle, Yves et Dany allèrent prendre un verre au bar *Chez Paul*, une boîte à la mode située dans le vieux Québec. Ce fut la soirée décisive. Ils parlèrent de tout et de rien, mais abondamment, sans cesse émerveillés par tout ce qui les rapprochait. Quand ils sortirent du bar, la nuit était déjà avancée et balayée par des vents frisquets. Quand Dany en fit la remarque, il lui frotta le dos pour la réchauffer. Ce fut leur premier contact physique. Et le seul pour le moment. Car Yves la ramena chez elle sans essayer de l'embrasser. Il n'y pensa même pas. Pour Dany, qui était aussi idéaliste en amour, ce fut un gage de sa qualité d'âme. Il la respectait. Elle fut conquise.

Le lendemain matin, Yves se prépara à partir pour Sainte-Adèle, afin de participer à une compétition de qualification, sur les Pentes 40/80. Il vint lui dire au revoir. Dany lui offrit une affiche d'un gros cochon rose accoutré d'un gilet de ski sur lequel elle avait écrit : «À un gars super gentil. Dany». Il devait revenir le mercredi suivant et promit de l'appeler. Mais les jours passèrent et Dany demeura sans nouvelles.

Ses amies essayèrent de lui ouvrir les yeux :

— C'est une tapette, il n'est pas comme ses frères !

— Tu n'es rien pour lui. C'est un baveux, un play-boy, un La Roche !

— Tu aurais pu choisir Dominic. C'est lui, le beau de la place !

Toutes s'entendaient pour trouver qu'Yves était moche, quelconque. Pourtant, Dany se sentait irrésistiblement attirée vers lui. Elle était séduite par sa gentillesse, sa simplicité, ses silences, sa façon discrète d'être attentif à ses besoins. Elle avait plein d'idées pour améliorer son allure. Sa tante Colette émit cependant de grosses réserves. Elle souhaitait le meilleur parti pour sa fille. Pour elle, Jérôme était parfait : il avait une bonne situation, une belle voiture, de l'argent. Elle implora Dany de renouer avec Jérôme, en qui elle avait depuis longtemps reconnu le gendre idéal.

Dany tint bon. Elle continua de coiffer ses clientes, tenta de s'occuper, mais elle avait l'esprit ailleurs et ne vivait que pour le coup de téléphone tant attendu. Un soir, enfin, elle était à la maison lorsque le téléphone sonna. C'était lui.

Elle décida de feindre l'indifférence.

— Tu es un beau comique, toi ! Pourquoi tu ne m'as pas rappelée ?

— Et toi, pourquoi tu n'as pas retourné mes appels ? répondit-il.

Dany a eu tôt fait de comprendre que sa tante ne lui avait jamais transmis les messages laissés par Yves. Ils convinrent de se revoir, et, dès lors, ils furent inséparables.

Dany devint éperdument amoureuse d'Yves. Elle se disait qu'il n'était pourtant pas son genre. Certaines facettes de sa personnalité la heurtaient. Les premières semaines, parfois, leurs fréquentations la déconcertèrent. Elle trouvait Yves mal élevé, sans manières. Elle découvrit sa nature sauvage, impénétrable. Elle apprit toutefois à respecter cette aura de pureté qui nimbait son héros. Elle dut admettre qu'il n'était pas comme ses frères. Yves infirmait cette légende populaire à laquelle elle croyait et qui voulait que la maison des La Roche fût un temple des plaisirs.

Au début, leur idylle ne fut pas sans quelques frictions. Yves était encore imbu de son indépendance. Il faisait ce qui lui plaisait, quand cela lui plaisait et en cela il n'était pas tellement différent des autres La Roche. Mais avec Dany, son caractère têtu allait devoir s'affiner. Un jour, Yves suggéra à Dany d'aller s'acheter une jolie robe en vue d'une soirée spéciale qui aurait lieu au manoir Saint-Castin. Le soir venu, elle attendit qu'il vienne la chercher, mais en vain. Lorsqu'elle le joignit au téléphone, elle apprit qu'il avait tout laissé de côté sans la prévenir et s'apprêtait à partir pour Chicoutimi avec ses copains, car Jean Corriveau, qui passait l'été dans son patelin, avait organisé une autre de ces sauteries homériques. Dany ne cacha pas son irritation. Elle somma Yves de la respecter. Si les La Roche étaient des sauvages, elle allait leur montrer qu'elle était capable d'en dompter un. Yves encaissa le coup, mais il se contenta de répondre d'un ton rebelle:

— Je ne te dis pas que je vais changer, mais je peux te dire que je vais essayer.

Yves poursuivit son entraînement en prévision de sa deuxième saison en Coupe du monde. Dany et lui filaient le parfait bonheur. Au fond, Yves était docile comme un agneau; du moment que Dany le laissait faire ses acrobaties, il était heureux. C'était la première fois qu'il avait vraiment une petite amie, il se sentait amoureux, il avait l'impression de vivre quelque chose de sérieux. Avant Dany, il y avait eu quelques filles, mais rien qui ne lui avait procuré un tel enchantement.

Avec Dany, la magie était toute simple, ils se retrouvaient en toutes circonstances comme larrons en foire. Elle savait dissiper ses malaises, ignorer ses maladresses. Alors que l'été passait, il ne leur restait qu'une étape importante à franchir : la relation sexuelle. Dany avait toujours repoussé les avances d'Yves. Elle était déterminée à choisir le moment où ils feraient l'amour pour la première fois, histoire d'être préparée et de planifier le grand moment dans tous ses détails.

Quant à Yves, encore peu expérimenté, il appréhendait ce moment car il gardait un souvenir amer de sa première expérience, qui n'avait rien eu de romantique. La première fois qu'il avait fait l'amour, il n'avait pas encore vingt ans. Il fréquentait depuis quelque temps une fille qui s'appelait Micheline, mais sans s'intéresser vraiment à elle car il n'en avait alors que pour sa nouvelle passion, le saut. Un soir où ils avaient bu beaucoup de vin, ils s'étaient retrouvés au lit.

Avec Dany, cela se passa un soir d'août, une de ces soirées chaudes et humides où l'on attend que le ciel crève en une pluie qui rafraîchira l'atmosphère. Dany et Yves s'étaient rendus à l'appartement de Jean Corriveau pour y retrouver une bande d'amis. Après avoir bu quelques bières, dans la lourde atmosphère de la canicule, Dany aperçut soudain Yves à l'autre bout du salon, qui venait de se laisser choir dans les bras de Corriveau en sanglotant qu'il pensait être amoureux. Elle décida que c'était le moment. Lorsque le reste de la bande décida d'aller poursuivre la soirée en ville, elle proposa à Yves de rester à l'appartement.

Ils se retrouvèrent affalés sur une grosse pile de coussins et passèrent un beau et long moment enlacés, silencieux, pendant qu'Elton John leur chantait *Your Song* à la radio. On aurait dit que la chanson avait été écrite pour eux. Yves chuchota doucement :

— Est-ce qu'on fait l'amour?

Dany acquiesça d'un signe de tête complice. Elle se dirigea vers la chambre, où elle s'étendit sur la courtepointe sans se dévêtir. Lorsque Yves la rejoignit, il était déjà complètement nu, les muscles luisants de sueur. Il était au comble de l'excitation, tendu comme un arc. Il s'étendit auprès d'elle et savoura l'instant sans mot dire, ébloui par les sensations qui l'assaillaient. Car dès que Dany l'effleura, ce fut trop, la terre trembla, il explosa, il jouit. Tout s'était passé si vite. Une fois remise de sa surprise, Dany ne put réprimer un grand éclat de rire. Yves était humilié, et le rire de Dany lui fit prendre un visage penaud, insulté même.

— Ce n'est pas grave, lui susurra-t-elle, on va recommencer.

Et ce fut merveilleux. Le début d'une passion, d'une complicité, sans autre ambiguïté. Yves découvrit qu'il y avait autre chose à faire dans la vie que de sauter et de bricoler tout seul dans son coin. Comme si Dany était venue le sauver de l'érémitisme qui avait déjà englouti son frère Bernard. Le plaisir de faire des choses à deux, skier, se balader dans la nature, dans les parcs, faire de la planche à voile, regarder des films à la télévision. Ils vivaient un petit bonheur sans jamais se poser de questions. Dany avait trouvé son homme. Elle allait le chérir, l'aimer, et l'appuyer dans tout ce qu'il entreprendrait. Elle devint sa muse.

Inspiré par son égérie, Yves se sentit propulsé vers l'avant. Il réalisait ses meilleurs sauts durant les séances d'entraînement qui se multipliaient à mesure que l'automne s'installait. De sa rencontre avec Dany jaillit une force encore inconnue jusqu'à ce jour, lui inspirant une confiance capable de déplacer des montagnes.

Yves La Roche était prêt à se lancer à la conquête du monde.

12

Seule à Grenoble

Grenoble, 21 décembre 1989

Des jours ont passé; la situation n'a pas changé. Ou si peu. Pour combattre la solitude, Dany est sortie prendre l'air, sans se soucier de la température. Elle est maintenant seule au chevet d'Yves. André Savard, qui la soutenait depuis son arrivée en France, a dû rentrer au pays pour y reprendre son travail. Philippe et Alain La Roche sont retournés au lac Beauport après avoir réalisé une performance mitigée à La Plagne.

Dany marche seule sous les néons blafards, une étrangère noyée dans le flot des Grenoblois qui circulent. Elle est transie. Le manteau qu'elle a apporté n'est pas assez chaud et elle n'a pas de parapluie pour la protéger de la pluie glacée. De toute façon, son âme est déjà de glace et il lui semble qu'elle n'arrive plus à ressentir aucune émotion. Les décorations de Noël qu'elle voit dans les vitrines l'affligent et elle réprime une douloureuse envie de hurler. Jamais elle n'aurait pu imaginer qu'un jour elle passerait la nuit de Noël seule, dans une ville qu'elle ne connaît pas. L'homme qu'elle aime a beau être là, en chair et en os, il demeure complètement absent, égaré quelque part entre la vie et la mort. Dany, qui a toujours eu le contrôle sur leur vie, leur monde, leur conte de fées personnel, accepte mal son impuissance.

À son retour à l'hôtel Alpha, elle a le vague à l'âme. La préposée l'informe qu'elle a reçu un message de Guy La Roche. Ce qu'elle apprend la réjouit tout autant que cela l'irrite. Le chef du clan La Roche n'a pas chômé ces derniers jours. Il a discuté avec les médecins de l'hôpital Michaillon, il a remué ciel et terre pour ramener son fils au Québec. Il a sollicité l'aide du gouvernement canadien, mais c'est du côté de Québec qu'il a obtenu les meilleurs résultats. Grâce à une amie députée de Matane, Guy La Roche est entré en communication avec le ministre de la Santé et des Services sociaux, Marc-Yvan Côté, qu'il est parvenu à convaincre de trouver une solution pour rapatrier son fils au Québec. Le ministre propose d'utiliser le tout nouvel avion-hôpital Challenger, un véhicule d'évacuation aéromédicale, dont son gouvernement vient de faire l'acquisition. Il ne lui manque que la bénédiction du Premier ministre, Robert Bourassa.

La perspective de transporter Yves par avion a été accueillie avec scepticisme par les spécialistes de l'hôpital Michaillon. Ils ont fini pourtant par se rendre à la volonté de la famille La Roche et ont établi les conditions du transfert. Pour Guy La Roche, de plus en plus frustré par la tournure des événements, c'était le visa qui lui manquait pour procéder au rapatriement. À la presse, il ne cache plus son exaspération devant l'attitude des services de santé français. «Yves sera mieux dans le Challenger que dans cet hôpital de Grenoble!» Il annonce enfin à Dany qu'elle va pouvoir rentrer au Québec et qu'elle sera avisée dès que les opérations du rapatriement d'Yves seront en marche.

Charles Puts et sa femme Renée téléphonent également de Tignes pour annoncer à Dany qu'ils s'amènent à Grenoble. Ils entendent passer quelques jours avec elle avant de regagner leur domaine douillet enfoui dans la vallée des Entremonts, où ils doivent célébrer les fêtes de fin d'année. Dans l'attente de ce dernier acte qui doit se jouer en France, Dany est profondément soulagée de les retrouver. Dès leur arrivée, les Puts l'entourent de soins et la cajolent comme si elle était leur propre fille. Ils l'emmènent dîner dans un restaurant de Grenoble avant d'aller visiter Yves, dont l'état demeure inchangé. En rentrant à l'hôtel, malgré le réconfort que lui apportent les Puts, Dany manifeste des signes d'angoisse tels que Renée convient de passer la nuit avec elle.

Le lendemain matin, à cinq heures, un appel de Guy La Roche réveille Dany pour lui apprendre que le Challenger vient de quitter l'aéroport de Québec. En quelques heures à peine, le Premier ministre Bourassa a entériné l'intervention de son ministre de la Santé.

Guy La Roche aurait souhaité être du voyage, mais l'accès à l'avion-ambulance est interdit aux civils, même s'il s'agit de la famille immédiate. Seuls deux médecins spécialisés en traumatologie y prendront place. L'équipement médical occupe tout le reste de l'espace.

À mesure qu'avance la soirée du 22 décembre, Dany ne tient plus en place. Dominique Gstalder, très ému, est venu d'Annecy pour embrasser Dany et revoir, convaincu que c'est pour la dernière fois, son grand ami Yves. Le plan de vol du Challenger prévoit d'effectuer l'aller-retour en un maximum de vingt heures. Il faut compter plus d'une heure de route entre Grenoble et l'aéroport de Saint-Geoire, où se posera l'avion-ambulance. Lorsque le signal leur en est donné, Puts, sa femme Renée, Dany et Dominique Gstalder suivent dans une autre voiture l'ambulance où Yves a été transbordé avec tous les appareils qui le maintiennent en vie. Une heure à rouler sous la pluie battante, dans une nuit d'encre, avec pour seule diversion l'éclat fuyant des phares des voitures circulant en sens contraire.

Lorsqu'ils arrivent à Saint-Geoire, le Challenger n'est pas encore là. Encore une heure à attendre, avant que l'avion-ambulance ne vienne décrire un grand cercle pour atterrir sur la piste. L'appareil a l'air d'un mastodonte sur le tarmac du petit aéroport. L'aile de l'avion, qui s'est garé en travers de la piste, vient frôler à moins d'un mètre les baies vitrées de l'aérogare. Émue, Dany voit sortir du Challenger les médecins chargés de leur attirail d'intervention comme deux *ghostbusters* venus sauver son Yves. Pendant qu'on prépare le transfert, il faut débrancher Yves quelques minutes. Des infirmiers actionnent le respirateur à l'aide de pompes manuelles. Dany est pétrifiée. Les battements de son cœur épousent le rythme des sons étouffés de la pompe. Elle craint qu'un accident ne vienne tout gâcher. On est si près du but!

Yves est transféré sur un brancard spécial que l'on installe sur un système de monte-charge. Dany sollicite auprès des médecins la permission de monter avec

Yves. Les médecins refusent catégoriquement. Tous les moyens humains et matériels qui sont déployés sont concentrés sur Yves. Gstalder et les Puts viennent entourer la civière au pied de l'avion. Tous trois fixent silencieusement le corps inerte d'Yves, enveloppé d'une couverture chauffante doublée d'aluminium. Tour à tour, ils embrassent Yves, lui disent adieu. Ils croient le voir pour la dernière fois. Malgré toute l'affection qu'ils éprouvent pour lui, ils sont incapables de croire qu'après treize jours de coma il va s'en sortir. Ils sont soulagés de savoir qu'il sera désormais auprès des siens, quoi qu'il arrive.

La porte du Challenger s'étant refermée, l'avion retourne sur la piste pour prendre son envol. Tous le regardent décoller et le suivent des yeux jusqu'à ce qu'il ne soit plus qu'un petit point clignotant dans la nuit. L'heure des adieux est venue. Sa bonne figure rougeaude brouillée par les larmes, Charles Puts offre à Dany un animal en peluche «pour que le petit Eliott soit moins triste à Noël».

On se sépare. Dany monte dans la voiture de Dominique; elle va passer la nuit chez lui et sa femme Christine avant d'aller prendre un vol régulier à Genève le lendemain. Dans l'automobile, l'atmosphère est lourde et recueillie. Les mots sont inutiles. On rentre à Annecy à faible allure, comme si on errait sans but.

13

Le *Québec Air Force*

À l'issue de sa première saison en Coupe du monde, en 1979-80, Yves se classa au vingt-deuxième rang. Cela lui permit notamment d'évaluer son calibre par rapport aux champions canadiens John Eaves, Jean Corriveau et Mike Nemesvary, qui raflèrent les trois premières places du classement. Cette prédominance des athlètes canadiens en saut acrobatique engendra des réactions positives de la part des médias, des organisateurs d'événements et des commanditaires. La presse sportive octroya une meilleure place au saut acrobatique dans ses pages. Des stations de sports d'hiver québécoises s'inscrivirent au calendrier de la compétition internationale. Celle du mont Sainte-Anne devint ainsi la première du Québec à être l'hôte d'une étape de la Coupe du monde. Et, pour la première fois de sa vie, Yves eut l'occasion de voyager. Sa première saison l'amena aux États-Unis, en Allemagne de l'Ouest et dans les Alpes françaises, pour lesquelles il aurait toujours un faible. Il s'émerveilla devant les gigantesques pics alpins où, pour la première fois, il skiait sur des étendues vierges.

Dès l'automne 1980, les médias québécois manifestèrent de plus en plus d'intérêt pour le ski acrobatique et le public québécois commença à suivre. La prédominance des athlètes québécois suscita une fierté nouvelle et durable. En quinze années de Coupe du monde, de 1980 à 1994, la première place reviendrait douze fois à un sauteur québécois.

L'expression *Québec Air Force*, qui décrit bien l'émergence d'une puissance imbattable dans l'univers du ski acrobatique, apparut pour la première fois dans la presse québécoise en novembre 1980. On la trouva dans le compte rendu d'une démonstration de saut acrobatique qui se déroula au complexe Desjardins à Montréal, et à laquelle participèrent Yves, Dominic La Roche, Jean-Marc Rozon, Pierre Poulin et le Montréalais Dave McKeown. C'était peut-être aussi la première fois qu'un journal publiait la photo d'Yves. Avec une naïveté ou un manque de tact propres à la jeunesse, Yves La Roche se répandit en commentaires devant les journalistes, critiquant le manque d'organisation qui régnait dans le domaine du ski acrobatique.

Il est vrai qu'à l'époque il existait un certain malaise dans le circuit de la Coupe du monde. La FIS venait de reconnaître le ski acrobatique comme discipline officielle, lui pavant ainsi la voie pour la reconnaissance olympique, qui surviendrait vers la fin des années 80. Concrètement, cela signifiait que le ski acrobatique devait devenir un sport amateur. Ce changement de statut compliqua les choses pour les athlètes, qui n'avaient pas nécessairement les moyens de payer les coûts qu'entraînait leur participation à la compétition. Ils conservèrent le droit de recevoir des sommes d'argent des commanditaires, mais ils perdirent celui d'afficher les logos de leurs bienfaiteurs, qui n'étaient tolérés que durant les séances d'entraînement. Un athlète pouvait toujours servir de porte-parole pour un produit ou une entreprise, mais il était hors de question qu'il puisse identifier visuellement son mécène durant les compétitions officielles.

Lorsque les nouvelles règles régissant la discipline furent énoncées en assemblée, Dominic La Roche eut de la peine à contenir sa rage. Il ne pourrait plus gagner sa vie en faisant des sauts. Adieu les bourses et les belles voitures. À l'avenir, ce ne serait pas l'argent mais l'attrait du saut, le feu sacré et la perspective de voyager et d'avoir du plaisir qui motiveraient les athlètes québécois à persévérer dans le saut acrobatique. En acceptant de se retirer d'un marché professionnel lucratif, les athlètes devinrent dépendants des commanditaires. Des sociétés telles que Labatt, Sealtest, Pitney-Bowes, Radio Shack et Grand Marnier s'impliquèrent, mais la récession de 1981-82 les contraignit à retirer leur appui. Sport Canada devint alors le principal pourvoyeur des skieurs acrobatiques.

Lorsque Yves entreprit des démarches pour se trouver des commanditaires, on le reçut souvent avec indifférence. Il y eut bien un importateur de Montréal qui lui prêta des bottes Koflach (qu'il devait lui rendre en avril après sa saison), mais pour les skis, les fixations, les bâtons, les vêtements, on lui suggéra de formuler ses requêtes par courrier. Excédé, Yves n'y alla pas par quatre chemins. Puisque les fabricants avaient tous leur siège social en Europe, il leur écrivit directement, et, contre toute attente, obtint des résultats. Quand il se présenta de nouveau chez les importateurs locaux avec des lettres arborant le paraphe de chefs de division des maisons mères de Tyrolia et de Dynamic, demandant qu'on lui fournisse tel et tel produit, les petits commerçants durent obtempérer, en bafouillant ou en maugréant.

Au terme de la saison 1981, douze athlètes canadiens se classèrent parmi les quinze meilleurs du monde. L'expression «*Québec Air Force*» n'était plus une simple figure de style; c'est une désignation qui prenait tout son sens à l'aune du palmarès mondial. L'ardeur des sauteurs québécois commençait à faire trembler les Européens. Jean Corriveau détrôna son coéquipier John Eaves au premier rang, et, derrière lui, Dominic La Roche, Craig Clow, Rick Bowie, Jean-Marc Rozon, Peter Judge, Louis Morin, Pierre Poulin, Dave McKeown et Murray Cluff ravirent les meilleures places du classement.

Quant à Yves, il termina la saison au huitième rang et se tailla peu à peu une place enviable au sein de l'équipe canadienne. Sa technique n'était pas tout à fait au point, ses sauts nécessitaient encore de l'élaboration, mais il était stimulé par l'effervescence ambiante. Ses collègues de l'équipe canadienne et même les compétiteurs européens étaient étonnés par son énergie et sa détermination. Yves ne cessait d'améliorer ses sauts et développait une expertise technique exceptionnelle.

Hélas, le manque de ressources demeurait criant. Lorsque les journalistes envahirent Morin-Heights en janvier 1982 pour suivre la troisième étape de la saison en Coupe du monde, plusieurs athlètes en profitèrent pour exprimer leur exaspération. Ils se plaignirent qu'on les présentait toujours comme des surhommes, beaux et bronzés, munis des meilleurs équipements, alors qu'ils en étaient souvent réduits à manger des hot-dogs à longueur de semaine et à partager les chambres d'hôtel à quatre ou à cinq. Vainqueur de la compétition de Blackcomb, en Colombie-Britannique, Jean-Marc Rozon avait empoché sept cents dollars en bourses, mais le voyage lui en avait coûté huit cents. Craig Clow estimait qu'il avait déjà dépensé près de vingt-cinq mille dollars en billets d'avion seulement, en quatre ans et demi de compétition. Yves dut même débourser trois mille dollars qu'il n'avait pas pour terminer la saison. Heureusement, Dany était là. Son travail au salon de coiffure lui permettait de le soutenir financièrement. Steve Jaksi, alors président de l'Association canadienne de ski, plaidait que ce sport était encore jeune et qu'il devait faire ses preuves.

La semaine suivante, au mont Sainte-Anne, sans doute après avoir été sermonnés par les autorités de l'équipe canadienne, les athlètes présentèrent un autre portrait de la situation à la presse. À un reporter du *Soleil*, Yves déclara : «Il ne faut pas parler de nos difficultés, des misères de notre sport. Les temps sont durs pour tout le monde. Nous, on veut divertir.»

Athlète consciencieux et animé de grandes ambitions, Yves déplorait le climat quelque peu anarchique qui régnait dans l'organisation des compétitions de saut acrobatique. Il n'y avait pas de tableau indicateur et les amateurs ne pouvaient donc pas suivre la compétition. Il n'y avait sur le site qu'un animateur annonçant les sauts et réclamant des applaudissements à la foule. Le public comprenait mal le système de pointage, et un tableau indicateur aurait donné plus de crédibilité et de suspense à la compétition, faisant ainsi monter la tension d'un cran. Certains sites de compétition n'étaient pas encore tout à fait alignés sur les conventions techniques établies par la FIS, et des tremplins de saut étaient plus dangereux que d'autres. Yves n'aimait pas le désordre. Il arrivait que des athlètes consomment de l'alcool. Personne ne poussait les hauts cris, ce n'était pas un drame, mais, en perfectionniste qu'il était, Yves se surprit à rêver d'une machine bien rodée où pourraient s'épanouir les plus beaux talents de sauteur de la planète. Ce qu'il ressentait, au fond, c'était l'essence même de l'idéal olympique. Tout cela viendrait plus tard. Le monde du ski acrobatique allait évoluer rapidement en ce sens. Mais, pour le moment, on trouvait encore en piste des athlètes qui fréquentaient le circuit uniquement pour voyager et s'amuser, s'entraînant à peine, et se souciant plus de la vie de jet-set international à laquelle ils pouvaient goûter, alors que la plus grande partie des athlètes qui poursuivaient la compétition visaient la meilleure forme possible et s'appliquaient à accomplir quelque chose de remarquable pour l'avancement du sport.

Certainement allégé par ses déclarations à la presse, Yves se classa troisième à l'épreuve du mont Sainte-Anne, dont la finale avait lieu le dimanche 7 février 1982. Mais ce qui rendit cette journée inoubliable, c'est qu'il y réussit un triple saut périlleux arrière accompagné de deux vrilles, un saut que même la star John Eaves n'avait jamais accompli. Le fan avait dépassé son idole. Eaves lui envoya une bouteille de champagne pour souligner l'exploit. Mais c'est Yves qui fut impressionné de recevoir les hommages de l'ex-champion du monde.

Yves termina la saison avec une septième place au classement mondial. Il s'interrogeait toujours sur la qualité de ses sauts, mais un événement anodin en soi allait le mettre sur la piste. Une équipe de télévision avait filmé les épreuves du mont Sainte-Anne qu'une chaîne de Québec diffusa un peu plus tard. Yves se vit pour la première fois à la télévision. C'était la toute première occasion qu'il avait de se voir exécuter ses sauts. Il pouvait enfin analyser sa technique.

En se voyant, il eut une intuition lumineuse. Jusque-là, il avait cru que le succès était fonction de la quantité d'heures passées à l'entraînement. Maintenant, il comprenait que c'était en programmant son esprit qu'il pouvait atteindre de nouveaux sommets. Pour lui, le mental était un muscle qu'il fallait développer comme les autres. Yves avait l'habitude de répéter ses sauts sur *Draw of the Card*, une chanson pop de Kim Carnes. Durant l'été qui suivit, il dénicha une nouvelle trame sonore, un succès interprété par Survivor, *Eye of the Tiger*, chanson-thème du film *Rocky IV*. Il commença alors à concevoir ses sauts comme des courts-métrages, des vidéoclips, avec une introduction (l'élan), une histoire (le saut) et un dénouement (l'atterrissage). Au terme d'un après-midi de sauts, il retourna s'asseoir pour écouter *Eye of the Tiger* dans son baladeur, et tous les sauts qu'il maîtrisait rejouaient dans sa tête, impeccablement. Il n'avait même plus à y penser; ils se déroulaient tout seuls, son cerveau avait tout enregistré. Par la suite, quand il se retrouvait en haut des couloirs d'élan, il n'avait qu'à appuyer sur un bouton imaginaire et son film débutait. Son physique savait maintenant agir de son propre chef et, pendant les trois ou quatre secondes que durait le saut, le corps d'Yves pirouettait dans les airs avec la perfection d'une mécanique bien huilée.

L'année suivante, il se hissa au sixième rang. Il maîtrisait maintenant la technique du saut. Il avait appris à exécuter mentalement ses sauts, à les programmer dans sa mémoire avant de prendre son élan. Fort de sa méthode autosuggestive, il était prêt à innover, et à mettre toute sa superbe au service des théories qu'il avait assimilées. Son travail de pionnier commençait.

Au fil du temps, Yves appliqua cette méthode à tous les domaines de sa vie. Il développa des routines pour tout : le lever, l'entraînement, les repas. Son alimentation continuait néanmoins de faire jaser son entourage. Un athlète se confine généralement à un régime alimentaire assez strict et bien dosé, selon ses besoins. Yves mangeait tout ce qui lui tombait sous la main. Ce petit gars élevé au bœuf haché et aux pommes de terre en purée et dont la boisson préférée a longtemps été le Coca-Cola, ne changeait pas ses habitudes. De toute façon, le budget dont disposaient les athlètes en voyage ne leur offrait que peu de possibilités. Il n'était donc pas étonnant de les voir se sustenter aussi souvent dans cette auberge universelle qui porte le nom de *McDonald's*.

Durant ces années de galère, les athlètes canadiens devaient déployer des trésors d'imagination pour ne pas crever de faim. Au restaurant, ils n'hésitaient pas à mettre le pain des corbeilles dans leurs poches. Ou encore ils dérobaient dans la chambre froide d'un hôtel une meule entière de fromage. Il leur arrivait aussi de subtiliser des denrées dans les épiceries, qui une miche de pain, qui de la charcuterie. S'ils étaient pris sur le fait, ils en étaient quittes pour emprunter l'argent nécessaire pour couvrir leur larcin afin de récupérer leur passeport.

Les déplacements pour se rendre aux compétitions relevaient parfois de l'exploit, par exemple lorsqu'on n'avait que cinq minutes pour changer de train en trimbalant tout l'attirail, les skis et les sacs d'équipement. Ou lorsque, faute d'argent, les gars s'arrêtaient la nuit pour siphonner à l'aide d'un tuyau le réservoir d'une voiture garée derrière une haie. Ils choisissaient au moins des voitures de luxe, convaincus que leurs propriétaires avaient sûrement les moyens de subventionner involontairement une équipe de sauteurs dans le besoin.

Mais, en plus du système D, il y avait aussi le système E, pour «espiègleries». On se retrouvait souvent à quatre ou cinq dans la même voiture, pour économiser, ce qui n'empêchait pas les gars de changer de conducteur en pleine autoroute allemande, à 150 kilomètres-heure! Une fois, pendant un trajet en autobus, Dominic La Roche, pour bien asseoir sa réputation de plus fou de la bande, sortit par une fenêtre, rampa sur le toit du car en s'agrippant aux fixations, et réintégra le véhicule par une fenêtre du côté opposé.

En plus des expériences champêtres, comme cette nuit passée dans une grange près d'Oberjoch, où ils déjeunèrent d'œufs fraîchement pondus et de lait provenant directement de la vache, vivre à cinq dans une seule chambre d'hôtel n'était pas une sinécure. Il y avait tellement de désordre, tellement de vêtements éparpillés dans le petit studio, qui souvent ne comportait au préalable qu'un lit à deux étages, qu'on pouvait à peine y circuler. Quand l'un des garçons cherchait quelque chose, on lui disait que cela se trouvait dans «le tiroir du bas», qui n'était rien d'autre que le plancher de la chambre. À la fin de la saison, nombre d'entre eux rentraient au Québec avec des chaussettes dépareillées ou le caleçon d'un autre.

C'est à cette époque que les Canadiens commencèrent à loger à l'Inter-Résidences de Charles Puts, à Tignes, où des liens amicaux se tissèrent instantanément. Ils y occupaient de confortables petits studios équipés d'une cuisinette. Il arrivait que des chutes de neige trop abondantes obligeaient les organisateurs à reporter les épreuves. Un jour, cela se produisit à Tignes. Les athlètes canadiens étaient consternés : n'ayant pas les fonds nécessaires pour faire changer la date de leur retour, ils se voyaient forcés de renoncer à la compétition. Ce dernier soir, faisant contre mauvaise fortune bon cœur, les gars se cotisèrent pour organiser un dernier repas qu'ils prendraient ensemble. Yves mit à contribution ses talents de cuisinier et mitonna une énorme casserole de sauce à spaghetti. La nouvelle s'étant propagée, il vint tellement de monde au festin qu'on dut déboulonner la porte de la chambre pour en faire une table assez grande pour accommoder tous les dîneurs. Les éclats de rire résonnèrent dans le corridor et sur tout l'étage jusque tard ce soir-là.

Les gars ne manquaient pas non plus de se jouer des tours entre eux. Ils se conduisaient en gamins. Un soir, alors qu'il participait à un spectacle de ski organisé par Dominique Gstalder dans une station de Val-d'Isère, Jean-Marc Rozon prépara un coup pendable. Il enregistra sur les deux côtés d'une cassette une succession de bruits incongrus : portes qui s'ouvrent, se referment, claquent, pentures qui grincent, tout ce qui peut déranger quelqu'un durant son sommeil. Il profita d'une visite à la chambre de Gstalder en fin de soirée pour aller dissimuler le magnétophone sous la baignoire, en prenant soin de laisser l'appareil en mode de lecture en continu. Le lendemain matin, au petit déjeuner, quand les gars virent Gstalder se pointer au buffet avec la face longue et les yeux pochés, ils retinrent difficilement leur fou rire. Et Gstalder de commenter, en préparant son premier café, l'esprit encore embrumé :

— Dites donc, les mecs, vous n'avez pas entendu des trucs bizarres, cette nuit ?

Ils étaient comme des collégiens cherchant à jouer des tours à leurs professeurs. Ils étaient dans cet état d'esprit, comme de grands enfants, mais leurs espiègleries n'étaient jamais méchantes. Rudes et viriles, certainement, mais toujours inspirées par un brin d'ingénuité.

Un jour où ils mangeaient dans un bistro de Livigno, en Italie, Alain La Roche ne quittait pas des yeux la jeune serveuse italienne. Quelqu'un lui demanda son prénom, Giulietta, et quand elle repartit, les autres blaguèrent sur le sujet en taquinant Alain. Ce dernier avoua qu'il la trouvait très jolie, et qu'il

126

ne lui ferait pas de mal. Le repas se poursuivit, et Alain reluqua de plus belle la jolie Giulietta. À un moment donné, Jean-Marc Rozon s'arrangea pour quitter la table un instant et alla griffonner un billet, pour prier ensuite un garçon dûment gratifié d'aller le remettre «au monsieur avec le chandail rouge, là-bas», Alain La Roche. Rozon revint s'asseoir et le garçon s'exécuta.

Alain La Roche déplia le billet et y lut : «Viens me rejoindre sur la terrasse à 15 heures. Giulietta.» Ses joues s'empourprèrent mais il ne souffla mot. Les autres feignirent de ne s'être aperçus de rien. Tous quittèrent le restaurant et retournèrent à l'hôtel pour planifier leur après-midi. Alain, lui, se déshabilla et alla prendre une douche. Les gars ne disaient rien mais se regardaient avec des regards complices. Alain ne jasait pas beaucoup. Il choisit soigneusement les vêtements qu'il enfila, retourna à la salle de bains pour s'asperger abondamment de parfum, puis sortit en essayant de ne pas trop se faire remarquer.

Les autres pouffèrent de rire. Ils laissèrent à Alain une avance de dix minutes et quittèrent l'hôtel à leur tour. Rendus à proximité de la terrasse en question, ils se cachèrent sous un auvent. Ils virent Alain qui regardait en l'air, puis en direction du bistro, consultant sa montre… et ils le laissèrent macérer encore au moins quinze longues minutes avant de lui révéler le pot aux roses. Alain leur adressa un regard furibond, mais, beau joueur, il éclata ensuite de rire avec eux.

Pour beaucoup, ce furent les plus belles années du ski acrobatique. Ils formaient une grande famille. Les choses que l'on fait pour la première fois laissent toujours les meilleurs souvenirs. Et les sauteurs savouraient tout de même les bonnes choses de la vie : ils avaient la vingtaine radieuse, la grande forme, la montagne, le plein-air, un sport périlleux, les filles, les compétitions, les tours malicieux, les voyages autour du monde et souvent, encore du temps le soir pour s'encanailler.

Yves, cependant, s'il allait parfois prendre un Coca-Cola au bar avec ses coéquipiers, ne faisait pas souvent la fête. Il se retirait dans sa chambre, seul autant que possible, et s'adonnait à ses petits rituels. Il avait commencé à voyager quelques mois après être tombé amoureux de Dany et cette double expérience l'avait profondément transformé, le révélant à lui-même. Pour la première fois de sa vie, Yves se sentait complètement heureux. Il lui semblait que tout avait changé autour de lui, alors que c'est lui qui avait changé. Il voyait la vie de tous les jours d'un regard neuf, un rien l'enchantait. L'amour lui avait ouvert tout grands les yeux du cœur.

Le jour, il voltigeait entre ciel et neige, et, le soir, il se muait en épistolier amoureux. Étonnamment, pour quelqu'un qui n'avait pas usé les bancs de l'école, Yves La Roche composait de très belles lettres. Chaque jour, à la lueur d'une chandelle, il écrivait religieusement à Dany des billets courts et pratiques, mais empreints d'une poésie naïve et d'une incroyable tendresse. Yves La Roche s'y révélait un incorrigible romantique. Il racontait à sa fiancée les petits riens qui constituaient ses journées, les distances parcourues, les repas qu'il avait pris, les souvenirs qu'il avait failli acheter. Parfois, il s'agissait d'une courte missive, un feuillet, où il dessinait une fleur qui disait bonjour, un cœur qui pleurait; parfois, c'étaient de longues épîtres où il exprimait sa solitude et son amour infini.

D'Aldelboden, en Suisse, il écrivit à Dany :

Vendredi, 6 mars 1982

Allô, petite puce.

Toute la journée, je me suis mis à l'heure du Québec, et je me dis : là, Dany est au salon, là, elle est partie dîner, là, elle soupe... Aujourd'hui, il a neigé encore toute la journée. Je suis quand même sorti pour aller voir les sauts, puis la finale de bosses. Je suis revenu vers quatre heures et j'ai préparé le souper. J'ai fait des spaghetti. Après, je suis allé m'étendre un peu. J'avais allumé la chandelle et j'avais mis ta photo sur mon cœur. Je me sentais au ciel. Vers neuf heures, je suis allé voir des films de ski sur les compétitions de l'an passé. On m'a vu deux ou trois fois dans les airs. Je suis revenu à l'auberge vers dix heures et demie. En rentrant, je suis tombé sur un livre qui s'intitule : «Le don de l'amour». C'est un livre que Lucie Barma a prêté à Dominic. Il est plein de beaux poèmes et je me retrouve quand je les lis. C'est comme si on les avait écrit pour moi, pour nous. Je te laisse, ma chérie. Je vais aller me coucher car il est environ onze heures et demie. Prends soin de toi et à demain. Je t'embrasse très fort. JE T'AIME!

Yves

Il n'y avait pas que les sauts acrobatiques qui enthousiasmaient Yves. Les attentions de Dany, qui arrivait parfois à lui faire parvenir une lettre ou un colis alors qu'il était au loin, le faisaient littéralement léviter. De Tignes, il lui répondit :

Mercredi

Allô, mon Ti-Boubou.

Ça fait deux jours que je ne t'ai pas écrit. Il y a de quoi, car lundi j'ai reçu ton enveloppe. Pendant que Paule et Jean étaient partis souper, je suis monté à ma chambre. J'ai regardé l'enveloppe pendant plusieurs minutes, de tous les côtés, avant de l'ouvrir. Quand elle fut ouverte, j'ai fait comme tu m'avais dit, et j'ai commencé par le numéro 1. Ma chérie, je ne pouvais retenir mes larmes. C'était si beau de lire quelque chose écrit de ta main. Je ressentais vraiment chaque mot en te lisant, et, après avoir lu toutes tes lettres, elles sont si belles, j'ai écouté ta cassette. Je me suis senti aussitôt transporté, flottant au-dessus de tout. Mon amour, j'ai pleuré de joie. J'aurais voulu que la cassette ne s'arrête jamais. Tu ne faisais que respirer, que murmurer, et mon cœur faisait de gros boum! boum! Je l'ai réécoutée jusqu'à ce que je m'endorme. Je l'ai même écoutée en me levant. Ma chérie, c'était le plus beau moment de mon voyage. Merci, mon amour!... Hier, j'ai téléphoné pour changer mon billet d'avion, mais c'était impossible. Si je voulais revenir avant la date prévue, je devais m'acheter un autre billet, soit trois cent cinquante dollars. J'ai raccroché en disant : «Non, merci!» J'ai pris l'autobus pour Tignes dans l'après-midi, on avait réservé l'appartement d'avance. Hier, je me suis rappelé que Frank Beddor trafiquait quelquefois ses billets d'avion. Au même moment, je l'ai croisé dans le couloir. Je lui ai expliqué mon problème et il m'a dit d'aller le voir avant le souper. Mon petit cœur battait très fort. Je lui ai apporté mon billet ainsi que l'horaire des avions. Il a effacé la date du départ et l'a remplacée par celle du 28 mars. C'est vraiment un pro. Rien ne paraît. Je suis l'homme le plus heureux du monde de revenir une semaine plus tôt. J'ai hâte de te revoir, de t'embrasser, de te serrer fort dans mes bras. Demain, on peut s'exercer, les sauts sont très beaux, la compétition aura lieu vendredi. Je n'ai pas besoin de te dire comment je me sens. J'ai fait un peu de trampoline aujourd'hui. Il y avait une démonstration de l'équipe de France. Je pensais à toi quand je sautais. Je vais encore écouter ta cassette ce soir avant de me coucher et relire tes lettres. Ça me fait tellement de bien. Je t'aime à la folie, pour la vie.

Yves

Yves se rendit ensuite à Oberjoch, en Allemagne, une station qui, pour des raisons qu'il ne pouvait pas expliquer, ne l'avait jamais inspiré. Si bien que, durant toute sa carrière de sauteur, il n'y obtint jamais aucun résultat satisfaisant, et encore moins une première place.

Oberjoch, 21 mars 1982

Bonjour, ma chérie.

Je sens vraiment la fin du voyage arriver. Tout le monde commence à en avoir assez de l'Europe. Il a encore neigé toute la journée. Je suis resté couché, ce matin. Vers midi, je suis allé au centre de ski, il y avait quand même le ballet. Je suis allé préparer les rampes

131

de saut pour demain. S'il neige encore, il n'y aura que
deux sauts. J'ai vraiment confiance. J'ai hâte de
t'appeler après la compétition pour te dire à quel rang
j'ai terminé. Ce soir, il y avait un souper pour les
compétiteurs et j'ai économisé dix dollars. Demain,
ça commence à huit heures car après les sauts il faut
qu'ils fassent les bosses, elles ont été contremandées
à cause du mauvais temps. Bonne journée, ma chérie.
Demain, je vais faire de beaux sauts pour toi, aussi
beaux que je t'aime! Je t'aime à la folie. Tu es ma
seule raison de vivre. Sans toi, je ne serais rien. Bonne
journée! Je suis avec toi. Je t'embrasse très fort! Fort!
Je te donne plein de gros bis. xxx.

Yves

Quand un élan lyrique le transportait, Yves écrivait des vers. D'Allemagne, il envoya un jour à Dany un petit poème qui se termine par un acrostiche.

Durant toute ma vie tu seras mon guide vers le
soleil
Aimer, c'est le mot qui désigne ce que je ressens
au plus profond de mon cœur
Notre amour est comme la goutte d'eau qui se
transforme en ruisseau, puis en rivière, devient fleuve,
ensuite océan, l'infini
Y : il n'y a qu'une lettre Y dans l'alphabet comme
il n'y a qu'une Dany dans le monde entier.

14

Black Christmas

À bord du Challenger qui survole l'Atlantique, Yves respire quasi normalement, sous la surveillance constante du docteur Jean Brassard, anesthésiste-réanimateur, et du docteur Pierre Baril, urgentiste de l'équipe d'évacuation aéromédicale. C'est la première fois que l'avion-ambulance effectue un aussi long parcours. Conçu pour intervenir en situation de détresse, il a une autonomie maximale de vingt heures. Après un vol sans incident, le Challenger se pose à l'aéroport de L'Ancienne-Lorette à minuit vingt-deux, le samedi 23 décembre.

Dans le hangar froid et humide où vient se garer l'appareil sont déjà réunis le ministre Marc-Yvan Côté, quelques membres de la famille La Roche, leurs conjointes, André Savard, son épouse Johanne et quelques journalistes, photographes et caméramen. Sous la lumière crue des projecteurs, le spectacle est pathétique. Suzanne La Roche, suivie de son mari, monte la première dans l'avion pour voir Yves. C'est un choc. Suzanne et Guy vivent le drame depuis deux semaines, mais voilà qu'ils constatent la gravité de l'état de leur fils. Apercevoir le corps de celui-ci recroquevillé sur une imposante civière, figé, amaigri, le crâne rasé, constitue le spectacle le plus désolant qu'il leur ait été donné de voir. C'est trop. Suzanne La Roche est ébranlée. Dominic vient la soutenir, lui chuchote quelques mots. Parvenue au bas de l'escalier d'accès, elle est entourée par les siens et s'effondre en sanglots dans les bras de son fils.

Dominic La Roche monte à son tour. Il a un haut-le-cœur et ressort aussitôt. Il s'attendait à trouver son frère simplement alité, quelque peu endormi, mais il vient à son tour de comprendre l'étendue des dégâts. Il est bouleversé. Quand il téléphone à Jean-Marc Rozon pour lui donner des nouvelles, vers deux heures du matin, il pleure sans arrêt.

Alain et Philippe se contiennent, le regard dur, et font les cent pas pendant que le personnel ambulancier installe les rampes pour faire glisser la civière d'Yves de l'avion à l'ambulance qui attend. On sort Yves laborieusement, lentement. Un ambulancier presse à intervalles réguliers sur le gros ballon jaune du respirateur. La civière est ensuite enfournée dans le camion-ambulance, qui part en trombe pour l'hôpital de l'Enfant-Jésus, à Québec, où Yves sera immédiatement examiné par une équipe de spécialistes.

Quelque douze heures plus tard, dans l'après-midi du 23 décembre, le docteur Michel Copty, qui supervise les traitements administrés à Yves, rencontre les médias pour livrer un premier bilan. Ses grosses lunettes rondes ne suffisent pas à dissimuler son regard sombre.

— Yves La Roche est mal en point, déclare-t-il d'emblée.

Sur la foi de dossiers fournis par l'hôpital Michaillon, le docteur Copty confirme qu'Yves a reçu les meilleurs soins possible. L'œdème au cerveau a diminué, et l'on vient de cesser de maintenir Yves sous anesthésie générale. On peut maintenant observer ses réactions. Certaines lésions localisées semblent lentes à se résorber et c'est ce qui inquiète le plus. Yves a abondamment saigné des oreilles à la suite de la fracture du mastoïde. Le pire est toutefois passé, et Yves va survivre. Néanmoins, le docteur Copty affirme qu'il attendra encore deux semaines avant de se prononcer sur l'état dans lequel Yves continuera de vivre.

Le service des relations publiques de l'hôpital de l'Enfant-Jésus prend en charge les relations avec l'extérieur et émettra régulièrement un bulletin de santé, ce qui procure un moment de répit aux La Roche. Depuis deux semaines, le téléphone n'a pas arrêté de sonner, de six heures du matin à minuit, et ils ont dû répondre à des appels en provenance du monde entier. De Suisse, du Japon, d'Australie, des États-Unis et d'ailleurs au Canada, on manifestait de la sympathie et on demandait des nouvelles.

Le jour de Noël arrive mais ne fait qu'accentuer l'affliction qui règne dans la maison du chemin des Pentes. Le sapin décoré a l'air déplacé, inutile. Tout le monde broie du noir, même Suzanne La Roche, qui pourtant a toujours été une forteresse d'optimisme. Elle ne reconnaît plus sa «maison du bonheur», et en quelques jours elle semble avoir vieilli de vingt ans.

Dans sa petite maison de la rue de la Sapinière, tout près de la résidence des La Roche, Dany, désemparée et à bout de nerfs, retrouve Eliott. Sa vie n'est plus une comédie sentimentale ni un film d'action; elle est devenue un drame psychologique. *Black Christmas*, l'intitule-t-elle dans son journal, pendant que les pleurs d'Eliott, qui a eu six mois pendant son absence, servent de trame sonore à la neige muette qui tombe. Elle écrit :

24 décembre
Quel soulagement d'être revenue au Québec! Yves est aux soins intensifs mais il ne s'est pas rendu compte qu'il a fait un long voyage. Je suis très triste, ayant rencontré aujourd'hui le docteur Copty, qui a fait le pronostic d'un avenir bien noir. Yves ne fera probablement que respirer pour le restant de ses jours. On me met en garde pour que je n'espère pas des choses impossibles, mais je ne peux pas m'empêcher d'espérer qu'il me revienne. C'est cet espoir qui me nourrit, qui me fait tenir debout. Mauvaise journée aujourd'hui.

* * *

Après Noël, avec l'approbation de Dany et des parents La Roche, le docteur Copty procède à une trachéotomie dans l'espoir qu'Yves pourra recommencer à respirer de lui-même, et dans le but de limiter les risques d'infection ou de pneumonie. Heureusement, l'exceptionnelle résistance d'Yves lui fait accomplir des miracles.

Pendant que les quotidiens font leur une du drame des La Roche, le polémiste André Arthur, depuis sa chaire radiophonique, tire à boulets rouges sur la famille La Roche. Il traite les La Roche de millionnaires et condamne la décision du gouvernement de dépenser trente et un mille dollars à même les fonds publics en utilisant le Challenger pour rapatrier Yves. Prise à partie, la Régie de l'assurance-maladie du Québec doit émettre un communiqué le 27 décembre pour clarifier les faits et affirmer qu'il s'agit d'une décision purement politique. Le ministre Marc-Yvan Côté, traqué par les journalistes, doit aussi remettre les pendules à l'heure. «Yves La Roche est un ambassadeur du Québec. Il est appelé à voyager partout dans le monde et il y représente notre province. Dans ces circonstances, il est normal que le gouvernement assume les frais d'évacuation.»

Le soir de la Saint-Sylvestre, toute la famille se rassemble avec quelques intimes dans le grand salon des La Roche pour assister à une messe de minuit. Robert La Roche, un Père Blanc, frère de Guy, célèbre l'office sur un autel de fortune que Suzanne a aménagé dans le coin du foyer, avec des draps blancs et quelques bougeoirs. Tous unissent leurs prières pour que l'année 1990 soit porteuse d'espoir.

Au début de janvier, les médecins de l'hôpital de L'Enfant-Jésus annoncent une légère amélioration clinique de l'état d'Yves, qui respire maintenant sans l'aide d'un respirateur artificiel. Les médias pressent l'hôpital sans relâche pour obtenir de nouvelles informations. Cet intérêt soudain pour le drame que vivent les La Roche suscite la publication d'une série d'articles sur le coma dans *La Presse*. Un peu partout, les rumeurs les plus farfelues circulent. Que chaque semaine de coma, par exemple, correspond à six mois de réhabilitation.

Lorsque les compétitions de la Coupe du monde reprennent, vers la mi-janvier, Alain et Philippe quittent Lac-Beauport pour aller participer à la prochaine épreuve qui se tient dans les Laurentides, au mont Gabriel. Revenu au chevet de son frère avant de partir, Philippe promet à Yves qu'il va lui rapporter la médaille d'or. Ce qu'il fait, grâce à son triple saut périlleux quatre vrilles qui va le conduire plus tard à Albertville et à Lillehammer. Du monde entier, des amis viennent visiter Yves, dont la Française Catherine Lombard, actuelle championne du monde en saut acrobatique, Didier Méda, de l'équipe de France, et le grand ami Takeo Yokohama, de l'équipe japonaise, qui, logeant chez les Savard pendant un été où il est venu s'entraîner sur la rampe du lac Beauport, avait un soir cuisiné un repas typique de son pays dans la maison du chemin des Pentes.

Un jour, Jean-Marc Rozon s'amène à l'hôpital avec dans la main l'une de ses premières médailles d'or, qu'il a remportée dans un championnat canadien et à laquelle il tient beaucoup. Il la met au cou d'Yves et lui dit, en fixant son visage absent :

— Yves, cette médaille-là, je l'ai toujours aimée parce que c'est un symbole de victoire. Je ne te la donne pas, je veux la ravoir. Mais c'est toi qui vas venir me la porter en marchant.

La condition d'Yves suscite les interventions les plus inattendues. Un après-midi, Suzanne La Roche reçoit la visite d'une religieuse des sœurs de la Charité de Québec, qui vient demander son assentiment pour que sa communauté puisse prier afin d'obtenir l'intercession de leur fondatrice, la mère Marcelle Mallet.

Ces religieuses désirent ardemment l'accomplissement d'un miracle qui leur donnerait ensuite la possibilité de demander à Rome la canonisation de leur mère spirituelle. Non seulement la mère d'Yves accepte-t-elle, mais elle s'engage aussi à réunir les siens dans la prière.

Un dimanche, elle réussit à rallier presque toute la famille dans la maison du chemin des Pentes. Au grand étonnement de certains, les fils La Roche se prêtent à l'exercice. La situation est tellement désespérée qu'ils se disent que rien n'est impossible. Suzanne distribue à chacun un scapulaire béni et tous, en chœur, murmurent leurs dévotions autour de la grande table de la salle à manger.

Depuis le début du mois, Guy La Roche peut compter sur l'appui d'Yvon Robitaille, l'un de ses neveux, qui travaille dans une firme comptable. Dans un premier temps, ils vérifient si les dépenses relatives à l'accident peuvent être réclamées à une compagnie d'assurances. Yves avait acheté son billet d'avion avec la carte American Express Or que lui fournissait, à titre d'entraîneur, l'Association canadienne de ski acrobatique. Les réponses qu'ils reçoivent quelques jours plus tard sont cinglantes. Les assureurs de l'Association se dégagent de toute responsabilité car Yves a eu son accident alors qu'il faisait du parapente, une activité jugée à haut risque et exclue de la protection d'assurances. L'Association présente laconiquement la même fin de non-recevoir. Yves ne peut pas bénéficier de l'assurance salaire, ses frais médicaux ne sont pas admissibles, et il ne pourra recevoir aucune indemnisation en raison de son invalidité. Quant à l'assurance voyage d'American Express, elle ne s'applique qu'aux blessures subies durant un voyage à bord d'un avion d'une ligne commerciale. Pour ajouter l'insulte à l'injure, l'Association canadienne de ski acrobatique envoie aux parents d'Yves une demande de remboursement pour la facture du transport par hélicoptère de leur fils depuis le site de l'accident jusqu'à l'hôpital. Cette note s'ajoute à celles des hôpitaux de Grenoble et de Bourg-Saint-Maurice, qui réclament déjà des sommes prodigieuses. Au total, les frais occasionnés en France par l'accident survenu à Yves s'élèvent déjà à plus de cinquante mille dollars. La situation sera catastrophique à très court terme, non seulement parce que le petit salaire de coiffeuse de Dany est insuffisant, mais parce qu'il faut envisager des dépenses exorbitantes pour assurer le confort d'Yves dans l'avenir.

Guy La Roche a alors l'idée de mettre sur pied une fondation dont les fonds serviront à assurer le bien-être de son fils. Yvon Robitaille sera l'homme de confiance qui administrera la fiducie. Guy a décidé de planifier l'avenir d'Yves et plonge dans l'action sans consulter personne. Il veut que la fondation mise sur pied puisse assurer non seulement les dépenses courantes du couple, mais aussi celles que va entraîner le handicap de son fils, soit l'achat d'un fauteuil roulant ainsi que la transformation de sa résidence pour faciliter ses déplacements, et même les études supérieures de son petit-fils Eliott.

Fidèle à sa nature bouillante et vindicative, il est prêt à remuer ciel et terre pour garantir l'avenir de son fils. Il a des relations qui ont promis de l'appuyer, des amis qui vont l'aider, des enfants qui vont le soutenir.

Il ne doute pas un seul instant du bien-fondé de sa démarche.

Mais c'est sans compter avec l'opiniâtreté de sa bru, Dany Lessard. Lorsque Guy lui annonce son projet de fondation, Dany lui oppose sèchement son refus de collaborer. Tout le temps qu'elle était à Grenoble, elle a encaissé sans mot dire les directives de son beau-père, qui tirait toutes les ficelles depuis Lac-Beauport, ordonnant toujours : «vous allez faire ceci, vous aller faire cela...» Elle en a maintenant assez. Elle ne veut rien devoir à personne, et elle n'acceptera surtout pas que quiconque puisse exercer un contrôle sur sa vie. La sourde animosité qui l'oppose à Guy La Roche depuis près de dix ans est sur le point d'éclater au grand jour.

15

Une rampe vers la gloire

Au printemps 1983, lorsque la saison de ski acrobatique prit fin, les sauteurs québécois rentrèrent encore couverts d'honneurs. Alain La Roche avait confirmé sa supériorité dans le combiné et remporté le grand prix de la Coupe du monde. Le Canadien Peter Judge avait terminé deuxième. Alain s'était aussi classé troisième au saut acrobatique, derrière le Suisse Sandro Wirth, qui avait décroché l'or, et le Canadien Craig Clow, médaillé d'argent. Un autre Canadien, Bill Keenan, avait mérité l'or aux bosses. Plus que jamais, les regards du monde entier convergeaient vers le Québec et la presse internationale faisait l'éloge des *crazy frenchies*.

Yves ne revint avec aucune distinction dans ses bagages, mais tous les espoirs lui étaient désormais permis. En janvier, à Tignes, il avait enfin réussi l'exploit qui assoirait bientôt sa suprématie sur tous les autres compétiteurs. Sur les fils de presse du monde entier, on pouvait lire la manchette télégraphiée depuis la station des Alpes : «Lors des entraînements officiels de la Coupe du monde de ski artistique, le Canadien Yves La Roche a réalisé un exploit en effectuant un triple saut périlleux avec trois vrilles.» C'était la première fois dans toute l'histoire du ski acrobatique qu'une telle prouesse était réalisée sur la neige. Du coup, Yves était devenu pour les Français le véritable maître, «le gourou du saut».

Afin de continuer sur une aussi prodigieuse lancée, les athlètes québécois convinrent d'améliorer leurs conditions d'entraînement et se préparèrent à sauter intensivement durant la belle saison. Les La Roche décidèrent de construire leur propre rampe de saut d'été. Dès juin, ils s'installèrent sur une butte aux abords du Club nautique, sur la berge nord-est du lac Beauport. Ils y érigèrent une rampe d'une vingtaine de mètres de hauteur, ce qui était amplement suffisant pour atteindre, lorsqu'ils s'élanceraient, la vitesse qui leur permettrait de déployer leurs figures acrobatiques dans les airs. L'atterrissage se ferait dans l'eau. Mais quand les athlètes se rendirent compte que le lac n'avait qu'une profondeur de cinquante centimètres à cet endroit, ils furent consternés. Ils demandèrent l'autorisation de creuser le lac à la municipalité, qui refusa. Cela ne les arrêta pas. Les gars engagèrent un entrepreneur privé qui s'amena avec sa grue, un samedi matin à l'aube, pour déménager les glaises gênantes. Tiré de son sommeil par le charivari de la pelle mécanique, le «commodore» du Club nautique apparut en robe de chambre sur le pont de son bateau de plaisance en les invectivant. Les sauteurs ne se laissèrent pas impressionner. Ils paieraient plus tard le prix de leur désobéissance civile lorsque la Ville démantèlerait leurs installations, à la fin de l'été.

Cet été-là, Yves passa de plus en plus de temps avec Dany à Charlesbourg. Maintenant que leur relation amoureuse était solidement établie, la mère adoptive de Dany ne pouvait franchement plus s'y opposer. Et les amants n'auraient plus besoin de chiffonner les draps du petit matelas posé sur le plancher pour faire croire qu'ils n'ont pas dormi ensemble. Durant leurs premiers mois de fréquentations, Yves craignait la mère de Dany. Il se sentait comme un petit garçon lorsqu'elle faisait irruption dans le salon en fronçant les sourcils, ou qu'elle bringuebalait ses casseroles à dessein pour rappeler aux tourtereaux qu'elle n'était pas loin. Elle s'immisçait même dans la salle de séjour au moment le plus inattendu, pour être bien sûre que Dany et Yves ne faisaient que regarder la télévision.

Les amours d'Yves suscitaient aussi des réactions mitigées chez les La Roche. Si elles laissaient les frères La Roche indifférents, elles indisposaient les parents d'Yves. Guy La Roche, dont la vision des femmes était très conventionnelle, n'appréciait pas tellement la nature prolixe de Dany, qui n'hésitait pas à donner son avis sur tout, contrairement aux autres jeunes filles que fréquentaient alors les fils La Roche. Suzanne La Roche, dès la première rencontre, avait senti que le courant ne passerait pas facilement. Dany était tellement différente des autres filles que ses fils amenaient à la résidence familiale. Elle affectionnait les tenues vestimentaires colorées et surprenantes. Suzanne y voyait surtout de l'ostentation. Les bravades de Dany apparaissaient comme autant de signes d'insécurité. Elle recherchait l'attention, elle prenait beaucoup de place, et tout le monde s'en rendait compte. Dans les réunions familiales, elle n'hésitait pas à prendre la parole et à critiquer l'attitude des autres. Yves, lui, ne disait jamais rien. Il ne semblait pas se soucier de ce climat parfois tendu. Tout ce qui le préoccupait, c'étaient ses sauts, sa rampe, son travail, son entraînement, et les loisirs auxquels il se livrait en compagnie de ses meilleurs copains de l'heure, Guy Lafrance et Carl Samson, qui deviendrait un spécialiste du moto-cross. S'ils constataient l'ascendant que Dany exerçait sur Yves, ses amis évitaient de dire ce qu'ils en pensaient. Yves était à l'aise dans cette situation. Il décida même que Dany l'accompagnerait dans toutes les étapes de la Coupe du monde durant la prochaine saison. S'il ressentait de la réprobation dans son entourage, il faisait valoir que la présence de Dany était pour lui un gage d'équilibre. Elle était son entraîneur dans la vie de tous les jours.

Yves continua à travailler vaillamment pour financer son entraînement entre deux saisons de saut. Il délaissa le monde de l'hôtellerie pour travailler comme ouvrier dans la rénovation. Levé à cinq heures, il s'entraînait d'abord, puis quittait Charlesbourg en vélo vers sept heures pour se rendre sur les chantiers, à Sainte-Foy ou à Québec. En compagnie d'autres sauteurs ou de ses frères, il participait aussi, les week-ends, à des démonstrations qui avaient lieu ici et là dans la province, dans les expositions régionales ou les centres commerciaux.

Lorsque l'automne revint, Yves intensifia son entraînement. À l'aube de sa cinquième saison, il se sentit investi d'une confiance nouvelle. Il était impatient de répéter son exploit de l'hiver précédent, le sensationnel *full-full-full*, ce triple saut périlleux arrière où s'enchaînent trois vrilles. Quand il l'exécutait, il ressemblait à une fusée pyrotechnique, tournoyant dans le ciel avec la vélocité d'un feu de Bengale. Le *full-full-full* lui assure l'admiration et le respect inconditionnels de toute la confrérie du ski acrobatique.

La première étape de la Coupe du monde 1984 se déroula à Stoneham, près de Québec, le deuxième week-end de janvier. Avec l'attrait que suscitaient les exploits du *Québec Air Force*, on y vit déferler un nombre record de journalistes québécois et canadiens, et, pour encourager les athlètes, ce fut une foule de plusieurs milliers de personnes qui se déplaça. Une assistance comparable à celles qu'attirent les compétitions européennes, où le sport acrobatique et le ski en général sont beaucoup plus suivis.

En sortant du lit, le matin de la compétition, Yves sentit une pression énorme sur ses épaules. Il devait cette fois réussir son *full-full-full* devant les siens. Il se présenta à l'épreuve le dimanche après-midi au sommet de la pente numéro 1 sans que rien dans son attitude laisse transpirer une quelconque nervosité. Il avait confié à la régie sa propre cassette de musique, sa nouvelle musique fétiche sur laquelle il s'entraînait depuis quelques mois, *Eye of the Tiger*. Une fois en haut du tremplin, il regarda les milliers de silhouettes massées tout autour de l'aire d'arrivée, derrière les clôtures tapissées de panneaux publicitaires. Il vit la pente de réception, jonchée de branches de sapin que les préposés envoyaient à pleines pelletées, depuis le plat de sécurité, pour permettre aux sauteurs de bien repérer le sol.

Au coup de clairon qui signalait le moment du départ, il s'élança dans le couloir d'élan, glissa à toute vitesse dans l'arc du tremplin et vola dans les airs. L'horizon bascula. Premier salto arrière avec vrille, deuxième salto encore doublé d'une rotation, troisième révolution accompagnée d'une vrille complète. Il atterrit magnifiquement au milieu de la pente de réception. En allant freiner au bout de l'aire d'arrivée, près des clôtures, Yves fit un V avec ses bras, en signe de victoire. Il savait que son exécution avait frôlé la perfection. Il récolta un score phénoménal de 105,27 points sur un total possible de 117. Moment de liesse. Yves était transporté de joie. Il réalisait l'ampleur de son exploit. Il savait qu'il détenait maintenant un avantage sur tous les autres compétiteurs : depuis douze mois, aucun n'avait encore été capable de répéter le formidable *full-full-full*. C'est ainsi qu'à Stoneham, tout près de chez lui, il remporta sa première Coupe du monde individuelle, un début de saison exceptionnel qui allait le mener à son premier titre mondial. Le Suisse Sandro Wirth, vainqueur en titre, ne put obtenir mieux qu'une deuxième place ce jour-là, et, derrière lui, cinq autres Canadiens, Alain La Roche, Craig Clow, Peter Judge et le nouveau venu Chris Simboli, alignèrent les meilleurs résultats de la journée. Pierre Poulin, qui était encore cette année considéré comme l'un des meilleurs espoirs de l'équipe canadienne, s'inscrivit en neuvième place.

La compétition déménagea ensuite à Breckenbridge, au Colorado, le 21 janvier. C'était la première fois qu'Yves sauterait dans les Rocheuses américaines. Le luxe et le faste de l'organisation l'impressionnèrent. Les athlètes séjournaient dans les suites capitonnées du meilleur hôtel. Yves participa à des réceptions grandioses comme seuls les Américains peuvent en imaginer. On leur servit des homards et du champagne. Depuis qu'il avait réussi son *full-full-full*, Yves était reçu avec tous les honneurs. À Breckenbridge, il réalisa que le jet-set international lui tendait maintenant la main.

Avant la compétition eut lieu un concours de célébrités, qui consistait en une descente de slalom amicale entre des sportifs et des vedettes du cinéma. Parmi les participants se trouvait la vedette masculine du film à succès *Flashdance*. L'acteur ne se gêna pas pour afficher un air de supériorité à l'égard des athlètes qu'il allait affronter. Son sourire crâneur s'évanouit rapidement lorsqu'il chuta à mi-parcours, se cassant une jambe. Le lendemain, pour une deuxième fois consécutive, Yves se classa au premier rang grâce à son sidérant *full-full-full*. Le *Québec Air Force* rafla encore les meilleures places au classement.

La saison se poursuivit à Ravascletto, en Italie, sur un site qui se distingue des autres par l'inclinaison très marquée de sa rampe de lancement. Normalement, les couloirs d'élan doivent être tracés à quinze degrés d'inclinaison. Ceux de Ravascletto sont si abrupts qu'ils inquiètent les plus hardis. D'autant plus qu'en contrebas on y aperçoit le cimetière du village. Rien pour inspirer un sauteur acrobatique... Parce que son *full-full-full* demandait un maximum de concentration, Yves décida de ne pas participer à la compétition. Il préférait ne pas courir de risques. Il savait qu'il ne perdait pas au change : en cours de saison, les athlètes ont la faculté de défalquer de leur fiche leurs deux pires résultats de la saison, lesquels ne seront pas compilés dans le classement final. Yves profita plutôt de l'occasion pour faire une escapade à Venise, toute proche, et trouva la cité des Doges hantée par une cohue de visages masqués. En déambulant dans les rues étroites, il était aussi éberlué que s'il avait débarqué sur une autre planète. Entre la féerie des lanternes et le froufrou des costumes amples, il se demandait s'il n'était pas passé par quelque porte mystérieuse qui lui avait fait faire un bond de quelques siècles en arrière. Quand il comprit qu'il arrivait en plein carnaval, il sourit de sa propre naïveté, entra dans la farandole et se laissa transporter par la magie de la nuit.

* * *

Dans les milieux du ski acrobatique, il était déjà clair que la lutte pour le titre mondial de 1984 se disputait entre Canadiens. Les vétérans Alain et Yves La Roche, Pierre Poulin et Craig Clow décrochaient les meilleures places. Il y avait aussi quelques jeunes loups venus gonfler les rangs de l'équipe canadienne, comme Pat Henry et Chris Simboli, inscrits au combiné. Il y avait surtout Lloyd Langlois, le surdoué de Magog, qui n'avait pas froid aux yeux et dont la ténacité ressemblait parfois à de l'arrogance. En 1984, il ne pensait même pas à vaincre Yves La Roche, alors considéré avec Pierre Poulin comme grand favori par les observateurs. Tout ce qu'il souhaitait, pour le moment, c'était de remporter au moins une Coupe durant la saison, juste pour avoir la fierté de ramener le trophée dans ses bagages et de le montrer à ses parents, sa compagne, ses amis.

Alain et Yves jouissaient maintenant d'un excellent soutien. Ils avaient reçu de Fiat une voiture identifiée à leur nom pour faciliter leurs déplacements en territoire européen, et, à la mi-saison, la firme finlandaise Torstoi les réquisitionna pour lancer une nouvelle ligne de vêtements de sport à leur effigie.

À Courchevel, le 4 février, Pierre Poulin retrouva sa forme et termina premier. Yves, qui étrennait de nouvelles fixations, perdit un ski en plein saut et n'enregistra aucun point au classement. Poulin en profita pour se hisser en première place et redevint le favori pour l'obtention de la Coupe du monde.

L'étape suivante se déroula à Göstling, en Autriche. Lloyd Langlois y décrocha une deuxième place, son meilleur résultat depuis le début de sa jeune carrière. Il devança Yves, qui termina sixième, tandis que Pierre Poulin raflait une autre médaille d'or.

La semaine suivante, à Oberjoch, Poulin se classa premier, devant Yves La Roche, Alain La Roche et Lloyd Langlois. Avec encore trois épreuves à venir, c'était entre ces quatre Québécois qu'allait se jouer la partie. Alain La Roche, cette année-là, brillait particulièrement au combiné, récoltant de bons résultats en bosses et en ballet artistique, et il était sur le point de connaître la meilleure saison de sa carrière.

À Campitello Matese, le 12 mars, Yves remporta sa troisième Coupe de l'année, ce qui le plaça pratiquement nez à nez avec Poulin, qui, malgré tout, ne se laissait pas distancer rapidement. Le suspense continua à Sälen, en Suède, lorsque Poulin finit premier et Yves, deuxième.

Quand les sauteurs se retrouvèrent à Tignes pour disputer la dernière étape de la Coupe du monde 1984, à la fin de mars, l'excitation était à son comble.

Il neigeait abondamment dans le Val Claret et les épreuves furent retardées de plusieurs heures. La tension, déjà palpable à l'arrivée des athlètes, exacerba les humeurs durant les séances d'entraînement et les essais. Yves n'avait jamais connu de fin de saison aussi fébrile.

Pierre Poulin, surtout, vivait un grand stress. Si Yves recevait une bonne note pour son *full-full-full*, il savait que le championnat lui glisserait entre les doigts. Car le pointage accordé par les juges est multiplié par un coefficient de difficulté gradué de 1,60 à 4,85. Poulin avait l'habitude d'exécuter des sauts moins sophistiqués, sa marque de commerce étant le *half-full-half*, un triple saut périlleux arrière où s'enchaînent une demi-vrille, une vrille et une demi-vrille et il récoltait généralement de bons scores en raison de sa maîtrise technique parfaite. Yves avait l'avantage de voir ses pointages multipliés par un coefficient supérieur au sien. Poulin profita donc des quelques jours qui précédèrent la compétition pour tenter de mettre au point un saut plus difficile, ce qui lui donnerait une option supplémentaire sur la victoire.

Lorsque vint le grand jour, Poulin exécuta un audacieux *rudy-full-half*, c'est-à-dire un triple saut périlleux arrière où se succèdent une vrille et demie, une vrille, puis une demi-vrille. Mais l'effort qu'il mit dans l'exécution de ses rotations gêna sa concentration au moment de l'atterrissage. En gâchant son arrivée dans la pente de réception, il termina en quatrième place, tandis qu'Yves, au sommet de sa forme et gonflé à bloc, accomplit avec une élégance parfaite son désormais légendaire *full-full-full* et accéda à la première marche du podium pour la quatrième fois de la saison, avec une nouvelle note record de 220,95 points. Il coiffa Poulin au classement général par quatre points seulement, mais c'était suffisant pour lui assurer le titre de vainqueur de la Coupe du monde.

De son côté, Alain La Roche remporta le grand prix de la Coupe du monde au combiné pour une deuxième année d'affilée, devançant l'Américain Bruce Bolesky et l'étoile montante des Français, Éric Laboureix. Cette fin de saison enlevante confirma aussi la suprématie absolue du *Québec Air Force* au chapitre du saut acrobatique : sept des huit premières places, au classement général, étaient occupées par des sauteurs québécois. Il était aussi extrêmement rare que l'on voie deux frères proclamés champions simultanément, lors d'une même compétition, ce qui s'était vu toutefois quelques années auparavant, avec la double victoire des frères Mahre en ski alpin à Sarajevo.

Yves réalisait à peine ce qui lui arrivait. Il demeura insensible au concert d'éloges qui s'élevait tout autour de lui. Alors que tous les athlètes se préparaient à bien arroser la fin de la saison, il n'avait qu'une envie : rentrer à l'Inter-Résidences pour savourer, seul, sa victoire. Une victoire éminemment personnelle, car il savait qu'il avait donné le meilleur de lui-même. C'était tout ce qui comptait. Le premier rang, le titre officiel de vainqueur de la Coupe du monde, que voulait souligner le reste de la confrérie, le laissait froid.

En ce moment victorieux, sa nature de solitaire reprenait le dessus. Il apporta à sa chambre d'hôtel les fleurs et le champagne, que boirait Dany. Ce qu'il ressentait surtout, c'était le sentiment d'accomplissement, de voir que ses efforts avaient finalement porté leurs fruits. Il avait donné son maximum, il avait atteint un sommet personnel. C'était vraiment tout ce qui comptait.

Pendant quarante-huit heures, Yves et Alain La Roche vécurent l'ivresse des célébrations de leur double victoire. On les félicita, on chanta leurs louanges partout à Tignes, dans les pages sportives des quotidiens, et sur les télévisions européennes et la chaîne spécialisée américaine ESPN.

Mais le samedi 31 mars 1984, à Mirabel, quand ils descendirent de l'avion qui les ramenait de Zurich, ils ne purent réprimer un mouvement de déception. Il y avait tout au plus une quinzaine de personnes, surtout des parents et des amis, pour les accueillir. Même la plupart des journalistes manquaient au rendez-vous, probablement trop occupés à suivre les derniers matchs de la Ligue nationale de hockey. Quelques jours auparavant, pourtant, l'arrivée du chanteur britannique Boy George avait presque provoqué une émeute au même aéroport.

Les frères La Roche finirent par se résigner à l'anonymat. Ils n'avaient même pas osé rêver de l'accueil chaleureux auquel avait eu droit le patineur de vitesse Gaétan Boucher à son retour doré et argenté des Jeux d'hiver de Lake Placid, deux mois auparavant.

En revanche, quand ils rentrèrent chez eux, ils furent reçus comme des vedettes. On célébra les deux frères vainqueurs de la Coupe du monde. Le clan Kennedy du lac Beauport venait de prendre le pouvoir.

16

La vie dans l'éther

L'hiver 1990 est sombre et neigeux, long et rigou-
reux. Pendant que son père et son épouse s'apprêtent
à croiser le fer au sujet de la fondation créée en son
nom, Yves est ailleurs. Son esprit plane toujours.
Flottant dans l'éther, il parcourt des lieux inconnus. Il
ne saura jamais jusqu'au bout de quel monde il est allé.
Parfois, un éclair furtif traverse sa conscience. Il se
souvient de la neige des Alpes se transformant en un
couloir de lumière immaculée : une colonne lumineuse, incandescente, à la symétrie parfaite et indi-
cible. Il se souvient d'avoir été aspiré vers la lumière
universelle.

Puis, soudain, il n'a perçu que du noir, une
obscurité à trancher au couteau. Une masse étrange se
tenait en travers de son chemin, bloquant le passage
lumineux vers lequel il se croyait inexorablement
emporté. Un esprit le regardait, l'observait, sans rien
dire. Il ne le guidait pas, mais lui barrait plutôt la route,
comme pour le renvoyer dans les pics savoyards. Il
lui faisait voir des bribes de sa vie, des images silen-
cieuses qui défilaient comme des bandes-annonces de
cinéma, et où Yves pouvait distinguer, comme vus à
vol d'oiseau, une ambulance fuyant les cols neigeux,

une civière qui s'engouffrait dans une salle de réanimation, des machines, des fils, des seringues, des draps qui se soulevaient comme les voiles d'une caravelle. Il se revoyait, bambin, sur son tricycle, faisant une course sur le chemin des Pentes avec Simon. Il se voyait aussi dans un corps différent, avec des gens qu'il ne connaissait pas encore, dans des endroits qu'il n'avait jamais vus. Il tournoyait dans un maëlstrom de flashes passés, présents et futurs.

Le temps n'existait plus. Yves se sentait planer dans l'infini. Pourtant, il lui arrivait parfois de se sentir ramené vers son corps physique, qu'il arrivait à repérer, étendu et inerte, sur un lit de l'hôpital de l'Enfant-Jésus. Il sentait une force indépendante de sa volonté le façonner de l'intérieur. Ses cellules se renouvelaient, ses muscles créaient de nouvelles fibres, ses os se régénéraient. Il n'avait qu'à se laisser faire. Des voix célestes lui chantaient de laisser son corps recevoir ces énergies inconnues.

* * *

Pendant ce temps, au lac Beauport, Suzanne La Roche se retire à l'écart chaque jour pour méditer. Bien qu'animée par de solides convictions religieuses, elle ne craint pas de mettre en pratique une technique positivement empirique qu'elle a apprise dans un cours de science cosmique donné à l'université Laval. Chaque jour, elle se recueille et récite inlassablement les mêmes formules : *les cellules d'Yves se renouvellent, ses muscles créent de nouvelles fibres, ses os se régénèrent*. Avec tout l'amour que seules les mères peuvent déployer envers leur progéniture, elle s'applique à réussir cette transfusion d'énergies mentales.

155

* * *

Dans la chambre où il gît, le corps d'Yves ressent parfois comme un léger chatouillement. Sa conscience, toujours plongée dans le noir le plus absolu, semble apercevoir un minuscule point lumineux à l'horizon. Pendant des heures, des jours, peut-être des millionnièmes de seconde seulement, Yves renoue furtivement avec sa conscience. L'impression que quelque chose s'active en lui vient régulièrement le distraire de la paix universelle dans laquelle il baigne. Il devine comme une présence, parfois, autour de lui. Un son étouffé, un froissement de tissu. Un jour, la curiosité l'envahit suffisamment pour qu'il sente une force nouvelle monter en lui, assez puissante pour qu'il puisse ouvrir un œil. C'est tout ce qu'il arrive à faire.

* * *

Lorsque Suzanne La Roche apprend la nouvelle, le bonheur qu'elle ressent est si intense qu'aucun mot ne peut sortir de sa bouche. Ses doux yeux verts expriment un immense soulagement. Au fond de son cœur, elle comprend qu'elle a réussi l'impossible. Ses invocations ont rejoint le grand faisceau cosmique qui irradie maintenant chaque atome du corps de son fils.

Le 7 février 1990, l'hôpital de l'Enfant-Jésus émet un nouveau bulletin de santé. Le docteur Copty confirme l'optimisme renaissant des La Roche. Son équipe a noté une légère amélioration de l'état de conscience d'Yves. Il demeure non lucide, il ne s'exprime aucunement, sa faiblesse est toujours omniprésente dans l'hémicorps droit, mais il y a maintenant un espoir de le voir émerger de son coma, qui dure depuis soixante et un jours.

156

Dany aussi est folle de joie. Elle va continuer à se battre pour que son Yves lui revienne, et laisse échapper cette étrange réflexion : «Yves a été conçu en France, mais il est né au Québec. Ensuite, il est mort en France pour renaître au Québec.»

Suzanne La Roche est persuadée que ses prières ont agi. C'est un miracle qui s'est produit. Elle comprend que le corps de son fils a reçu les énergies vitales qu'elle a voulu lui transmettre dans une communion spirituelle. Étrangement, c'est au moment où Yves manifeste les premiers signes de réveil que Suzanne éprouve les premiers symptômes de la maladie de Parkinson.

17

L'acrobate des neiges

Le printemps 1984 fut le début d'une période faste pour Yves La Roche. Sa victoire en Coupe du monde le propulsa au premier plan de l'univers du ski acrobatique.

Yves fut alors contacté par Dominique Gstalder, un Bourguignon solide féru de ski acrobatique, et qui jouerait un grand rôle dans sa vie. Gstalder était l'organisateur des spectacles de ski acrobatique sponsorisés par Marlboro. Il avait recruté par le passé des Québécois comme François Ampleman, Guy Lafrance, Jean-Marc Rozon, mais il voulait aussi la crème du *Québec Air Force*. Il désirait surtout qu'Yves se joigne à son équipe, car il était «Monsieur Triple», le meilleur du monde, le sauteur le plus remarqué de sa génération. Comme organisateur, Gstalder se devait d'offrir le top niveau, autant pour éblouir le public que pour satisfaire ses commanditaires.

En France, les deux hommes avaient d'abord glissé leurs cartes d'affaires respectives sous leurs pare-brises avant de réussir à se parler au téléphone. L'entente fut rapidement conclue. Toutefois, ils ne se rencontreraient pour la première fois qu'à la fin de 1984.

Yves ferait ensuite partie des *Marlboro Ski Shows* pendant plusieurs années. Une entreprise fructueuse, qui lui assurerait des revenus stables, autrement plus intéressants que les maigres bourses qu'il touchait pour ses victoires en Coupe du monde.

Car, même en pleine gloire, l'argent n'abondait pas vraiment. Chaque année, Sports Canada versait une allocation d'un peu plus de cinq mille dollars à ses athlètes de la catégorie A (dont Yves et Alain La Roche faisaient partie). De plus, les athlètes canadiens étaient admissibles à des primes de quelques centaines de dollars s'ils se classaient parmi les trois premiers. Mais ce n'était toujours pas assez pour vivre et payer tous les coûts liés à l'entraînement et aux déplacements imposée par les compétitions.

Heureusement, pour Yves, la recherche de commanditaires était définitivement chose du passé. Dynamic et Tyrolia avaient frappé à sa porte; Yves arborait désormais des lunettes Oakley, pour qui il avait posé, dans les airs, skis aux pieds, dans un saut en triade entre son frère Alain La Roche et Lloyd Langlois, pour une campagne intitulée «*Oakley Air Force*». Et il était désormais habillé par Asics, une firme japonaise qui soutenait d'ailleurs toute l'équipe canadienne.

L'été 1984 fut aussi pour Yves une saison de voyages continuels. Dany l'accompagnait presque toujours. En Suède et en Norvège, il participa à des spectacles de ski acrobatique commandités par Volvo en compagnie de Pierre Poulin et de la jeune recrue Lloyd Langlois.

Ensuite, ce fut Tokyo, où les Japonais l'avaient invité à venir superviser le travail de leur toute nouvelle équipe de sauteurs. Pour Yves, c'était là un défi qui le stimulait car la tâche s'annonçait ardue. Il ne connaissait rien du potentiel des athlètes japonais, et il lui fallait apprendre à les connaître et comprendre leur culture. Après quelques jours d'observation, il évalua leur calibre, leur enseigna quelques techniques de base, et les amena à réussir quelques doubles sauts périlleux avec vrilles avant que ne vienne le moment de les quitter. Puis ce furent d'autres spectacles de saut organisés par Volvo en Australie et des vacances à Hawaii avec Dany.

Yves était débordant d'énergie. Le peu de temps qu'il passa au Québec cet été-là, il le consacra à des travaux de rénovation. Il transforma la salle de jeu de la résidence familiale du chemin des Pentes en petit appartement comprenant une cuisine, un salon et une chambre à coucher. Heureux de mettre une fois de plus son habileté manuelle à profit, Yves construisit lui-même toutes les armoires de la cuisine et les contours des lavabos. Bricoler était pour lui une façon de se détendre. Une fois les travaux accomplis, il quitta Charlesbourg avec Dany pour s'installer au pied des pentes du mont Saint-Castin.

Dany se chargeait de tous les détails de la vie quotidienne. L'argent entrait maintenant régulièrement, mais le jeune couple ne songeait qu'à le dépenser pour se payer des petits plaisirs, des voyages splendides, des sorties amusantes, une moto plus performante pour Yves ou des vêtements luxueux pour Dany. Celle-ci prit aussi la direction de la garde-robe d'Yves; elle définissait son look, choisissait ses vêtements, lui coupait les cheveux. Elle s'occupait de tout, de sorte qu'Yves n'avait d'autre souci que de performer et de réussir encore mieux durant la prochaine saison. Comme il le disait souvent à l'époque, Dany était son entraîneur dans la vie de tous les jours.

Sur le plan sportif, Yves n'avait pratiquement plus besoin de s'entraîner. Il sautait tellement souvent, en toutes saisons, qu'il demeurait perpétuellement au sommet de sa forme. On le voyait de plus en plus sur des photos publicitaires, dans des reportages, des magazines, exécutant son fugace plongeon torsadé, la vrille étincelante.

* * *

Lorsque s'amorça la nouvelle saison de la Coupe du monde, à Tignes, en décembre 1984, tous les yeux étaient tournés vers Yves La Roche, vainqueur en titre. Les observateurs français tentaient de se convaincre avec un optimisme exagéré que la dominance des Québécois serait passagère, et clamaient que les véritables adversaires d'Yves La Roche pour l'obtention de la Coupe 1985 étaient les Français Jean-Marc Bacquin, Didier Méda et Éric Laboureix. Il déchantèrent vite car les résultats de la première épreuve disputée à Tignes ressemblèrent étrangement au palmarès de la saison précédente : Yves termina premier et le *Québec Air Force* monopolisa le reste du classement.

Le contingent des Québécois logeait comme toujours à l'enseigne de l'Inter-Résidences de Charles Puts, avec lequel Dany eut l'occasion de faire connaissance. L'étape de Tignes fournit surtout à Yves l'occasion de rencontrer Dominique Gstalder et de discuter avec lui de sa participation prochaine aux *Marlboro Ski Shows* prévus pour février et mars. Gstalder l'impressionna avec son visage franc, sa moustache touffue et son physique avantageux. Lui et sa femme Christine compteraient rapidement, et pour longtemps, parmi les meilleurs amis d'Yves.

La saison de la Coupe du monde se poursuivit au mont Gabriel, dans les Laurentides, au début de janvier. Lloyd Langlois, qui avait connu un début de saison désastreux à Tignes, y obtint sa toute première coupe. Fort de son succès, il remporta ensuite la double épreuve qui avait lieu à Lake Placid, surpassant Yves, qui dut se contenter de deux deuxièmes places. Les étapes suivantes de Breckenbridge et de LaSauze confirmèrent que Pierre Poulin n'était plus dans le coup, ne récoltant au classement cumulatif que quelques points lors de ses apparitions. La lutte se ferait dorénavant entre Lloyd Langlois et Yves La Roche, amis durant l'été lors des spectacles Volvo, mais désormais adversaires non seulement en Coupe du monde, mais aux championnats canadiens, qui se disputaient en février. Cette fois, ce fut au tour de Langlois de surclasser son idole.

Langlois avait rencontré Yves pour la première fois lors d'un spectacle de démonstration qui avait eu lieu dans le cadre des festivités entourant la traversée annuelle du lac Memphrémagog. Il n'avait jamais oublié combien Yves l'avait impressionné par la force de ses jambes. Il avait été surtout ébahi par son comportement durant la compétition. Contrairement à la majorité des sauteurs, Yves parlait à tout le monde et prodiguait des conseils. Il allait même jusqu'à dévoiler

1965 : Alain, Bernard, Simon, Dominic et Yves… qui regarde ailleurs.

*Premier championnat mondial de saut de barils au Country Club
de Grossinger, dans l'État de New York, en 1951.
Guy La Roche porte le dossard numéro un, à l'extrême droite.*

À 14 ans, en compagnie de son frère Alain.

À 19 ans, à ses débuts en Coupe du monde.

En 1980, en compagnie de Dany, dans le jardin du chemin des Pentes.

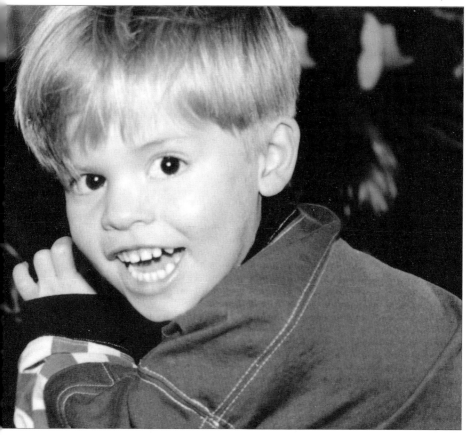
Yves a toujours eu un don pour la photographie.
Photo d'Eliott, âgé de 2 ans.

Au mont Saint-Sauveur, à l'automne 1982,
pendant un spectacle de ski acrobatique.
Dany accompagne déjà Yves un peu partout.

Podium de la compétition tenue au mont Sainte-Anne, en 1982.
Craig Clow est sur la première marche, Yves sur la deuxième
et Frank Beddor sur la troisième.

Au mont Gabriel, en 1985. Alain, Suzanne, Guy et Yves.

Yves termine troisième à la Coupe du monde d'Oberjoch, en 1986.

Yves et Alain La Roche en 1984. Il y a déjà une vaste collection de trophées dans la salle à manger des La Roche.

Coupe du monde 1985, à Tignes.
Yves termine premier, Alain deuxième et
le Français Jean-Marc Bacquin, troisième.

Avec son triple saut périlleux trois vrilles,
Yves devient pour tous le « gourou du saut ».

Yves en parapente. Propulsé par les courants aériens,
il se sent libre comme un oiseau.

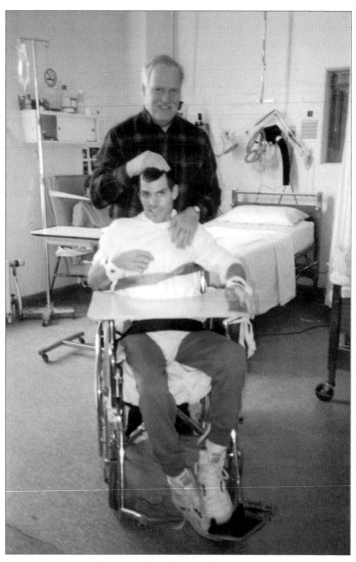

Avec son père, le jour de sa sortie
de l'hôpital de l'Enfant-Jésus.

La famille au grand complet, en 1994.
Derrière : Philippe, Dominic, Suzanne, Alain, Guy et Simon.
Devant : Yves, Lucie et Bernard.

*Première sortie en ski
pour Yves et
son fils Eliott,
au mont Saint-Castin,
en 1993.*

*Durant la saison 1993-94,
Yves réalise un retour
sur les pentes avec
l'équipe canadienne
de ski acrobatique.*

*À Nagano en 1997, Nicolas Fontaine remporte le Championnat du monde
et Yves est l'entraîneur de l'équipe japonaise.*

Yves et Julie, à Nagano.

ses propres trucs à ceux qui allaient inévitablement devenir ses adversaires. Un jour, à Stoneham, il avait même prêté ses skis à un concurrent qui venait de briser les siens lors d'un saut de réchauffement.

Lloyd Langlois fut le phénomène de la saison 1985; Yves ne cachait pas son admiration pour ses sorties de tremplin toujours parfaites, la position bien stylisée de son corps durant le saut. Lloyd était inimitable. Non seulement ses sauts étaient imprévisibles, mais, le jour d'une compétition, il arborait toujours une physionomie glaciale, ne laissant filtrer aucun indice sur son état moral ou physique, et ne parlait pratiquement à personne. Comme ils étaient plutôt bons amis, Yves trouvait étrange la mise entre parenthèses de leur amitié, les matins où ils devaient s'affronter sur les tremplins. Mais, comme Yves avait toujours pour but de se surpasser avant toute chose, il s'efforçait de ne pas se laisser influencer par l'attitude de son principal compétiteur.

Le 21 février 1985, les athlètes se retrouvèrent à Kranjska Gora, en Yougoslavie. Talonné par Lloyd Langlois au classement, Yves devait dorénavant composer avec un stress nouveau pour lui. Il voulait défendre son titre, donner le meilleur de lui-même, mais il devait aussi insérer dans son itinéraire la première tournée de *Marlboro Ski Shows* à laquelle il participait. Ces spectacles de ski acrobatique, nés d'une vaste entreprise publicitaire, créaient de l'animation dans les stations de ski. Les représentations débutaient en soirée, sous les décibels d'un puissant dispositif sonore, et présentaient une variété de sauts plus ou moins faciles aux yeux des athlètes qui s'y livraient. À la lueur des flambeaux, la soirée connaissait son apothéose avec un feu d'artifice. Ces tournées de démonstration organisées par Dominique Gstalder impliquaient aussi une série de déplacements rapides à travers les stations des Alpes du Nord, Tignes, Val-d'Isère, Méribel, Courchevel, une vingtaine d'escales en tout.

Malgré un agenda aussi chargé, Yves demeura très sûr de lui. Cependant, au deuxième jour de son entraînement de sauts à Kranjska Gora, il rata un atterrissage et tomba au sol. Lorsqu'il tenta de se relever, il constata que quelque chose n'allait pas. Il ressentait une vive douleur à l'épaule et au genou. Après l'administration des premiers soins, le diagnostic du médecin de l'équipe canadienne tomba comme un coup de masse : élongation des muscles du genou et dislocation de l'épaule.

Yves savait bien qu'il n'était pas un surhomme et il se doutait bien qu'un jour cela finirait par lui arriver. Il avait vu tellement d'athlètes se blesser avant ou pendant les compétitions. Mais, sûr de sa capacité de récupération et se sachant au sommet de sa forme, il refusa de céder à la panique. Et au demeurant, son excellente position au classement lui permettait de renoncer à la compétition de Kranjska Gora sans grand préjudice. Il se soumit à des traitements aux ultrasons qui soulagèrent sa douleur. Il accompagna ensuite l'équipe canadienne à Oberjoch, étape suivante du circuit. Mais à la dernière minute, prévenu du danger qu'un retour prématuré sur les pentes pouvait aggraver sa blessure, il fut contraint d'annuler de nouveau sa participation, laissant le champ libre à Lloyd Langlois, qui rayonna de plus belle sur les pistes.

Pour la première fois, à vingt-cinq ans, Yves prenait conscience des limites de son corps. Mû par son éternel positivisme, il accepta de les respecter, confiant que ses blessures n'étaient que superficielles et qu'aucune séquelle ne viendrait nuire à ses performances futures. L'éventualité d'une opération au genou, émise par le médecin de l'équipe, l'inquiéta quand même un peu car le moment était venu d'aller honorer ses engagements avec la troupe du *Marlboro Ski Show*. Mais comme les ligaments n'étaient pas déchirés, Yves refusa d'entendre parler d'une intervention chirurgicale. Il ignora l'avis des autres et entendit récupérer à son rythme.

Yves choisit de réserver ce qu'il lui restait d'énergie pour remplir ses engagements envers Gstalder et ne se présenta pas aux deux dernières épreuves de la Coupe du monde. En dépit de ces absences, il se révéla qu'il avait accumulé assez de points durant la première moitié de la saison pour terminer au troisième rang du classement général, décrochant le bronze. Le vainqueur de la Coupe du monde 1985 fut Lloyd Langlois. Quant à Alain La Roche, il remporta le grand prix au combiné pour une troisième année consécutive.

Tout autre athlète qui aurait vu le premier rang lui échapper après avoir été consacré le meilleur du monde aurait pu grincer des dents. Pas Yves. Il était encore jeune, il faisait ce qu'il aimait, il était populaire, il avait Dany, et tout ce qui l'intéressait, c'était de mordre dans la vie à belles dents. Les jours de victoire, il avait la sensation fugace que le monde lui appartenait. Mais, dès le lendemain, il redevenait simplement Yves La Roche, un sauteur doué qui persévérait. Il se préoccupait davantage de sa quête de sensations fortes.

Justement, durant la tournée Marlboro du printemps 1985, Yves eut un autre rendez-vous avec le destin. Des amis Français l'initièrent au parapente, un petit engin léger comme l'air qui ressemble à un parachute rectangulaire dont les fils rejoignent une petite selle et un système de harnais. Faire un saut en parapente, c'est littéralement se jeter dans le vide à partir d'un promontoire. Les poignées de commande permettent d'orienter la trajectoire et de soigner l'atterrissage. Avec de bons vents, le parapentiste peut voler jusqu'à quelques heures dans les cieux. Pour Yves, le coup de foudre fut immédiat. Une fois propulsé dans les courants aériens, il se sentait libre comme un oiseau. Il ressentait l'immensité du monde alors que sa ligne d'horizon semblait vouloir s'étaler à l'infini. Toutes les préoccupations de la vie terrestre lui apparaissaient soudain si dérisoires, si minuscules, là-bas, en bas. Il volait, se sentait comme Icare, prêt à frôler le soleil.

Chaque printemps, au terme de la saison de ski acrobatique, Yves s'accordait quelques semaines de repos au lac Beauport. Cette année-là, malgré ses blessures, il était encore trop survolté pour demeurer inactif. Dès son retour au Québec, il identifia les clubs de parapente existant dans la région, acheta son premier parapente, et effectua des sauts en sol québécois. Il s'astreignit aussi à un entraînement régulier, en mettant l'accent sur le vélo pour revigorer les muscles de son genou blessé.

Yves et Dany passèrent ensuite l'été 1985 à voyager. Encore des démonstrations de saut acrobatique en Australie et en Angleterre. Des stages d'entraînement pour le compte de l'équipe nationale de Suède, et des vacances dans les îles grecques.

Lorsqu'ils rentrèrent au Québec, Yves songea aussi à investir ses revenus grandissants dans quelque chose de durable. Dany éprouva alors des ennuis qui allaient l'inspirer. Noël, son patron au salon de coiffure, se plaignit des absences prolongées de Dany et manifesta son intention de fermer boutique.

— Je ne vais quand même pas m'empêcher de faire le tour du monde pour garder un job de coiffeuse à Limoilou! s'exclama Dany.

Dany décida d'acheter le fonds de commerce et ils achetèrent l'immeuble ensemble. L'édifice de la rue de la Canardière, dans Limoilou, comportait à l'étage deux logements, un grand et un petit, et au rez-de-chaussée se trouvait le salon de coiffure, qui fut rebaptisé *Atelier Dany Lessard*. Yves passa le reste de l'été à y effectuer d'importantes restaurations. Il fallut aussi rénover le plus grand des deux logements, où ils allaient habiter, ce qui impliquait le retapage des trois chambres à coucher et la réfection de toute la plomberie de la salle de bains. C'était là un défi comme Yves les aimait. Bricoler, c'était la joie.

Après avoir emménagé rue de la Canardière à l'automne, Yves reprit son entraînement de façon intensive. Il était maintenant persuadé que son genou était complètement rétabli. Sur la nouvelle rampe dressée aux abords du Club nautique du lac Beauport, Yves accomplit un saut inédit : un triple saut périlleux avec quatre vrilles. Au Québec, le ski acrobatique était plus populaire que jamais, mais divers organismes s'interrogeaient de plus en plus ouvertement sur les dangers du saut en ski. En octobre 1985, l'organisme Ski-Bec, par la voix de son président Oscar Barma, interdit le saut acrobatique au Québec : les assureurs refusaient dorénavant de couvrir ce sport, en raison des risques qu'il comportait. Les responsables déclarèrent que, de toute façon, les deux seuls entraîneurs compétents étaient Yves et Alain La Roche et qu'ils passaient le plus clair de leur temps à l'étranger. Arguant qu'il n'y avait pas d'autres entraîneurs compétents au Québec, l'organisme provincial entendait plutôt favoriser la formation des skieurs de bosses.

* * *

En décembre, à Tignes, débuta une nouvelle saison de la Coupe du monde. Lloyd Langlois termina premier, Yves, deuxième. Après cette première étape, dans l'avion qui le ramenait au Québec, où, comme chaque année, il allait célébrer Noël et le nouvel an en famille, Yves réfléchit à son avenir.

Vainqueur de la Coupe du monde en 1984, rétrogradé au troisième rang en 1985 à cause de ses blessures, Yves constata qu'il avait déjà atteint le sommet. La nature de sa motivation se transforma imperceptiblement. Courir après la gloire ne l'intéressait plus. Il n'était jamais trop tôt pour se pencher sur les possibilités d'avenir. D'autres sauteurs qui avaient déjà quitté la compétition, comme Dave McKeown et John Eaves, faisaient maintenant carrière au cinéma comme cascadeurs. Yves savait qu'il pouvait gagner convenablement sa vie en donnant des spectacles de ski artistique, mais il demeurait attaché au circuit de la Coupe du monde. Comme il avait l'habitude de partager son expertise et ses conseils, il songea aussi à la possibilité de devenir entraîneur. Depuis des années, les athlètes de l'équipe canadienne compétitionnaient sans autre encadrement que leur volonté de faire mieux. Yves apprit que l'Association canadienne, à l'instar des formations européennes, envisageait de doter ses équipes d'entraîneurs qualifiés et rémunérés. Un tel poste l'intéressait au plus haut point.

Lorsque l'avion se posa sur la piste, à Mirabel, il avait pris une importante décision. La Coupe du monde 1986 serait sa dernière année de compétition et, au cours des trois mois qui restaient, il donnerait tout ce qu'il pouvait encore donner. Dès qu'il replongea dans la quiétude de son intimité avec Dany, il n'y repensa même plus. Pour lui, l'affaire était classée. Quand, de temps en temps, elle surprenait un sourire énigmatique sur son visage, Dany se disait qu'il devait penser aux cadeaux qu'il lui préparait pour Noël. Mais, bien qu'Yves eût envie de garder sa décision secrète, il ne résista pas à l'envie de la partager avec Dany.

Le soir de Noël, au sortir de la petite chapelle de Lac-Beauport, après la messe de minuit, il attira Dany à l'écart des autres qui se pressaient sur le parvis enneigé pour échanger leurs vœux.

— J'ai quelque chose à te dire, lui murmura-t-il, l'air taquin.

Dany, intriguée, et toujours excitée par la perspective d'être instruite d'un secret, eut soudain les yeux brillants. Quand ils furent arrivés près d'un bosquet de sapins dont les branches légèrement couvertes de neige ondulaient mollement sous l'effet du vent, Yves l'enlaça, ouvrit la bouche, puis hésita un instant, ne laissant s'échapper entre ses lèvres que des volutes de vapeur blanche.

— Tu ne dois pas le dire à personne.

— Juré! fit Dany.

— C'est ma dernière saison.

Dany pouvait s'attendre à bien des choses, mais pas à cela. Il y eut un soupçon de déception dans son regard. Elle aimait sincèrement Yves et, quels que fussent ses objectifs, il pouvait compter sur son appui inconditionnel. Mais être la compagne d'un champion du monde avait aussi son côté magnifique. Peu de familles dans le monde pouvaient se vanter de réunir à la table du réveillon autant d'athlètes de calibre mondial. Et en rejoignant les autres membres de la famille pour s'attabler devant un festin de homards et de moules — une tradition de Noël chez les La Roche —, Dany eut du mal à camoufler son excitation. Convaincue qu'Yves ferait tout pour décrocher le titre mondial afin de pouvoir se retirer au sommet de sa gloire, elle ne ménagea pas les bravades à l'endroit de ses belles-sœurs. L'esprit compétitif, latent, qui existait entre les frères La Roche était verbalisé par leurs conjointes. Dany avait toujours fait preuve d'un sens de l'humour qui indisposait parfois certains membres de la famille La Roche. Elle était aussi un fameux boute-en-train. Elle avait l'habitude de parler haut et fort, et, réchauffée par l'alcool, elle pouvait aussi donner libre cours à son arrogance, critiquant un frère d'Yves qui s'adressait un peu rudement à sa mère, ou encore protestant que c'étaient toujours les mêmes qui étaient sur les photos que prenait le paternel. Yves n'étant pas aveugle, il voyait bien que le caractère frondeur et expansif de Dany en imposait à sa famille. Mais il refusait généralement de s'impliquer et préférait couper court à ce genre de situation. Quand l'atmosphère s'échauffait, comme en ce soir de réveillon, il ramenait Dany à la maison. Une fois dans la voiture, pour la calmer, Yves lui promit ce soir-là qu'elle l'accompagnerait partout durant sa dernière saison.

* * *

En janvier 1986, lorsque les compétiteurs se réunirent pour la deuxième étape de la Coupe du monde au mont Gabriel, ce fut le véritable début de la saison. Pour Yves, c'était le début de la fin. Toute la semaine, le temps n'avait pas été très clément. Le matin où eut lieu la finale des dames, il y avait tellement de neige et de vent que plusieurs athlètes manquèrent de se briser le cou. Lorsqu'une athlète Suisse, emportée par une bourrasque, vint choir sur le plat de sécurité, juste devant la cabine des juges, le comité en charge dut se réunir pour évaluer s'il fallait annuler la compétition masculine. La poudrerie allant en diminuant, on décida que l'épreuve aurait lieu comme prévu et Yves en sortit grand vainqueur. Dans les journaux du lendemain, on fit état d'une quintuple victoire : ses élèves suédoises Susanna Antonsson et Karin Hernskog avaient aussi décroché les meilleurs honneurs, tout comme l'Américain John Whitt et le Suisse Thomas Uberall, dont Yves avait également supervisé l'entraînement, l'été précédent.

Alors que la saison se poursuivait à Lake Placid, Dany, qui accompagnait Yves, se lia notamment avec les athlètes suédois et suisses, tout en fréquentant l'entourage de l'équipe canadienne, qui comptait alors près d'une vingtaine de personnes : quatorze athlètes, trois entraîneurs et un médecin. Elle avait beaucoup de temps libre, Yves étant pratiquement toujours sur les pistes. À cette époque, on le sollicitait plus que jamais pour faire partie des comités de sécurité. Un comité est mis sur pied à chacune des étapes pour veiller à ce que les conditions techniques soient optimales, et les installations, sécuritaires. Habituellement, le comité se compose du directeur technique de la Fédération internationale de ski, de l'organisateur local et de quatre athlètes, deux Nord-Américains et deux Européens.

Yves ne refusait jamais l'invitation lorsque d'autres athlètes le proposaient pour les représenter au comité. Il aurait pu laisser sa place à d'autres de temps en temps, mais qu'on le propose pour siéger au comité le flattait. Il se sentait apprécié, valorisé, et, malgré le chemin parcouru depuis ses débuts, il ressentait toujours ce besoin d'être plébiscité, voire de se sentir aimé par les autres.

Pourtant, la considération dont il jouissait était alors unanime. Partout dans le monde du ski acrobatique, on l'adulait. Dany était fière d'être à ses côtés, même si quelquefois, on l'appelait «Mme La Roche», ce qui la poussait à protester énergiquement :

— Non! Non! Non! Mon nom est Dany Lessard!

Tandis qu'elle sortait, ou que sa passion la poussait à couper les cheveux des autres athlètes, Yves passait ses journées sur les rampes de saut, et, sans l'aide de personne, façonnait à la pelle les tremplins jusqu'à ce que le soir tombe. Il ne se sentait pas seul et n'en voulait pas aux autres athlètes ou aux organisateurs de ne pas lui donner un coup de main : pour lui, c'était encore du bricolage, et la sensation de se sentir indispensable ne lui déplaisait pas.

À mesure que progressait l'hiver, Yves La Roche et Lloyd Langlois se retrouvèrent à égalité dans presque toutes les compétitions. À Lake Placid, Yves ne l'emporta que par une fraction de point. Les oracles voyaient déjà que la lutte pour la Coupe du monde 1986 de saut acrobatique se ferait entre les deux.

À la fin de janvier, tous retournèrent à Tignes, pour les premiers championnats du monde. Ce nouveau rendez-vous au calendrier des athlètes était l'un des grands événements sportifs de l'année. Après dix ans d'efforts et de luttes acharnées, le ski acrobatique sortait enfin de sa marginalité et franchissait un premier pas officiel vers la reconnaissance olympique.

Le président du CIO, Antonio Samaranch, était lui-même présent à Tignes car l'organisme olympique devait juger si les disciplines du *freestyle* méritaient de faire leur entrée dans le programme des Jeux d'hiver. Tignes, qui serait aussi l'hôte de certaines compétitions des Jeux d'Albertville six ans plus tard, avait déployé tous ses fastes. Depuis une décennie, on y avait beaucoup investi pour en faire une station sportive aussi populaire que La Plagne ou Les Arcs. Le village fourmillait de visiteurs du monde entier, qui étaient sollicités par une succession d'événements : ateliers-rencontres, kiosques, expositions d'artistes, de sculpteurs, spectacles de jazz, d'humour, de chanson, et, en cérémonie d'ouverture, les soixante saxophones d'Urban Sax. Les festivités allaient durer neuf jours.

À l'Inter-Résidences du Val Claret, Charles et Renée Puts accueillirent de nouveau Yves et Dany à bras ouverts. Il n'était pas habituel pour un athlète d'être accompagné de son épouse durant les compétitions. Ainsi, la présence de Dany pouvait parfois sembler surprenante, et concourait à envenimer certaines situations. Dany avait une étrange relation avec Lloyd Langlois, qui menait une dure lutte à son Yves. En dehors des pistes, ils s'aimaient bien; Dany avait soigné Lloyd durant une pneumonie et ce dernier lui avait déjà montré quelques accords à la guitare. Mais elle n'oubliait pas que Lloyd était aussi le principal rival de son mari.

Cet hiver-là, en prévision du championnat du monde, Yves et Lloyd préparaient tous deux des triples sauts périlleux arrière avec quatre vrilles, mais, à l'issue de l'un des sauts de réchauffement, la blessure au genou qu'Yves s'était infligée un an auparavant se réveilla. Il participerait quand même aux championnats du monde, mais bourré d'analgésiques et la rotule étroitement bandée.

Le matin de la compétition, Dany accompagna Yves sur la piste. Elle aimait bien assister aux sauts d'entraînement lorsqu'elle ne faisait pas la grasse matinée. À un moment donné, elle se retrouva à proximité de Lloyd Langlois. Consciente du handicap qui pénalisait Yves, elle ne put s'empêcher de lui jeter, d'un ton résigné et quelque peu acide :

— Eh bien, mon Lloyd, tu vas l'avoir, ton championnat du monde !

Lloyd était déconcerté : il ignorait qu'Yves était sérieusement blessé au genou et il ne comprenait pas de quoi elle parlait. Par ailleurs, il avait beaucoup trop de respect pour Yves pour lui en vouloir personnellement; tout ce qu'il désirait, c'était se dépasser lui-même. En dépit de sa blessure, Yves se classa deuxième aux championnats du monde, et Lloyd Langlois rafla le titre. Yves s'inclina de bonne grâce et félicita son rival. Le succès de son principal compétiteur le préoccupait bien moins que son genou amoché.

Quant à Lloyd, lorsque, la semaine suivante, ils se retrouvèrent à Mariazell, en Autriche, il n'était pas motivé par la perspective de vaincre Yves. C'étaient les deux superbes trophées d'un mètre de haut, les plus rutilants et les plus formidables qu'il eût vus de toute sa vie, qui l'inspiraient. Yves décrocha l'or deux fois à la double épreuve de Mariazell; Lloyd termina premier à Oberjoch. Ils étaient ex æquo dans le classement lorsqu'ils se présentèrent à Voss, en Norvège, pour la dernière épreuve de la saison.

Le matin de la finale, Yves sortit sans faire de bruit pendant que Dany dormait encore. Sachant qu'il se préparait à sauter pour la dernière fois de sa carrière, il se demandait s'il ne commettait pas une erreur. Si Lloyd obtenait un meilleur pointage et décrochait de nouveau le titre de vainqueur de la Coupe du monde, regretterait-il sa décision? Puisque Lloyd Langlois était déjà assuré de participer aux prochains jeux Olympiques, Yves avait encore plus envie de terminer premier au classement général de ce qui était sa dernière saison. Ce serait tellement mieux s'il pouvait tirer sa révérence au faîte de la gloire.

Il arriva sur les pistes bien avant les autres, comme d'habitude. Pendant qu'un soleil radieux s'élevait gracieusement dans les cieux, faisant miroiter les versants enneigés d'une lumière coruscante, Yves examina la compacité de la neige, la courbure des arcs de saut. Les autres sauteurs arrivèrent un à un et commencèrent à faire des descentes pour vérifier la vitesse offerte par les couloirs d'élan. Yves ne pensa même pas au triple saut périlleux deux vrilles et au triple saut trois vrilles qu'il exécuterait un peu plus tard. Le matin des compétitions, il avait pour rituel de mettre son mental en pilotage automatique, ne voulant plus penser à la technique, sachant qu'il n'aurait, plus tard, qu'à appuyer sur le bouton imaginaire qui déclencherait le film de ses sauts déjà gravés dans la mémoire de son corps.

Quand Lloyd Langlois arriva à son tour sur les pistes pour effectuer ses sauts de réchauffement, il fit piètre figure. Mais Yves ne fut pas dupe. Il connaissait bien maintenant les habitudes de Langlois. C'était en compétition que Lloyd donnerait le meilleur de lui-même, et Yves connaissait l'équation depuis longtemps. C'était le style même de Lloyd Langlois : à des sauts de pratique douteux succédaient immanquablement des performances éclatantes. Consciemment ou non, Lloyd déjouait ainsi les attentes de ses adversaires.

La compétition débuta peu après midi. Dans l'ordre qui avait été déterminé par les sauts de qualification, Yves se présenta sur la piste avant Lloyd. Il avait choisi d'exécuter d'abord la plus difficile de ses deux figures, le *full-full-full*. Mais lorsqu'il toucha le sol un peu plus brusquement qu'il ne l'avait prévu, son genou hurla; sa blessure venait de se réveiller. Son atterrissage fut plus ou moins réussi et son pointage s'en ressentit. Les autres compétiteurs se succédèrent, les Français Didier Méda et Éric Laboureix impressionnèrent la foule, Lloyd Langlois exécuta son saut brillamment. Pour s'assurer la première place au classement, Yves devait réussir à la perfection son deuxième et dernier saut de la journée. Pour remporter le titre de vainqueur de la Coupe du monde, il devait absolument finir premier à cette compétition de Voss.

Pour sa deuxième prestation sur la piste, Yves avait choisi un triple périlleux avec deux vrilles, une figure certes plus facile, presque routinière pour lui. Il le réussit admirablement et décrocha une excellente note. Son pointage de la journée fut de 214,89. Sur papier, il savait déjà qu'il ne pouvait finir que deuxième ou premier. Vint le tour de Lloyd Langlois. Plainte du clairon signalant le départ. Langlois prit son élan depuis le fanion vert, dévala la piste, enchaîna ses rotations en plein ciel. Petite faute dans la vrille, manque d'équilibre dans la figure, l'un de ses bras se replia à l'atterrissage sur le plat final. Avant même que le jury ne fasse l'annonce du pointage, Lloyd savait que la première place venait de lui échapper. Yves remporta la Coupe de Voss et devança ainsi Lloyd Langlois par un seul point au classement général de la saison. Yves La Roche venait de décrocher pour la deuxième fois le titre de vainqueur de la Coupe du monde.

Lorsque eut lieu la cérémonie de remise des médailles, il monta sur le podium et déclara à la ronde :

— Les gars, c'était ma dernière compétition !

Le secret de sa décision ayant été bien gardé tout au long de la saison, tout le monde fut pris de court. Il dut s'expliquer : il avait atteint les objectifs qu'il s'était fixés et il ne voulait rien de plus. Les journalistes furent moins surpris. Depuis quelque temps, ils avaient décelé dans les déclarations d'Yves une certaine lassitude devant le peu d'encouragement réservé aux athlètes par l'Association canadienne. Comble du ridicule, les héros canadiens devaient aller entraîner les aspirants des pays étrangers pour subvenir à leurs besoins.

Depuis plusieurs mois, en fait, la révolte grondait au sein des athlètes québécois. Le noyau constitué par le *Québec Air Force* avait beau procurer au Canada un rayonnement international, le pouvoir décisionnel de l'Association canadienne demeurait un fief centralisé et l'actuel entraîneur-chef de l'équipe, l'ex-athlète Peter Judge, se distinguait surtout par la mauvaise organisation des séjours, qui obligeait les athlètes à loger dans des hôtels minables et à voyager à des heures impossibles. De plus en plus, les Québécois faisaient bande à part, et, vers la fin du mois de mars, alors qu'ils étaient occupés à participer à une autre lucrative tournée de spectacles avec Marlboro, certains d'entre eux décidèrent de ne pas se rendre à Paskapoo, en Alberta, où se disputaient les championnats canadiens. Ils étaient cinq à manifester leur insatisfaction envers les dirigeants de l'équipe nationale : Yves et Alain La Roche, André Ouimet, Lloyd Langlois et Lucie Barma.

Le président du comité de l'équipe nationale de ski acrobatique, Jack Gardner, leur envoya en France un télégramme rédigé dans un français douteux, où il leur signalait les impératifs financiers qui les liaient à Ski Canada. Le 12 avril, par six voix contre trois, l'organisme recommanda d'exclure de l'équipe nationale les cinq Québécois qui avaient refusé de se rendre à Paskapoo. On les somma de fournir leurs raisons avant le 11 mai, date à laquelle le comité exécutif statuerait sur leur sort.

En vérité, les cinq dissidents se moquaient bien des instances de l'Association canadienne. Yves venait d'annoncer sa retraite, Alain La Roche, trois fois lauréat du grand prix de la Coupe du monde au combiné, n'avait plus rien à prouver, et Lloyd Langlois, qui avait talonné Yves tout au cours de la saison, représentait le plus bel espoir de l'équipe. À eux trois, ils constituaient la véritable source du prestige dont jouissait l'équipe canadienne sur la scène internationale, et ils étaient excédés par le traitement indifférent que leur accordait l'Association. Ils finirent d'ailleurs par avoir le dernier mot. Non seulement Ski Canada ne leur imposa aucune sanction en mai, mais des changements importants survinrent à la direction de l'équipe canadienne, qui nomma un nouveau directeur administratif, Tom McIllfaterick.

18

La fondation

Février 1990

Malgré les signes d'éveil qu'il a manifestés, Yves est toujours dans un coma profond. À l'hôpital de l'Enfant-Jésus, le docteur Copty et les autres spécialistes ont tôt fait de refréner les élans optimistes de la famille. Ils demeurent plutôt convaincus qu'Yves est condamné à demeurer dans un état neurovégétatif.

Guy La Roche encaisse le coup et y trouve une motivation supplémentaire pour mettre sur pied la fondation à laquelle Dany s'oppose toujours avec vigueur. Il passe beaucoup de temps à la maison, s'activant à mettre en branle l'organisation d'un appel au public qui prend la forme d'une levée de fonds. Un comité est formé, composé notamment de Guy La Roche, d'Yvon Robitaille, qui agit en fiduciaire du fonds, de Louise Roberge et de Jean-Yves Perron, de Ski-Québec, de Claude Rochon, du cabinet de relations publiques National, et du journaliste Mario Brisebois, du *Journal de Montréal*, un fervent spécialiste du ski acrobatique. Après plusieurs semaines de meetings et d'audioconférences, le comité prépare une conférence de presse qui marquera le coup d'envoi, en mars, de la campagne de levée de fonds.

Pendant ce temps, l'intérêt de la presse québécoise quant à l'état de santé d'Yves s'amenuise. Ce sont Philippe et Lucie La Roche qui nourrissent le plus souvent les manchettes. Philippe excelle toujours sur les tremplins et s'apprête à décrocher une deuxième place au classement général pour une troisième année consécutive. Lucie, en remportant coup sur coup les championnats canadiens et américains en supergéant, devient la première skieuse canadienne depuis Nancy Greene à réussir un aussi prestigieux doublé.

Quant à Dany, elle continue de visiter son mari régulièrement à l'hôpital, convaincue plus que jamais que d'autres signes de réveil ne tarderont pas à se manifester. Elle passe de longues minutes à observer son corps amaigri et immobile, les poings ramenés sur sa poitrine, crispés comme les griffes d'un oiseau de proie et les pieds ridiculement tournés vers l'intérieur, rappelant douloureusement la décérébration dont il a été victime. Un jour, lorsqu'une infirmière déplace son bras engourdi, il émet un premier son, un «aïe!» aussi faible qu'un râle mais qui ravive les espoirs de Dany et des La Roche. Dany imagine toutes sortes de moyens, de jeux désespérés pour stimuler le cerveau de son mari. Un jour, elle lui met une brosse à dents dans la main et l'invite à se brosser les dents. Yves comprend la commande et esquisse le geste de porter la brosse à sa bouche. Elle pleure de joie. Elle est persuadée qu'il va s'en sortir.

Ce bel enthousiasme est toutefois régulièrement tempéré par l'équipe du docteur Copty, ce qui a notamment pour effet d'aiguillonner le sentiment de responsabilité paternelle de Guy La Roche et de le confirmer dans son projet de planifier l'avenir de son fils avec ou sans le consentement de Dany. Lorsqu'ils ont à se parler au sujet de l'avenir d'Yves, c'est dans un climat de guerre froide.

Quelques jours avant la conférence de presse, Guy La Roche contacte Dany pour lui transmettre ses directives. Il est important de laisser planer le doute sur les chances de récupération d'Yves pour ne pas nuire à la campagne de levée de fonds.

— Surtout, insiste Guy, ne dis à personne qu'il a commencé à parler.

Dany bout de colère car elle a envie de crier sur tous les toits que son mari revient à la vie. Des démarches ont déjà été entreprises pour obtenir l'admission d'Yves au Centre François-Charon, dans la basse ville, où il pourra commencer sa réadaptation. Dany est convaincue que Guy La Roche a utilisé ses contacts pour retarder la date de son entrée au Centre, afin que la conférence de presse puisse se dérouler dans un contexte attendrissant propre à émouvoir les journalistes et, par conséquent, les éventuels donateurs.

— Et pas question de t'habiller en bourgeoise, poursuit Guy. Il faut que tu portes des vêtements sobres. On va demander à la population de donner de l'argent, ce n'est pas le temps d'avoir l'air riche.

Dany est de plus en plus offusquée. Elle répond vertement à son beau-père que personne ne va lui dicter sa conduite.

— Yves est mon mari et Eliott est mon enfant; vous n'avez pas à vous mêler de nos affaires. Nous sommes capables de nous en sortir! rage-t-elle, impuissante devant le train d'opérations solidement orchestré par le patriarche.

Elle ronge son frein en se rendant à Montréal pour la conférence de presse. Elle est épuisée par les trois mois qui se sont écoulés depuis l'accident, et elle vit déjà un certain deuil; elle est obligée de s'occuper seule du petit, tout en continuant de coiffer sa clientèle, même si certains jours le cœur n'y est pas du tout. Il y a aussi la pression des médias, qui la sollicitent encore trop souvent.

La conférence de presse annonçant la mise sur pied de la Fondation Yves-La Roche, présidée par Réjean Houle, a lieu à Montréal, dans l'un des salons de la Brasserie Molson, le 13 mars 1990. Dans l'anti-chambre du salon, où estrade et micros sont dressés, pendant que journalistes, photographes et pique-assiettes investissent la salle avant le point de presse, Dany, qui est à bout, baisse la garde et cherche un peu de réconfort auprès de sa belle-mère.

— Vous savez, madame La Roche, ce n'est pas facile, ce que je vis.

Suzanne La Roche lui répond simplement :

— Tu sais, ma fille, la vie n'est pas facile pour personne.

Dany prend le mot pour une rebuffade. Elle en arrive à se convaincre que certains des La Roche se sont ligués contre elle. Peut-être y a-t-il quelque chose de définitivement brisé entre elle et une partie de la famille La Roche.

La conférence de presse obtient un succès évident et soulève un vent de solidarité. Devant la presse, on explique que les frais entraînés par l'hospitalisation d'Yves s'élèvent à plus de cinquante-trois mille dollars, notamment à cause des notes qui sont parvenues des hôpitaux français. De cette somme, la Régie de l'assurance-maladie du Québec ne remboursera que vingt mille dollars. Le fonds prévoit d'assumer les frais de réadaptation, les équipements médicaux, la gardienne, les aménagements particuliers pour la maison, l'entretien de celle-ci et la perte de revenus pour au moins deux ans. De l'avis des médecins, Yves vivra avec des handicaps permanents. Dany prend quand même sur elle de dévoiler aux journalistes :

— Il fait des progrès depuis quelque temps. Il renaît comme un petit bébé. Mais tout est à recommencer, il doit repartir à zéro. Il prononce maintenant quelques mots, mais ce n'est pas toujours clair.

L'objectif de la campagne de financement est fixé à trois cent mille dollars. La principale activité de cueillette de fonds, sous l'égide de la fédération Ski-Québec, consiste en une «opération Stationnement payant» qui a lieu durant le week-end du 24 et 25 mars. Toutes les stations de ski de la province sont invitées à solliciter un dollar par skieur qui se présentera durant ces deux jours. Puisqu'on estime à trois cent mille le nombre d'amateurs de ski qui fréquentent habituellement les pistes, on rêve de récolter la somme en un seul week-end.

Dès l'annonce de la levée de fonds, les dons affluent dans le casier postal loué par la fondation dans une succursale de la haute ville de la Société canadienne des postes. Le plus souvent, ils proviennent de petits commerçants de la région de Québec. Les employés du restaurant *McDonald's* de Beauport réunissent la somme de cent dollars. Le Palladium de Sainte-Foy vend en une soirée trois cents bières à cinquante cents au profit du fonds. La boîte de nuit *Le Merlin*, à Québec, collecte mille cinq cents dollars auprès de sa clientèle. Des cartes de souhaits, des mots d'encouragement arrivent également. Des athlètes comme Bernard Sévigny et Caroline Olivier ajoutent un commentaire bien senti à leur chèque : «C'est bien peu en comparaison de tout ce que tu m'as appris» et «Merci pour m'avoir initiée au ski acrobatique». Le dirigeant d'une petite entreprise écrit : «Nous considérons que les athlètes québécois doivent être soutenus en tout temps; ils représentent notre jeunesse, notre force, notre avenir. Bravo à toute la famille La Roche pour ce qu'elle donne de fierté et d'exemple de ténacité aux Canadiens.»

Ces dons et ces bons mots sont un baume pour les La Roche. En marge de l'opération Stationnement payant, d'autres événements ont lieu dans le but de recueillir des dons. Le centre de ski Le Relais invite le public à rencontrer des champions du monde du ski acrobatique; le parc du Mont-Sainte-Anne organise un spectacle de trampoline mettant en vedette ces mêmes champions. On présente d'autres spectacles de trampoline ou des défilés de vêtements de sport à la Place Fleur-de-Lys, à la Place Laurier et au Palladium. Le plus souvent, ce sont les frères d'Yves qui participent à ces démonstrations, secondés par d'autres athlètes professionnels qui donnent de leur temps par amitié pour Yves. À Sherbrooke, Jean-Marc Rozon et Lloyd Langlois accumulent plus de deux mille dollars en présentant à leur tour un spectacle de trampoline et en cautionnant diverses promotions dans des commerces du centre-ville. Les dons affluent aussi depuis l'Ontario et les États-Unis, et d'autres entreprises québécoises contribuent généreusement au fonds. Par exemple, le Club Aventure sollicite les compagnies aériennes (qui font de bonnes affaires avec Yves depuis longtemps), Hydro-Québec offre les profits de la journée Rendez-vous plein air qui réunit ses employés, les Nordiques de Québec et les Gouverneurs de Sainte-Foy envoient le fruit de collectes internes.

À cette époque, les restaurants *McDonald's* commanditent Lucie La Roche durant ses compétitions. L'entreprise organise régulièrement le Défi Lucie La Roche afin d'amasser des fonds qui sont ensuite versés à la fondation Ronald-McDonald pour les enfants. Le Défi, qui se déroule à Mont-Tremblant, le 28 mars, permet à l'entreprise d'émettre un chèque de quinze mille dollars pour la fondation Yves-La Roche. Le week-end de l'opération Stationnement payant donne malheureusement des résultats médiocres. Les recettes additionnées de tous les centres de ski permettent de dresser un bilan d'environ treize mille dollars. D'autres événements seront aussi organisés au cours de l'année.

Mais les recettes générées par la campagne de levée de fonds sont encore loin des objectifs audacieux que Guy La Roche s'était fixés : à l'automne, on aura recueilli un total d'environ cinquante-six mille dollars, à peine de quoi régler les passifs et de permettre à Yves et à sa famille de subsister.

Étrangement, parmi les centaines de lettres d'encouragement qui sont parvenues à la fondation Yves-La Roche, on n'a relevé qu'une seule note discordante, adressée par un citoyen de la région. Un commentaire sans doute inspiré par certains polémistes de la radio qui persistent à dépeindre les La Roche comme une famille de millionnaires. Le public québécois, grand adorateur de stars, aime bien croire à la légende des champions et des athlètes de calibre international qui engrangent l'argent à la pochetée.

Hélas, le ski acrobatique n'est pas le hockey, et, comme le savent aussi beaucoup d'artistes québécois, la célébrité ne rend pas nécessairement riche. L'existence même de la fondation Yves-La Roche en est une triste preuve.

19

Changement de cap

Vainqueur de la Coupe du monde 1986 et rempli d'un fier sentiment d'accomplissement, Yves La Roche n'avait néanmoins pas encore résolu la question de son avenir. Il pouvait participer à des spectacles de ski acrobatique, ce qui assurait la stabilité de ses revenus. Il était aussi convaincu que l'équipe canadienne l'embaucherait comme entraîneur pour la prochaine saison, et il songeait à profiter de ses bonnes années pour investir son argent dans des biens durables. Mais des projets précis, il n'en avait aucun.

Lorsqu'il rentra au Québec, avec dans ses bagages le trophée et dans sa poche une carte postale qu'il avait achetée à la dernière minute pour l'offrir à celle qu'il aimait, la destinée se chargea encore de décider à sa place.

En retrouvant Dany, il s'empressa de lui dire qu'il avait une surprise pour elle. Déjà, Dany s'excitait. Il lui tendit la carte postale, sur laquelle on voyait le visage d'une petite Péruvienne à la physionomie mélancolique.

— C'est quoi, ça? fit-elle.

— Je trouvais qu'elle te ressemblait.

— C'est ça, ta surprise? rétorqua Dany sans aménité.

Les grands yeux verts d'Yves se voilèrent soudain. Il ne dit rien.

— Je pensais que tu allais me demander en mariage! soupira-t-elle.

Yves, qui se tourmentait déjà d'avoir déçu Dany, lui répondit :

— Tu veux qu'on se marie?

— Oui.

— O.K. on va se marier, conclut-il simplement.

Il fit le saut sans tergiverser. Les préparatifs furent menés tambour battant. Mme Lessard, qui avait appris à apprécier Yves, acquiesça au choix de sa fille. Quant aux La Roche, les frères d'Yves demeurèrent indifférents et les parents se résignèrent. Les rapports entre Dany et Guy La Roche faisaient parfois des étincelles, mais il y avait entre eux une entente tacite qui les poussait à éviter les affrontements.

Yves et Dany se marièrent à la chapelle Saint-Dunstan de Lac-Beauport, le 26 juillet 1986. Dany avait voulu créer un mariage champêtre et elle avait veillé à sa planification dans les moindres détails, y compris l'habillement de son futur mari. Elle portait une robe diaphane toute simple et tenait un bouquet de lys blancs assorti à sa couronne florale. Yves était aussi habillé de blanc et portait une chemise à épaulettes et à col mao. Il avait l'air d'un prince. Pendant la cérémonie, ils étaient comme deux enfants impatients. Yves ne cessait de taquiner Dany et il fit le clown lorsque vint le temps de passer les alliances. Lorsqu'ils se retrouvèrent, unis, sur le parvis de l'église, tandis que les cloches sonnaient à toute volée, leur chienne Daphné, un ruban blanc garni d'un chou autour du cou, vint les rejoindre pour la photo.

Le cortège prit ensuite le chemin de la résidence des La Roche; la noce aurait lieu dans le jardin du chemin des Pentes, où des agneaux tournaient déjà sur leurs broches. Mais comme il y avait beaucoup d'électricité dans l'air, le moindre incident prenait des dimensions démesurées. Après avoir patiemment reçu les compliments d'usage de la part de la centaine d'invités qui s'étaient déplacés, certains venant d'aussi loin que l'Italie et la Suisse, Dany s'en prit à son beau-père qui avait fait rentrer les tables à cause du temps incertain. Elle trouvait que cela n'avait pas de bon sens, qu'on y serait beaucoup trop à l'étroit. Elle voulait que le repas de noce se déroule sur la pelouse comme prévu. Puisque le ciel s'était dégagé, elle insista pour qu'on ressorte les tables et les chaises, ce qui fut fait. Heureusement, le reste de la réception, ponctué par des vœux en provenance d'athlètes retenus à l'étranger, que diffusèrent les animateurs de la journée, se déroula sans anicroche.

Dany et Yves s'envolèrent ensuite vers l'Australie pour un troisième été consécutif. Après une semaine de voyage de noces, Alain La Roche vint les rejoindre car les deux frères participaient à une autre série de spectacles acrobatiques commandités par Volvo.

* * *

Rentré au Québec en août, Yves s'investit immédiatement dans la mise en place de deux nouvelles rampes d'entraînement. François Ampleman et Guy Lafrance avaient travaillé durant son absence à partir des plans qu'il leur avait laissés. Yves s'était associé aux propriétaires de l'hôtel-restaurant Château Lac-

Beauport, qui lui permettaient de construire le site d'entraînement sur un de leurs terrains boisés. D'autres commanditaires privés avaient contribué financièrement à cette entreprise destinée à assurer l'avenir du *Québec Air Force*. Ces nouvelles rampes d'eau étaient les plus imposantes de toutes, Yves y ayant incorporé toutes ses connaissances acquises au cours des ans.

En effet, dès l'automne, après que l'ouverture officielle des installations du Club de ski acrobatique Yves-La Roche eut été amplement médiatisée, la plupart des sauteurs québécois, sauf Jean-Marc Rozon et Lloyd Langlois, qui s'entraînaient dans les Cantons-de-l'Est, vinrent pratiquer leurs sauts sur les rampes des La Roche. D'autres membres de l'équipe canadienne, comme Brad Suey et Murray Cluff, se joignirent à eux. La relève était aussi au rendez-vous, avec des jeunes comme Caroline Olivier et Bernard Sévigny. Yves était convaincu que son club de ski serait une entreprise rentable dès la prochaine saison.

Le nouveau directeur de l'Association canadienne, Tom McIllfaterick, reçut positivement la proposition d'Yves et lui offrit un poste au sein de l'équipe canadienne. Au cours des trois années qui suivirent, Yves fréquenta de nouveau, chaque hiver, le circuit de la Coupe du monde. Il partagea son expertise avec les nouvelles recrues de l'équipe canadienne, dont faisait partie son frère cadet Philippe. Il retrouva aussi sur les rangs son ami des tout débuts, Jean-Marc Rozon, avec qui il avait tellement ramé les premières années, et qui effectuait un retour à la compétition. Un retour fort remarqué, puisqu'il succéda à Yves comme vainqueur de la Coupe du monde en 1987, devançant Lloyd Langlois, qui termina deuxième.

Le *Québec Air Force* survit jusqu'à la fin des années 80, grâce à Jean-Marc Rozon, à Lloyd Langlois et, dès 1988, à Philippe La Roche. Tous trois dominaient incontestablement le palmarès. Philippe connut des débuts éclatants, assurant la continuité et portant bien haut le flambeau familial. Durant ces années-là, les Québécois ne brillaient guère en descente de bosses; on misait surtout sur John Smart et sur Jean-Luc Brassard, qui décrocherait ses premiers honneurs au début des années 90. Le ballet acrobatique, que l'on rebaptiserait «ski acro» vers la fin des années 90, comptait quelques bons athlètes canadiens, comme Dave Walker et Richard Pierce; et au combiné, Alain La Roche quitta bientôt la compétition. Il faudra attendre David Belhumeur pour que d'autres Québécois s'illustrent dans cette discipline.

* * *

Les hivers d'Yves s'achevaient avec les tournées Marlboro organisées par Dominique Gstalder. Il désirait passer de plus en plus de temps au Québec durant l'été. Il misait beaucoup sur les rampes d'entraînement qui avaient été érigées l'été précédent, et le premier camp d'été du Club Yves-La Roche ouvrit en juin 1987. Le centre était certes fréquenté, mais, contrairement aux prévisions, il faisait à peine ses frais.

Yves ne se découragea pas; il envisagea de persister jusqu'à ce que son entreprise lui rapporte. Mais les résultats se firent attendre. Un jour, il dut se rendre à l'évidence : il n'avait pas la bosse des affaires. En mars, entre deux voyages, il avait organisé au mont Sainte-Anne une compétition de calibre NorAm qui s'était soldée par un formidable fiasco. Si Yves était un expert accompli pour préparer des rampes de saut, il n'était pas doué pour élaborer l'organisation d'un tel événement. Ce n'était pas tant de l'incompétence qu'un manque d'expérience, et parfois une question de naïveté. Yves était beaucoup plus efficace lorsqu'il s'impliquait dans la conception d'un saut, la fabrication d'une rampe. Quand venait le moment de régler un problème de mécanique ou de fonctionnement, il avait le génie des petits détails. Par exemple, pour mieux dévaler sur le recouvrement de plastique dont les rampes d'eau étaient couvertes, Yves prit l'habitude d'enduire les skis de ses élèves de savon à vaisselle, ce qui les rendait plus glissants. Il en écoulait ainsi plus de quatre litres par semaine. Mais pour la gestion de ses affaires, il était nul. Têtu, il refusait de reconnaître cette réalité.

Yves avait si bon cœur qu'on pouvait facilement abuser de sa crédulité. La rampe qu'il avait créée au lac Beauport fut copiée par tout le monde. Celle des Français, sur les rives du lac Léman, à Évian, était une copie conforme de la sienne. Yves avait par ailleurs lui-même confié ses plans au sauteur français Gérard Méda. Un matin, lorsqu'il surprit des Américains en train de photographier sa rampe et de la mesurer, il ne se choqua même pas : au contraire, cela le flattait de constater qu'il est devenu une référence incontournable.

* * *

La vie conjugale ne fut pas tout à fait le conte de fées auquel Yves et Dany étaient habitués. Comme il était toujours parti, Dany montrait parfois son caractère revêche. Yves avait beau parfois passer l'après-midi à bricoler une étagère pour garnir la maison, sa femme l'accueillait néanmoins par une mercuriale lorsqu'il arrivait tard pour le souper. Les amis d'Yves demeuraient parfois pantois devant ses allures de gendarme, mais Yves, qui avait toujours détesté les affrontements, répondait le plus souvent par un éclat de rire chargé d'indifférence.

La routine du quotidien l'horripilait, et comme il était incapable de verbaliser ce qui ne lui convenait pas, il n'avait d'autre ressource que de s'évader. Depuis qu'il avait initié son copain François Ampleman au parapente, Yves n'était plus seul lorsqu'il planait au-dessus du fleuve Saint-Laurent ou du mont Saint-Pierre, en Gaspésie, le paradis des parapentistes. Le parapente l'absorbait de plus en plus. L'hiver, entre deux compétitions de Coupe du monde, où il continuait de superviser l'équipe canadienne, Yves redécouvrait à vol d'oiseau les paysages des Alpes, qu'il affectionnait, et poursuivait son perfectionnement. Il s'achetait des livres sur le parapente, rencontrait d'autres adeptes, étudiait l'aérologie. Il ne se rendit même pas aux Jeux de Calgary en février 1988, où ses amis Rozon et Langlois participèrent aux premières démonstrations de ski acrobatique. Il préférait gagner sa vie avec les tournées Marlboro — et sauter en parapente le plus souvent possible entre deux démonstrations.

Au printemps 1989, la perspective de passer un autre été à Limoilou démoralisa Yves. Le quartier le désespérait : la poussière, l'agitation, le bruit des moteurs et les stridulations des sirènes déchirant la nuit n'étaient pas pour lui qui avait grandi avec les brises

194

tièdes de l'été dans les cheveux et le vrombissement nasillard des ouaouarons du lac Beauport dans les oreilles. Sans parler de la chaleur intense, durant la canicule d'août, qui faisait décoller le papier peint parce qu'il fallait garder les fenêtres fermées. Il n'osait pas trop en parler à Dany, mais il n'avait pas l'intention de demeurer encore longtemps rue de la Canardière.

De plus, Dany était enceinte, et les symptômes de la grossesse n'avaient rien pour adoucir son caractère. Avec Yves, elle alla passer quelques jours chez Jean-Marc Rozon, à Sherbrooke.

Yves, dont la générosité était incontestable, y trouva une nouvelle occasion de mettre ses talents de bricoleur à profit. Il aida Jean-Marc qui préparait la réouverture d'un bar dont il avait fait l'acquisition, au centre-ville de Sherbrooke. Les deux hommes passèrent trois jours arc-boutés dans les entresols poussiéreux, à refaire la plomberie, dégoulinants de sueur, le nez dans les toiles d'araignée, pour ensuite reconstruire les toilettes de l'établissement, où tout était à refaire. Fidèle à ses habitudes, Yves se donna corps et âme pour aider son ami. Au cours du dernier repas avant le départ pour Québec, Rozon glissa deux cents dollars dans la main d'Yves pour le remercier de sa collaboration. Après le départ d'Yves et de Dany, il retrouva sur le lit de la chambre d'amis les billets qu'Yves avait refusé de garder.

* * *

Dany donna naissance à Eliott le 19 juin 1989. Sur le coup, ce fut la liesse et le jeune couple envisagea la vie à trois comme une nouvelle aventure. Mais l'expérience fut loin d'être agréable. La présence du bébé les exaspéra bien assez tôt et la période d'adaptation fut pénible. Eliott pleurait tout le temps, Yves et Dany étaient rapidement à bout de nerfs. Ils n'étaient visiblement pas prêts à assumer le rôle de parents. Eux qui avaient toujours mené avec insouciance une vie de voyages et de plaisirs, ils faisaient face à une toute nouvelle dimension de la vie, celle qui incombe à des adultes responsables.

Dany l'avoua d'emblée : elle ne se sentait pas une mère dans l'âme. Elle s'était attendue à se voir animée de l'instinct maternel du jour au lendemain. L'allaitement fut un échec, le petit étant allergique au lait, et ses coliques étaient incontrôlables. Pour l'apaiser, Yves essayait les divers trucs qu'on lui suggérait. Il plaçait Eliott sur la sécheuse, sur la laveuse automatique, mais en vain. La nuit, parce qu'ils n'arrivaient pas à calmer le nourrisson, Yves l'installait sur la banquette arrière de la Volvo grise de Dany et faisait rouler la voiture en espérant que le ronron du moteur endormirait le marmot. Mais c'était peine perdue. Dès qu'il s'arrêtait à un feu rouge, les pleurs fusaient de plus belle.

Heureusement, Yves et Dany trouvaient encore le moyen de s'amuser. Ils avaient choisi trois prénoms pour leur enfant : Boris, en l'honneur de Méchant Boris, le personnage des dessins animés de *Koko le clown*, qui a valeur de symbole pour eux ; Eliott, parce que c'était le nom du jeune héros du film *E.T.*, et Zachary, parce que Dany aimait la consonance du nom. Incapables de prendre une décision à mesure que le jour du baptême approchait, ils inscrivirent les trois prénoms sur des bouts de papier qu'ils glissèrent dans un chapeau. À Dany de piger : le sort décida que leur enfant s'appellerait Eliott.

Vers la fin de l'été, même s'ils commençaient à s'accoutumer à leur nouveau rôle, Yves et Dany avaient du mal à retrouver la belle entente qui régnait avant l'arrivée du bébé. Ils furent forcés d'admettre une toute nouvelle réalité : elle était bien finie, la belle vie sans soucis. Un beau matin, Yves prit une décision sans consulter personne, comme il lui arrivait de le faire lorsque son idée était bien arrêtée et que sa patience avait atteint ses limites.

— Ce n'est pas une place pour élever un enfant. Je veux que mon petit grandisse à l'air libre, avec des montagnes, des arbres. Il faut qu'on retourne vivre à la campagne !

Dany fut tout de suite d'accord. Elle aussi avait envie de tranquillité. Yves maintenait alors des liens d'amitié avec Daniel Côté, qui avait fait partie de l'équipe canadienne de ballet acrobatique jusqu'en 1985. Côté était devenu agent immobilier, et, contacté par Yves, il l'informa que sa voisine de Lac-Beauport, qui venait de divorcer, devait se débarrasser de sa maison le plus vite possible et à vil prix. Yves sauta sur l'occasion et acheta la propriété pour une bouchée de pain.

Comme d'habitude, Yves laissa à Dany le soin de s'occuper des détails de la transaction. Cela ne l'intéressait pas. Yves n'avait jamais rêvé d'être riche ; tout ce qu'il souhaitait, c'était d'avoir les moyens de faire ce qui lui plaisait, de posséder une maison, une voiture, et une bonne dose d'autonomie. Du moment qu'il se sentait libre, il était heureux. Sa liberté n'avait pas de prix.

Cette liberté si chère, Yves s'en priva moins que jamais durant l'été 1989, d'autant plus que les inévitables frictions engendrées par la présence du bébé difficile rendaient parfois Dany plus nerveuse encore. Dans ces moments-là, l'appel du saut happait Yves. Il saisit l'occasion de faire quelques spectacles en France et fuit vers LaPlagne, où il pourrait aussi sauter en parapente. Il connaissait près de la station un pic de deux mille quatre cents mètres où les vents thermiques permettaient de planer très longtemps, durant des heures parfois.

Une fois son spectacle terminé, Yves s'y rendit en télésiège, puis marcha encore une demi-heure en montagne pour essayer un nouveau site de décollage. Il prépara sa toile, démêla ses fils, se harnacha solidement à la sellette et sauta. Au début, les vents le portèrent doucement. Mais, une fois parvenu au centre de la vallée, il fit une chute de plusieurs mètres dans le ciel. C'était le foehn qui le rattrapait, l'agitait et le faisait virevolter. Yves avait beau tirer sur les sustentes, il n'avait plus aucun contrôle sur sa trajectoire. Les vents de la vallée le secouaient comme une marionnette. Pour la première fois de sa vie, il sentit la peur le gagner. Les vents descendants le poussaient à toute vitesse vers le ravin, où il lui serait impossible d'atterrir en sécurité. Il pensa alors à Dany, à son fils, se pourrait-il qu'il ne les revoie jamais? Subitement, alors qu'il sentait déjà ses pieds frôler les mélèzes aux épines jaunies, un courant chaud le récupéra et le fit s'élever de nouveau, lui permettant de planer encore quelques minutes, le temps de trouver un relief accueillant pour toucher le sol. Lorsqu'il rentra à l'hôtel, une heure plus tard, Yves était livide. Il lui faudrait plusieurs semaines avant d'avoir le courage de raconter sa mésaventure à Dany, un soir de confidences sur l'oreiller, avec un petit rire plutôt jaune. Car il avait déjà prévu sa réaction :

— S'il t'arrive un accident, moi, je t'achève! Tu veux finir ta vie en vendant des crayons dans un centre commercial? lui lança-t-elle. Tu n'es plus un gamin, Yves La Roche; tu es père de famille, maintenant. Il faut que tu arrêtes ça, ces folies-là.

Yves venait d'avoir trente ans. Il s'étonnait de constater que tout semblait maintenant arriver tellement vite, un peu comme s'il était entraîné par le courant d'une rivière. Voilà maintenant dix ans qu'il s'amusait plus qu'il ne pensait à l'avenir. Cependant, il n'aimait pas perdre son temps à de longues réflexions. Il préférait se convaincre que le destin lui arrangerait un autre rendez-vous qui lui indiquerait le chemin.

* * *

C'est avec soulagement que, l'automne venu, Yves replongea dans l'entraînement des athlètes canadiens. En acceptant d'être l'entraîneur de l'équipe des sauteurs canadiens pour une quatrième année consécutive, il savait qu'il pourrait bientôt se retrouver au loin.

Sa nouvelle maison de la rue de la Sapinière, à Lac-Beauport, fut prête à la mi-octobre. Sa petite famille put enfin quitter la rue de la Canardière pour s'y installer dans les derniers jours du mois. Yves eut tout juste le temps de repeindre quelques pièces de la maison avant de se rendre en Alberta, à Fortress Mountain, près de Banff, où avait lieu le dernier camp de neige de l'équipe avant le début de la Coupe du monde. Cette année encore, la saison débutait à Tignes. Yves promit à Dany de revenir passer quelques jours au lac Beauport avant de partir pour l'Europe.

Ce cap de la trentaine qu'il venait de franchir taraudait Yves à intervalles réguliers. Il s'interrogeait de plus en plus souvent sur son avenir. Lorsqu'il parcourait de grandes distances, seul au volant de sa voiture, il y était souvent confronté. Il réfléchissait à sa vie, à Dany, à la présence d'Eliott. Et quand ces réflexions lui semblaient trop lourdes, il cherchait à s'en délester en sautant en parapente. Il avait déjà hâte de se retrouver à Tignes.

* * *

Un matin blafard du début de décembre, Dany se réveilla et eut la surprise de constater qu'Yves, arrivé durant la nuit, dormait à ses côtés. Elle eut envie de l'interroger, désirant savoir pourquoi il ne l'avait pas prévenue, mais elle se contenta de pousser un petit grognement de satisfaction et se pelotonna contre le corps tout chaud de son mari. Autant savourer un rare moment de tranquillité. Tant mieux si Yves était revenu de Fortress Mountain plus tôt que prévu !

Plus tard, en allant à la fenêtre voir le temps qu'il faisait, son café à la main, Dany s'étonna : il y avait une Grand AM blanche dans l'entrée.

— C'est à qui, cette voiture ?

— Je l'ai louée en arrivant à Mirabel, hier soir. Je voulais absolument passer la nuit ici avec toi, expliqua Yves.

Dany ne comprenait pas.

— On a encore une semaine avant que tu repartes pour Tignes, non?

Yves n'avait jamais été du genre à tourner autour du pot ou à essayer de dorer la pilule.

— Il a fallu que je change mes plans, dit-il. Je m'en vais rencontrer Dominique Gstalder à Annecy avant d'aller à Tignes. Je repars cet après-midi pour Genève. Il faut que je sois à Mirabel avant cinq heures. J'ai déjà mon billet.

Yves se garda bien de préciser qu'il voulait aussi saisir l'occasion de sauter en parapente. Eliott, comme s'il avait compris, se mit à pousser quelques gémissements dans son berceau. Dany, qui avait prévu de bénéficier de l'aide et de la présence d'Yves pendant plusieurs jours, resta muette. Elle comprenait aussi qu'Yves se fût donné la peine de faire l'aller-retour en voiture durant la nuit uniquement pour venir la prévenir en personne, ce qui correspondait en tous points au genre de délicatesse dont il était capable envers elle. Mais elle ne cacha pas sa déception, sans insister. Elle lui proposa plutôt de faire une brassée de lessive et de l'aider à remplir sa valise.

— Non, laisse faire, dit Yves. J'ai déjà tout ce qu'il me faut dans mon sac de sport.

Pendant qu'Yves donnait le biberon à Eliott, Dany prépara un léger repas qu'ils partagèrent presque sans rien dire, sur le coin de la table. Ils préféraient savourer ces quelques moments d'intimité dans un silence rassurant.

L'heure du départ approchait. Dany descendit à la chambre pour refaire le lit. Yves alla la rejoindre et l'observa en silence.

— Dany, va chercher Eliott.

— Pour quoi faire ? demanda-t-elle.

— Tu vas voir.

Lorsque Dany revint avec l'enfant, Yves lui demanda de s'étendre sur le lit avec lui. Elle cherchait encore à comprendre à quoi il voulait en venir. Alors qu'elle essayait de prendre une pose sur l'édredon vert forêt avec le petit dans les bras, elle continua de scruter le visage de son mari, de son amour, avec un regard interrogateur.

— Fais-moi un beau sourire, chuchota Yves. Je veux prendre une photo de vous deux dans ma tête.

Pendant quelques secondes, plus personne ne bougea. Le tableau pouvait sembler étrange. Yves grava silencieusement dans sa mémoire l'image de Dany et Eliott étendus sur l'édredon.

Les dernières minutes qu'il leur restait ensemble semblèrent irréelles. Yves et Dany n'échangèrent que quelques banalités. Puis Yves ramassa le sac de sport qu'il avait laissé près de l'entrée et sortit. Dany entendit la Grand AM blanche démarrer, puis quitter la rue de la Sapinière. Elle se sentit tout à coup bien seule.

Yves revint dix minutes plus tard pour prendre son billet d'avion, qu'il avait oublié sur la table. Dany aurait aimé qu'Yves reste encore un peu, mais elle sentait qu'il n'y avait rien à ajouter. Les cérémonies d'adieux étaient toujours tellement désolantes. Eliott s'était réveillé. Dany le sortit de son berceau et raccompagna Yves à la porte, l'enfant blotti contre son sein.

— Fais attention ; ils ont dit à la radio que les routes étaient glissantes.

Yves monta dans la voiture louée et quitta la rue de la Sapinière pour une seconde fois. Il avait hâte de prendre l'avion, hâte de se retrouver à Tignes. Il pensait déjà aux sauts qu'il pourrait faire en parapente, sans savoir que le destin, cette fois, lui réservait un funeste rendez-vous.

DEUXIÈME PARTIE

20

Seconde naissance

L'hiver 1990, gris, triste et lourd, semble ne pas vouloir finir. Heureusement, pour la famille La Roche et pour Dany, l'espoir renaît. Durant les mois de février et de mars, Yves émerge peu à peu de son état d'inconscience. Tout est si flou, si vaporeux. Un halo entoure encore les objets qu'il peut apercevoir depuis l'oreiller où sa tête repose. Ses oreilles bourdonnent. Comme une génératrice se remettant en marche après une longue panne, son cerveau reprend lentement du service. Yves finit par ouvrir l'œil gauche; depuis des semaines, le droit est suturé parce que sa paupière ne ferme plus. Il sent sa langue épaisse, ses mâchoires sont comme gelées. Il arrive à pousser quelques sons, mais les vagues syllabes qu'il éructe au prix d'insoutenables efforts ne semblent avoir aucun sens. Il le devine au regard interrogateur de Dany, dont il reconnaît de temps en temps le visage, penché au-dessus de lui.

Il est incapable de définir sa nouvelle réalité. Il est attaché. De toute façon, il ne peut pas bouger. Il n'arrive qu'à penser. Où peut-il être? Il entretient d'abord la conviction qu'il est dans une prison. «Quel mauvais coup ai-je fait pour me retrouver ici? Ai-je commis un vol? un meurtre?» Il finit par se rendre compte qu'il est dans une chambre d'hôpital, et il se demande ce qu'il peut bien faire là. Il n'a aucun souvenir sinon celui d'être Yves La Roche. Il a envie de bouger, de tendre la main, de lever le bras, mais ses membres ne lui obéissent pas. Il est convaincu qu'il est complètement paralysé. Il prend conscience qu'il a dû se passer quelque chose de terrible pour qu'il se retrouve dans un état aussi lamentable. Une image du passé lui revient furtivement : il se revoit dans Tignes ensoleillée et il se rappelle qu'il était entraîneur de saut pour l'équipe canadienne. Il se dit qu'il doit être toujours en France. Mais c'est tout. Pour le reste, il ne se souvient que d'une très longue nuit.

* * *

Lorsque Yves La Roche commence à sortir du coma, après un silence de soixante et un jours, c'est comme s'il était retourné à l'état sauvage. Il réagit comme un animal nouveau-né, avec une circonspection craintive, réfractaire à toute intervention de l'extérieur. Il mord parfois les mains qui s'avancent vers lui. Il entre dans des périodes d'agitation telles que le personnel infirmier finit par le garder attaché à son lit en permanence. Il s'exprime par des gestes et des réflexes qu'il ne peut pas contrôler. Lorsque son bras gauche est libéré de ses liens, il gratte inlassablement le pansement qui recouvre son œil jusqu'à l'arracher. Tout son être se révolte, il veut comprendre ce qui lui arrive.

Jour après jour, il refait connaissance avec lui-même, entrevoit des pans de son existence passée. Son esprit lui semble aussi ankylosé que ses membres. Peu à peu, au fil des visites qu'il reçoit, il reconnaît des visages, des objets. André Savard a apporté à son chevet une statuette mexicaine au sujet de laquelle ils avaient l'habitude de faire des blagues et Yves est suffisamment ému pour vociférer maladroitement le surnom qu'ils lui avaient donné :

— Tony !

Ses proches ont garni les murs de sa chambre d'hôpital avec des photos agrandies de Dany, d'Eliott, et des affiches laminées où on le voit sauter en ski, pour qu'il se reconnaisse. Tout cela lui dit quelque chose, mais il a beaucoup de difficulté à faire le lien entre son état actuel et les images du passé dont on l'entoure. Un dimanche, Dany a amené Eliott à l'hôpital, et, quand Yves aperçoit son fils, il reçoit un autre choc qui ravive ses souvenirs. Des larmes baignent ses yeux.

— C'est mon p'tit monstre ! dit-il en pleurant.

Au fur et à mesure qu'il recouvre l'usage de la parole, il bredouille péniblement des questions, il interroge chacun, il veut savoir ce qui s'est passé. Il se demande pourquoi il n'est pas en France. Il veut qu'on lui raconte ce qui a meublé le grand trou noir qui obombre son esprit.

Son frère Philippe, qui le visite souvent, le lui explique peu à peu, remonte avec lui le cours des événements qui l'ont conduit au drame. Le voyage à Tignes, le vol raté du parapente, la chute contre le paravalanche… Yves veut bien croire son frère cadet, mais il ne se souvient toujours de rien.

Bien que son état de conscience s'améliore de plus en plus rapidement, Yves ne sait pas du tout où il en est, et peut difficilement établir ce qu'il veut et ce qu'il ne veut pas. Cela est pénible pour tout le monde car personne de son entourage ni de sa famille, ni Dany surtout, n'arrive à savoir ce qu'il désire, ce qu'il essaie de dire avec ses mots désarticulés et ses grognements rauques. Dans l'esprit d'Yves, pourtant, tout est clair. Il ne comprend pas pourquoi les autres n'arrivent pas à saisir ce qu'il essaie de leur dire.

Pour Yves, toutes les constatations qu'il emmagasine pêle-mêle se résument à un seul sentiment : il est dans une fâcheuse position et il veut en sortir coûte que coûte. Il n'y a que cela qui compte. Il veut aller vers l'avant, fidèle à son envie de progresser sans jamais regarder en arrière. Quand on ramène sous ses yeux des photos le montrant en train de sauter, il redevient agité et hurle :

— Rien à foutre! En ai rien à foutre!

Il veut que son corps lui obéisse de nouveau, il veut reprendre possession de ses moyens, redevenir autonome. Être incapable de se lever ou de saisir le moindre objet le rend maussade. Il se sent tellement gauche, inutile, dépendant. Sa sœur Lucie le visite régulièrement et elle masse ses membres endormis pendant que sa mère lui frictionne la tête. À mesure qu'il sent ses jambes se ranimer, Yves prend l'habitude de frotter ses pieds l'un contre l'autre, au point que ses voûtes plantaires se couvrent d'ampoules. Suzanne La Roche est souvent auprès de lui. Elle lui prépare des aliments en purée, qu'elle lui donne à la becquée, comme à un bébé. Un jour, voyant que son fils a souillé sa couche, elle décide de la changer elle-même. Mais au moment où elle s'apprête à la retirer, alors qu'Yves essaie de se soulever sur ses coudes, une démangeaison inopportune le pousse à se frotter les pieds frénétiquement. Suzanne a beau l'implorer de ne pas bouger, c'est plus fort que lui. La manœuvre se complique, et au plus fort du tohu-bohu, le paquet contenant les déjections se répand partout sur le lit. Suzanne est découragée, mais Yves, qui sent tout le ridicule de la situation, pouffe de rire. Son premier rire depuis qu'il est revenu à la vie. Alors Suzanne La Roche se met à rire elle aussi. Tous deux se marrent durant plusieurs minutes, d'un rire purificateur qui les inonde de larmes et qui résonne jusque dans le corridor de l'hôpital. Il émane de l'incident, aux yeux de Suzanne La Roche, une lumière de bonheur. La démonstration qu'Yves est bien vivant.

D'autant plus que la précarité de sa situation assombrit généralement l'humeur de son fils. Yves s'impatiente, il a hâte de se battre lui-même pour récupérer tout ce qu'il a perdu au sommet du Palafour, le jour où les vents alpins l'ont trahi. Il n'est jamais désobligeant envers le personnel de l'hôpital, qui veille à tous ses besoins et devance toutes ses intentions, mais son agacement se traduit par une mine renfrognée. Il finit cependant par assimiler l'intervention du docteur Copty et de son équipe de l'hôpital de l'Enfant-Jésus. Lorsqu'on lui annonce qu'il va quitter sa chambre pour entamer sa réhabilitation à l'Institut de réadaptation en déficience physique de Québec — le Centre François-Charon —, il comprend que c'est le premier pas d'une longue marche vers la guérison.

* * *

Yves est admis au Centre François-Charon le 26 mars 1990. Il a beaucoup maigri, pesant à peine une soixantaine de kilos. Après quelques jours consacrés à son évaluation, on lui prépare un programme d'exercices quotidiens axé sur l'orthophonie, l'ergothérapie et la physiothérapie. Outre des lésions que l'on continue de soigner à son œil et à sa main, quatre problèmes majeurs doivent être traités : la dysarthrie, qui l'empêche d'articuler les mots, la dysphasie, le retard dans le langage — Yves s'exprime comme un bébé d'un an —, l'atteinte tronculaire permanente et la quadriparésie subsistante, qu'il faut combattre en redonnant à Yves un meilleur contrôle de ses mouvements nerveux et musculaires.

Trois spécialistes parmi les plus compétentes du Centre sont chargées de sa rééducation. Yves est un personnage public, une vedette, et toutes les personnes chargées de ses traitements sont rappelées à leur devoir de discrétion. La consigne a été donnée par les autorités du Centre : aucune information ne doit être divulguée devant les autres patients ou leurs parents qui les visitent, et surtout aucun contact ne doit avoir lieu avec les médias. Dès la première semaine de son séjour au Centre, une équipe de la télévision qui cherchait à filmer Yves a été interceptée juste à temps par des thérapeutes.

Les premiers jours, il faut encore l'attacher à son lit à cause des crises d'agitation qui le secouent. Yves est encore totalement dépendant; il faut le gaver, le laver, etc. Dans l'état de confusion où il se trouve, il oublie souvent qu'il est paralysé. Un matin, voulant quitter son lit pour aller aux toilettes, il se retrouve par terre, la face contre le *terrazzo*, le sourcil fendu.

Les traitements commencent quelques jours plus tard. Au début, les sessions d'exercices ne durent que quinze ou vingt minutes car Yves s'épuise rapidement. En physiothérapie, on l'installe par terre sur un grand matelas, comme un nouveau-né, pour qu'il prenne conscience de sa nouvelle réalité. On commence d'abord par faire travailler les muscles de son visage, qui sont encore très figés. Dès le départ, l'orthophoniste joue un rôle de premier plan. Sa spécialité, qui tient à la fois de la médecine, de la psychologie et de la linguistique, vise à rendre à Yves l'usage normal de la parole et de la respiration, afin de soutenir le rythme de son élocution. Les premières phrases qu'il prononce sont gutturales, hachées, atoniques. Au début, il s'exprime à peine ; «oui», «non», «merci» et «t'es fine» résument tout son vocabulaire.

Comme tous les La Roche, Yves n'a jamais été très loquace dans l'expression de ses émotions. Le traumatisme qui l'affecte n'a donc rien changé. Il ne gaspille pas son énergie en paroles futiles et fait tout ce qu'on lui demande. Il comprend instinctivement que tous ces exercices en apparence puérils et rudimentaires vont améliorer sa condition. Il n'en discute pas. Il se prête donc à la thérapie sans jamais émettre la moindre protestation. Les thérapeutes s'en étonnent ; elles voient rarement une telle docilité chez leurs patients.

À mesure que se développe la résistance d'Yves, les séances de travail s'étirent. Les thérapeutes remarquent qu'il ne perçoit pas sa fatigue et essaie d'en faire trop. Elles reconnaissent là ses qualités d'athlète habitué à toujours repousser les limites de l'endurance. Il faut donc le modérer, lui imposer un frein, d'autant plus qu'entre les traitements il reçoit beaucoup trop de visiteurs et ne se repose pas assez. Mais comment dire à des amis venus d'aussi loin que l'Europe qu'il ne peut pas les recevoir?

Le véritable problème, toutefois, vient de l'attitude des La Roche. Habituellement, l'entourage des patients se contente de demander des nouvelles, de suivre les progrès de leur rééducation. Mais la famille d'Yves n'est pas ordinaire. Les La Roche prennent beaucoup de place au Centre. Guy souhaite voir son fils sur pied le plus rapidement possible et vient haranguer les thérapeutes. Il veut qu'Yves suive des séances de travail de deux heures chacune, un horaire complet de rééducation qui irait du matin jusqu'au soir. Il impose sa présence durant certains traitements, protestant contre le fait qu'on fasse faire à Yves des exercices dans la piscine, car il a peur qu'il se noie. D'autres fois, il vante simplement son statut d'athlète à qui veut l'entendre.

— Il est bon, mon fils; regardez-le! Il va redevenir comme avant!

Il ne veut pas admettre qu'une atteinte neurologique aussi grave que celle qui affecte Yves exige de longs traitements et, surtout, de la patience. Et il n'existe aucune certitude sur ses possibilités de récupération. À son évaluation, les thérapeutes du Centre ont conclu qu'il ne pourrait probablement plus jamais marcher.

Lucie La Roche intervient également dans les salles où Yves poursuit ses exercices de rééducation. Un jour qu'il doit associer des figures sur un jeu de cartes, elle vient sans gêne s'asseoir à la place de l'ergothérapeute pour prendre les choses en main, fustigeant son frère dans l'effort, lui criant des encouragements comme s'il était en train de préparer une prouesse olympique.

— Vas-y, Yves, tu es capable ! Trouve-le !

Composer avec une famille de têtes fortes comme les La Roche est un casse-tête pour le Centre, qui doit prendre les grands moyens pour garantir le suivi des méthodes professionnelles qui permettront à Yves de récupérer au maximum. Dès le 11 avril, on convoque la famille pour demander sa coopération afin de respecter l'horaire de travail d'Yves, le rythme de son évolution, et de limiter les visites à certains moments de la journée ou de la semaine.

Trois semaines après l'arrivée d'Yves, le Centre François-Charon souligne dans un premier rapport d'évaluation le peu d'écoute de la famille La Roche à l'égard d'Yves. Il ressort que Suzanne La Roche veut reprendre son rôle de mère, et Guy, l'exercice de son autorité paternelle, au détriment de Dany, qui se sent bousculée. Cette dernière affirme vouloir reprendre la vie de couple quelles que soient les séquelles de l'accident. Elle croit que cette épreuve l'aidera à trouver une nouvelle forme de bonheur. Son attitude est louable : elle ne cherche pas à surprotéger Yves ; elle veut surtout qu'il puisse évoluer librement vers l'autonomie. Il est convenu de tenir des rencontres mensuelles avec Dany et la famille immédiate pour évaluer les progrès d'Yves, et, en attendant, on prie tout le monde de respecter le travail des spécialistes.

Une fois qu'Yves commence à retrouver le contrôle musculaire, on s'attaque à la parole. Il faut plus d'un mois avant qu'il ne puisse contenir ses intonations et doser son débit. Il est encore un peu aphasique; il utilise des mots simples et courts pour éviter d'achever ses phrases dans un embrouillamini complet. L'orthophoniste lui fait faire toutes sortes d'exercices d'élongation, des grimaces, pour raviver le tonus de son visage et réduire l'asymétrie qui fige encore ses traits.

Il faut presque trois mois à Yves pour arriver à s'exprimer de façon compréhensible. Il peut maintenant soutenir de courtes conversations. Comme il a tendance à s'emballer parce qu'il veut toujours aller plus vite, on lui enseigne des trucs pour le ralentir. Comme rythmer les syllabes des mots qu'il prononce en les faisant correspondre à des pressions successives de chacun des doigts de sa main contre le pouce, un exercice qu'il fera encore pendant des années, de plus en plus discrètement, sans que personne s'en aperçoive.

Au fil des semaines, Yves réalise l'ampleur de sa catastrophe personnelle. Il comprend qu'il n'est plus que l'ombre de ce qu'il a été. Toutes les réminiscences de son passé ne servent qu'à mesurer l'étendue du désastre. Il sait qu'il va traverser un très long désert, mais il ne peut absolument pas imaginer toutes les étapes qui l'attendent encore. C'est pourquoi il voue une confiance et un respect absolus aux thérapeutes qui le guident sur le chemin de la guérison. Toutefois, son caractère têtu refait bientôt surface. Lorsqu'il a acquis suffisamment de fluidité langagière pour exprimer ses désirs, Yves demande à ses thérapeutes que la marche devienne la nouvelle priorité dans ses traitements. Il veut redevenir indépendant et, pour cela, il a besoin de pouvoir se servir de ses deux jambes. Lorsque Dany l'entend exprimer ainsi sa volonté, elle essuie une larme : voilà une attitude qui ressemble au Yves qu'elle a connu.

* * *

Durant l'été qui suit, lorsque, certains dimanches, Yves se rend en visite à la résidence familiale du chemin des Pentes, la réalité est tout autre. Suzanne La Roche ne retrouve pas le champion du monde qui a nourri la fierté de Dany, mais son enfant, son fils, son petit garçon qui a besoin de ses soins maternels. Elle renoue avec intensité avec l'expérience maternelle et choie son petit, son fils blessé.

Ce jour-là, Yves a créosoté sa terrasse, et il s'en est mis partout; il s'est taché les mains et les bras, et il en a jusque dans les cheveux. Vers la fin de l'après-midi, il se sent trop fatigué pour prendre une douche avant de retourner au Centre. De la salle de bains, il crie à sa mère de venir l'aider. L'accent suppliant qui brise sa voix a de quoi déchirer le cœur. Suzanne accourt. Pour la première fois depuis tellement d'années, elle revoit son enfant nu. Il n'y a pas de place pour la pudeur. Avec toute la simplicité du monde, sans prononcer la moindre parole, Suzanne tend le bras vers l'éponge et se met à savonner le corps de son fils, qui tient le pommeau de la douche manuelle. C'est comme un rituel qu'ils vivent, muets, enveloppés par l'écho du jet d'eau qui gicle contre l'émail de la baignoire et qui emplit toute la pièce.

Ils n'en reparlent pas, mais ils n'oublient pas. Au fil des mois, Yves s'ouvre de plus en plus à sa mère.

Il ne se sera jamais autant confié à elle. Il reprend avec elle le fil d'une discussion interrompue depuis des lustres. De l'avis de tous, cette toute nouvelle capacité à exprimer des sentiments est le plus grand changement que l'accident aura provoqué chez Yves.

21

La compétition de la vie

Jour après jour, la mosaïque des souvenirs se reforme dans la tête d'Yves. Son passé lui revient bribe par bribe, mais sa mémoire immédiate souffre encore de graves lacunes. Il a de la difficulté à se rappeler un mouvement qu'il a accompli la veille en physiothérapie, ou l'endroit où il a laissé sa robe de chambre quinze minutes avant. Les sessions d'exercices s'allongent de quinze à trente minutes ; c'est encore la limite qu'il peut supporter.

Yves discerne mal la nature des transformations que l'accident a provoquées en lui. Il lui faut tout réapprendre. Ses facultés ne veulent pas lui obéir comme avant. En thérapie, certaines acquisitions s'ancrent facilement dans son cerveau alors que d'autres gestes de base semblent toujours vouloir lui échapper. Que restera-t-il de lui, au terme des mois de rééducation qui l'attendent ? Qu'aura-t-il manifestement retrouvé et qu'aura-t-il désespérément perdu ? Yves n'oublie jamais qu'une partie de son cerveau a été comprimée par l'œdème pendant plusieurs semaines. Il attend avec anxiété de savoir quelle est la véritable étendue des dommages et quel sera son degré de récupération.

Après quelques semaines au Centre François-Charon, il est encore trop tôt pour se faire une idée de ce que sera sa nouvelle vie. Cinq mois après son accident, il retrouve assez d'autonomie pour exécuter les besoins les plus rudimentaires, mais toujours sous surveillance. Il faut encore l'aider à s'habiller, à se laver, quoiqu'il parvienne maintenant à absorber ses repas sans aide.

Sa condition requiert une supervision de tous les instants. Yves n'a pas encore développé de jugement sur ses capacités, et il a de la peine à évaluer le niveau de difficulté des tâches auxquelles il s'attaque. Sa capacité d'attention demeure fort réduite, la mémoire immédiate lui fait toujours défaut, et il est souvent désorienté dans l'espace ambiant. Il est labile, et peut passer d'un état de torpeur à un rire enfantin sans raison aucune. Lui-même ne sait plus ce qui pouvait lui passer par la tête, durant ces longues semaines d'apprentissage.

Yves se laisse souvent guider par son instinct de survie, et, une fois l'essentiel accompli, il cesse de réfléchir à ce qu'il fait. Son corps rudement éprouvé lui commande une prudence exagérée. Son impulsion naturelle à foncer droit devant, à braver l'inconnu, s'est évanouie sur un pic enneigé des Alpes. Yves a même cessé d'éprouver le besoin d'être dans les airs. Il cherche plutôt son équilibre sur la terre ferme.

Au mois de mai, le Centre François-Charon consent à lui accorder une sortie d'une heure, un dimanche. Dany et Guy La Roche vont le chercher en voiture. Dany a tellement hâte que son mari puisse retrouver son fils. Elle a plus ou moins fait la paix avec son beau-père depuis qu'Yves a quitté l'hôpital de l'Enfant-Jésus, mais leurs rapports demeurent chargés d'une certaine tension. Sur le chemin du retour, la dispute éclate. Guy La Roche a décidé qu'il emmenait Yves chez lui, où une partie de la parenté l'attend avec curiosité.

— Il faut qu'il revoie les pentes de ski, un paysage familier, explique-t-il.

Dany n'a pas envie qu'on donne son mari en pâture à des oncles, des tantes et des voisins indiscrets qu'elle connaît à peine. Elle proteste énergiquement.

— Ce n'est pas votre bébé, c'est mon mari! Sa place est chez lui, chez nous!

Elle finit par obtenir gain de cause. Pendant le trajet, elle s'efforce de toujours stimuler Yves, lui demandant d'indiquer la route à suivre. Mais il ne se souvient même pas qu'il a une maison au lac Beauport, et qu'il y a emménagé quelques semaines avant son accident. Il se souvient encore moins des rues qui y mènent. Pourtant, lorsque la voiture de Guy s'immobilise en faisant crisser le gravier de l'aire de stationnement, Yves constate que la demeure qui s'offre à ses yeux a un air de déjà-vu. Il en reconnaît vaguement la forme, le vaste patio de bois teint. Il se rappelle enfin que les chambres sont en bas, que l'escalier qui y mène finit juste devant la porte d'entrée. Il se souvient ensuite qu'il en a repeint les murs mais il ne s'en rappelle pas la couleur.

Lorsqu'il y entre, de nouveaux souvenirs viennent se greffer au panorama qui se reconstruit lentement depuis des semaines dans son esprit. Dany lui fait quitter son fauteuil roulant et l'installe par terre, sur une couverture, au milieu du salon, et laisse ensuite le petit Eliott, qui va avoir un an, lui grimper dessus. Yves pleure de joie.

* * *

C'est en feuilletant une revue dans une salle d'attente du Centre François-Charon que Dany réalise à son tour l'ampleur du défi qu'elle et Yves doivent relever. Elle comprend que son mari est entré dans un club très particulier, un monde à part, celui des TCC — les traumatisés cérébro-crâniens.

Il arrive qu'en se retrouvant devant un traumatisé cérébro-crânien certaines personnes ont la fâcheuse impression d'avoir affaire à un handicapé mental. Les moyens d'expression de ces traumatisés et leur comportement induisent facilement en erreur.

Quand on parle de handicap mental, on parle de déficience intellectuelle, de lacunes permanentes qui inhibent le développement normal d'un sujet. Or, les victimes d'un traumatisme cérébro-crânien n'ont rien perdu de leur intelligence. La réalité avec laquelle ils doivent composer se rapproche beaucoup plus de celle des accidentés cérébro-vasculaires. Ils ont certes subi des lésions au cerveau et les séquelles varient selon la région qui a été atteinte. Le comportement en est modifié, et il peut sembler soudain laborieux de se rappeler ce qu'on a appris à faire ou à ne pas faire. Mais en aucun cas l'intelligence de ces rescapés n'est réduite. Elle peut fonctionner d'une manière moins efficace en certaines occasions, mais elle est toujours présente. C'est un peu comme un ordinateur qui serait tombé par terre. S'il est privé de certains systèmes, il ne répondra plus de la même façon, mais il peut demeurer efficace. Certaines fonctions sont momentanément déréglées, et il s'ensuit parfois des hallucinations sensorielles ou des crises d'épilepsie. Fort heureusement, Yves n'a pas eu à souffrir de ces séquelles, ayant été mis sous médication préventive dès son réveil. Mis à part le matin où, inconscient de son incapacité de marcher, il a voulu aller se soulager seul à la salle de bains, il n'a pratiquement subi aucun de ces effets secondaires.

Les séquelles neuropsychologiques avec lesquelles Yves doit apprendre à composer sont de l'ordre de l'organisation, de la planification et de la mémoire à court terme. Son état requiert une concentration parfois exagérée pour exécuter des gestes pourtant élémentaires. Quand il marche, il doit penser à actionner ses jambes vers l'avant, à maintenir son équilibre. On observe aussi chez les TCC une certaine perte du contrôle émotif, et, dans la majorité des cas, le caractère de l'individu change. Il est courant que certains traits de caractère relatifs à la personnalité antérieure à l'accident soient amplifiés. Yves, par exemple, était universellement connu pour son entêtement. Il a toujours mené sa barque sans se soucier de l'avis des autres. Depuis son accident, il se révèle plus têtu que jamais, mais il tire profit de ce trait inné en s'acharnant à sa rééducation. Sa détermination, maintenant exacerbée, va le pousser à accomplir des miracles.

Le 7 mai, cinq mois après l'accident, la physiothérapeute commence l'entraînement à la locomotion à l'aide d'une marchette. Yves a retrouvé la vigueur de ses bras; on lui a posé une orthèse pour favoriser l'extension de sa main traumatisée. On estime qu'il demeurera paralysé à 30 % sur tout le côté droit de son corps, et sur le côté gauche de son visage. Sa main droite est aussi contenue pour l'aider à empêcher ses doigts, qu'il ne contrôle pas suffisamment, de se hérisser constamment. Ce jour-là, en s'accrochant à la marchette, Yves réussit à franchir une distance de quatre mètres. Il faut constamment le stimuler, le rappeler à la concentration. Il a encore de la difficulté à trouver son centre de gravité; même quand il est assis, son équilibre demeure défaillant. On change aussi son fauteuil roulant. Comme la force de ses bras est inégale, il a tendance à slalomer dans les corridors de l'hôpital lorsqu'il y circule.

Yves est maintenant apte à poursuivre des traitements d'une durée de cinquante ou soixante minutes, mais il éprouve encore de sérieuses difficultés de coordination. Le travail en ergothérapie revient donc au premier plan. On lui fait déplacer des cônes, réunir deux par deux les cartes semblables du jeu de mémoire, réagir à des exercices chronométrés à l'ordinateur. Yves est droitier, mais, comme il s'avère impossible de conserver la dominance en raison de la paralysie partielle, il doit réapprendre à écrire de la main gauche. C'est un autre signe que sa vie ne sera plus jamais comme avant. Il ne s'exprimera plus jamais en traçant de belles lettres rondes et bouclées. Son écriture de néo-gaucher est hachée et saccadée. La mémoire à court terme lui fait toujours cruellement défaut. Lorsqu'il se lave, il peut oublier un côté de son visage ou négliger de se rincer adéquatement.

Il commence aussi à prendre des douches, assis sur une planchette adaptée placée en travers de la baignoire.

Quelle que soit la nature des exercices de rééducation qu'il doit suivre, on lui fait répéter les mêmes séquences jour après jour. Il ne se plaint jamais, ni ne s'impatiente, se fâche ou se laisse aller au découragement. Quand il échoue dans l'exécution d'un mouvement pourtant banal, il encaisse de façon stoïque, et recommence silencieusement sans exprimer la moindre saute d'humeur. En fait, il se comporte comme un athlète : son instinct le guide.

De plus, contrairement à beaucoup de patients, Yves ne se contente pas de déployer des efforts durant les séances de thérapie. Il transpose dans ses activités quotidiennes les schèmes de mouvement qu'on lui inculque. Il met en application dans la vie de tous les jours, dans chacun des petits gestes qu'il fait, les principes mécaniques qu'il réapprend. Yves fait preuve d'une force de volonté qui impressionne ses thérapeutes. Il n'a qu'une seule idée en tête : travailler dur, fort et sans relâche pour reconquérir le plus de terrain possible. Il sait qu'il s'entraîne cette fois pour la plus importante des épreuves auxquelles il ait jamais participé : la compétition de la vie.

Six mois après l'accident, Yves célèbre son trente et unième anniversaire. Les progrès qu'il a réalisés s'additionnent. Dès la mi-juin, il n'a plus besoin de surveillance pour faire sa toilette. Il a acquis suffisamment de motricité pour attacher ses chaussures et boutonner ses vêtements sans aide. Ses difficultés persistent au niveau des fonctions cognitives supérieures. Il connaît l'horaire de ses traitements et est capable de s'y rendre seul dans les dédales du Centre François-Charon; par contre, il lui arrive encore souvent d'oublier où il est censé se rendre. Sa mémoire lui joue encore de mauvais tours. Lorsqu'il est laissé seul à l'ordinateur, il oublie parfois d'exécuter des fonctions aussi élémentaires que de mettre l'appareil en marche.

Parallèlement, il améliore sa démarche avec une rapidité saisissante. Aux exercices de physiothérapie, il se déplace maintenant en quadripode. Chaque jour, l'amélioration est minime, mais chaque nouveau pas accompli est un progrès appréciable dans son esprit. En six semaines, il se montre capable de parcourir une distance d'une cinquantaine de mètres en ne s'aidant que d'une simple canne.

Vers la fin de juillet, lorsque l'aspect médical de la réhabilitation physique devient moins crucial, une chargée de séjour, Sylvie Bergeron, entre en scène. Son rôle est de coordonner un plan d'intervention axé sur l'évolution psychologique d'Yves. Sylvie Bergeron est une belle brune au sourire radieux et au regard lumineux. Fine psychologue, elle commence par avoir avec lui des rencontres brèves mais significatives. Elle le confronte immédiatement au comportement que ses proches entretiennent à son égard. Depuis déjà quatre mois, Yves obéit docilement à toutes ses thérapeutes, et il subit l'attitude surprotectrice de sa famille, qui semble ne lui laisser aucune latitude personnelle. On a peur qu'il tombe, on craint qu'il se blesse… Tout le monde cherche à le préserver de tout, à toujours aller au-devant de ses besoins. Sylvie Bergeron se demande comment on peut traiter ainsi un homme qui a été un champion sportif. Pour elle, une telle attitude tient de l'abaissement. Elle décide donc de modifier la donne.

À cette époque, Yves se déplace toujours en fauteuil roulant, même s'il parvient à marcher avec une canne pendant les sessions de physiothérapie. Il a gardé l'habitude quelque peu paresseuse de se promener avec le fauteuil adapté, qu'il fait avancer avec ses pieds, à petits pas. Il y a quelque chose de pathétique à le voir ainsi cheminer péniblement dans les longs couloirs du Centre, lorsqu'il n'est tout simplement pas conduit par quelqu'un. Lors de l'une des premières rencontres, Sylvie Bergeron décide de mettre Yves face à cette réalité. Elle devine son orgueil, et, ne le considérant pas comme un patient ordinaire — ses progrès phénoménaux en thérapie en témoignent —, elle opte pour le traitement de choc. Lorsque Yves se présente à son bureau en chaise roulante, elle l'apostrophe :

— Qu'est-ce que tu fais dans une chaise roulante? Tu es maintenant capable de marcher mais tu restes bien assis, confortablement, dans ton fauteuil roulant. Vas-tu passer ta vie à te laisser pousser par les autres?

Yves est piqué au vif. Il reste bouche bée quelques instants et arrondit ses yeux verts pour fixer Sylvie avec défiance, puis quitte le bureau sans lui adresser la moindre parole. En son for intérieur, Sylvie est convaincue qu'elle a pressé le bon bouton.

Yves passe le reste de la journée à ruminer l'affront qu'il a subi. Le lendemain matin, il se réveille avec la même idée fixe : il va montrer à cette chargée de séjour de quel bois il se chauffe. Il s'excite, retrouvant, toute vibrante, cette volonté d'acier qui l'a déjà conduit aux plus hauts sommets. Si seulement son corps voulait obéir à son cerveau!

Après avoir fait sa toilette en tâtonnant, il s'avance cahin-caha vers la porte, avec sa démarche spasmodique de nouveau-né, brusque et incertaine, et passe la tête dans l'entrebâillement pour observer le poste de garde, situé juste en face. Il est huit heures, et, comme c'est le moment de la relève, les membres du personnel hospitalier sont affairés à fermer des dossiers ou bien à prendre connaissance des tâches qui les attendent avant de commencer leur quart de travail. La situation est propice pour qu'Yves mette son plan à exécution. Il n'a pas le droit de circuler seul sans surveillance, mais il est certain qu'il peut se faufiler sans qu'on se rende compte de son absence.

Sans sa canne et sans aucune autre aide, Yves quitte sa chambre et gagne en catimini le grand corridor central qui donne accès aux autres secteurs du Centre. Le bureau de Sylvie Bergeron est complètement à l'autre bout de l'imposante bâtisse, mais rien ne va arrêter Yves. Ses pas sont lents, son équilibre, souvent précaire, mais il sent monter en lui le flux d'adrénaline qui naguère l'inondait lorsqu'il s'acharnait de tout son entêtement à vaincre un obstacle.

Une fois le poste de garde contourné, il commence à déambuler dans le large corridor. Pourvu que personne ne le voie et ne l'intercepte! Il marche encore une dizaine de mètres. Deux ou trois fois, il doit chercher un point d'appui, par peur de tomber. Il entend son souffle devenir bruyant. Il aperçoit au loin une infirmière de sa section qui approche. Peut-être se rend-elle à sa chambre. «Elle va me voir! Elle va me reconnaître!» se dit Yves, paniqué. Il parvient tout juste à s'engouffrer dans l'antichambre d'une salle de traitements, le temps de la laisser passer. Le dos appuyé contre la porte refermée, il pousse un long soupir.

Ressorti de l'antichambre, il reprend sa marche, longeant les corridors, rasant les murs, évitant soigneusement de croiser toute personne susceptible de deviner son escapade. Il traverse l'aire d'accueil du Centre, où d'autres patients circulent en fauteuil roulant, et tire avantage de chaque îlot de plantes artificielles, de chaque rangée de chaises, pour se cacher. Il sent la sueur qui perle sur son front et qui inonde ses yeux et son visage. Il consulte sa montre. Voilà bien une demi-heure qu'il s'est sauvé. Il craint maintenant que quelqu'un se soit aperçu de son absence.

Il poursuit son chemin en direction du bureau de Sylvie Bergeron. Il va lui montrer ce qu'il peut réaliser. «Elle va en faire une tête!» se dit-il. Son audace le galvanise au point qu'il ne ressent même plus les élancements qui se sont mis à lacérer toute l'articulation de sa hanche droite à mi-parcours. Il finit par atteindre la section B, où se trouve le bureau de Sylvie. «Encore un peu de courage, murmure-t-il en ahanant. C'est là, la troisième porte...» Yves n'en peut plus, il entend dans ses oreilles son cœur qui caracole. «Encore un dernier effort. Voilà la porte de son bureau.» Il s'efforce de se tenir le plus droit possible et frappe plusieurs coups répétés.

Sylvie vient ouvrir, et l'accueille avec un visage stupéfait où apparaît une pointe de satisfaction. C'est assez pour faire oublier à Yves l'exténuante épreuve qu'il vient de s'infliger. Toute sa fatigue se dissout en un vaste sourire. Encore une fois, comme avant son accident, il sort grand vainqueur d'une compétition où il a tout donné dans le seul but de se surpasser.

22

Au Centre François-Charon

Le rôle de Sylvie Bergeron ne se limite pas à la supervision des progrès accomplis par Yves La Roche. Comme travailleuse sociale, elle apporte aussi du soutien à la famille immédiate, et surtout à Dany. Avec l'accord du principal intéressé, elle doit beaucoup insister pour regrouper les membres de la famille La Roche désireux de s'impliquer dans le cheminement d'Yves. La famille l'accueille courtoisement, mais non sans une certaine méfiance. Durant les premières réunions qu'elle organise, elle comprend qu'ils sont confrontés à leurs propres perceptions du problème d'Yves et les sent sur la défensive.

De son côté, stimulé par le défi de la «compétition de la vie», Yves est redevenu farouchement indépendant, et plus entêté que jamais. Des spécialistes lui ont prédit une vie neurovégétative, des thérapeutes ont cru qu'il passerait le reste de ses jours dans un fauteuil roulant. La détermination dont il fait preuve les fait tous mentir. Il veut maintenant aller plus loin et retrouver toute son autonomie.

Mais l'attitude surprotectrice de sa famille, de ses parents surtout, freine toujours ses progrès. Suzanne La Roche tient son rôle de mère avec une joie retrouvée. Elle le dorlote, découpe ses repas en petites bouchées. Yves se rend bien compte que sa mère en fait trop, mais il n'a pas la force de le lui dire, pour ne pas la peiner. Partout autour de lui, il sent qu'on prévient ses désirs, qu'on lui évite toute initiative. Il n'y a que Dany qui ne le traite pas comme un infirme. Dany qui fait preuve d'un courage exemplaire, qui continue de travailler à son salon de coiffure, qui s'occupe d'Eliott, qui visite Yves avec régularité, qui organise ses sorties du dimanche.

Quand on sait qu'Yves a passé presque toute sa vie en solitaire, on peut comprendre combien il lui est maintenant difficile de s'affirmer et de reprendre sa place au sein de sa famille.

Yves n'est pas homme à accorder sa confiance facilement. Obéir aux thérapeutes n'était pas ardu; il y voyait d'abord et avant tout un moyen de réaliser sa rééducation physique. Sur le plan personnel, il demeure renfermé, très secret, ne s'ouvrant à peu près jamais aux autres spécialistes qui le soignent, y compris le psychologue et le neuropsychologue du Centre. Il ne se mêle pas aux autres patients et ne participe à presque aucune activité collective. À l'occasion, il dîne plutôt avec ses thérapeutes, à la cafétéria. Il a une façon si attachante de gagner leur attention que certaines le prennent en amitié.

Sylvie Bergeron est celle en qui Yves décide de mettre toute sa confiance. Elle sait comment le prendre et Yves aime sa façon d'intervenir. Elle est dynamique, et trouve rapidement le langage qui éveille l'intérêt d'Yves. Pour parvenir à motiver son patient vers les objectifs qu'elle veut lui proposer, elle fait un parallèle avec le ski. Comme Yves ne parle toujours pas beaucoup, elle doit l'interroger abondamment avant de choisir les métaphores qui vont lui délier la langue.

Lorsqu'il était sauteur acrobatique, comment faisait-il pour dépasser ses limites? Comment s'y prenait-il pour surmonter un obstacle? Comment parvenait-il à réussir un saut exigeant? Quand on parle de ski, tous les sens d'Yves, subitement, sont de nouveau aiguisés.

— Je visualisais mon saut dans ma tête, je préparais toutes les étapes, et je programmais mon mental, explique-t-il âprement, content de montrer que là-dessus, il n'a rien perdu.

— Aujourd'hui, l'obstacle que tu veux surmonter, c'est la difficulté à marcher. Peux-tu appliquer les mêmes méthodes à ce défi-là? lui demande Sylvie.

Yves comprend en un éclair; le jour même, il imprime à ses exercices de marche la même méthode qu'il utilisait autrefois pour concevoir ses sauts spectaculaires. Il visualise le chemin qu'il veut parcourir, programme chacune des étapes dans son muscle mental, et repasse dans sa tête le film du mouvement à accomplir. Quelques jours suffisent pour qu'il puisse circuler sur ses jambes sans aucun appareil. Il est fier, et veut tenter de nouvelles expériences. Toujours en suivant son approche concrète, Sylvie accompagne Yves de plus en plus souvent chez lui, où il peut effectuer ses exercices d'articulation devant un miroir, dans le confort de son domicile, plutôt qu'entre les quatre murs aveugles d'un petit bureau du Centre. C'est aussi une façon de préparer sa réinsertion dans son foyer, ce à quoi aspire également Dany.

* * *

Yves n'a jamais été vaniteux; il a rarement gaspillé son temps à se regarder dans un miroir. Mais désormais il évite soigneusement de regarder son visage dans une glace. Son œil droit est toujours arrondi comme une pleine lune, et il voit les commissures de sa bouche étirées vers le bas sur son côté gauche. Même quand il se tient droit, sa posture a quelque chose de contracté. Il n'en parle jamais, mais il en souffre certainement.

Sylvie devine bien qu'Yves a de la difficulté à accepter sa nouvelle image. Elle juge préférable de le confronter à la réalité, d'autant plus qu'il a prouvé qu'il n'aimait pas les approches trop psychologiques. Sportif jusqu'au bout des ongles, il préfère l'action, la vision globale, aussi l'approche concrète lui réussit-elle mieux.

Sylvie l'entraîne à sortir du Centre pour traverser le boulevard Hamel et se rendre au centre commercial Place Fleur-de-Lys, situé juste en face. Elle le plonge constamment dans des situations où il est amené à prendre conscience de ses limites réelles et forcé de trouver le moyen de réaliser ce qu'il veut faire.

Quand ils marchent ensemble en direction du boulevard Hamel, si Yves perd l'équilibre, Sylvie n'essaie pas de le retenir. Elle l'encourage plutôt à se relever. Yves se tait et la regarde d'un œil déterminé, l'air de dire : «Attends, je vais l'avoir!» L'expérience se prolonge ensuite dans la galerie commerciale. Sylvie l'envoie faire la queue devant le comptoir de restauration rapide, lui fait prendre un plateau, commander son repas, franchir certains petits obstacles, puis s'installer dans l'aire de restauration, où il peut enfin s'asseoir et manger son hamburger et ses frites.

Depuis qu'il est arrivé, il y a des têtes qui se tournent. Il faut qu'il réapprenne à composer avec la reconnaissance publique, et, dans certains cas malheureux, avec la curiosité qui anime les gens à la vue d'une personne atteinte d'un handicap. Celui d'Yves est encore fort visible : les traits de son visage demeurent asymétriques, les doigts de sa main droite sont constamment dressés, et sa démarche est claudicante. En général, les gens qui le reconnaissent sont gentils. Ils constatent qu'il prend du mieux, saluent sa détermination, l'encouragent à ne pas lâcher. Il y a aussi des passants qui oublient de baisser le ton en commentant son allure :

— Mon Dieu ! Il est pas mal plus amoché que je ne pensais !

Si parfois la chose l'affecte au début, Yves apprend vite à ne pas en tenir compte. Avec une indifférence qui peut parfois passer pour de l'arrogance, il fait celui qui ne voit rien, n'entend rien.

Pendant qu'il mange, Sylvie lui rappelle qu'il doit faire travailler son bras gauche, l'oblige à soigner son maintien, à mastiquer silencieusement. Elle agit avec douceur, pour que chaque sortie d'Yves soit bénéfique à sa rééducation. Beaucoup d'autres expériences ont lieu chez lui, rue de la Sapinière. Sous la supervision de Sylvie, Yves parvient à réaliser une recette de cuisine simple. C'est à ce stade cognitif que les écueils sont encore nombreux. En raison de ses difficultés organisationnelles et de la faiblesse de sa mémoire à court terme, l'exécution du repas est encore laborieuse.

Il a beau relire la recette quatre ou cinq fois, dès qu'il se déplace pour aller chercher le premier ingrédient nécessaire, il doit revenir au livre de recettes pour relire la quantité requise. Il a de la difficulté à enregistrer les informations. Sylvie l'encourage doucement lorsqu'elle sent que la frustration prend le pas sur sa concentration.

Vers la fin de l'été, les progrès accomplis sont impressionnants. Yves peut assurer ses déplacements, dresser la table, laver la vaisselle, réussir de petites recettes, mais il a constamment besoin de stimuli pour ne rien oublier. De plus, son côté droit se fatigue vite. Sur le plan mental, il faut lui inculquer l'habitude de prendre des notes, d'écrire son horaire, car, même avec la routine, il peut oublier des choses importantes. Associant ces lacunes à un handicap mental, il refuse de reconnaître certaines de ses limites, soit par insouciance, soit par déni. En certaines occasions, il ne semble pas vouloir admettre certains déficits fonctionnels, surtout lorsqu'il s'agit de sa mémoire ou de sa capacité d'exécuter des tâches plus intellectuelles. Aux tests de lecture, il ne retient environ que 40 % de ce qu'il vient de lire. Même dans la communication verbale, Yves ne retient pas toujours les éléments qui ont été exprimés, surtout lorsqu'il est fatigué. Il prétend toujours que ce n'est pas important.

Tout au long de l'été, il effectue aussi quelques sorties publiques. Il n'était pas là en juin pour assister au cocktail-bénéfice organisé par la fondation Yves-La Roche au restaurant *Le Batifol*, à Lac-Beauport, sous la présidence d'honneur du député de Chauveau, Rémy Poulin. L'événement, qui a pour point culminant la vente aux enchères d'une sérigraphie de Stanley Cosgrove au profit de la fondation, a permis de recueillir un peu plus de cinq mille dollars. Il effectue néanmoins de brèves apparitions à deux tournois de golf qui sont organisés au profit de la fondation, le premier par Alain Testu, alors époux de Lucie La Roche, et le second à Saint-Agapit, commandité par la station radiophonique CHIK-FM, de Québec.

En août, il se rend aussi à Sherbrooke, pour assister au mariage de son ami Jean-Marc Rozon. Yves prépare alors un coup d'éclat comme il les aime. Dany lui a souvent raconté la visite que Jean-Marc lui avait faite en janvier, alors qu'il était toujours dans le coma. La médaille qu'il lui avait mise autour du cou en lui faisant promettre de la lui rapporter sur ses deux pieds.

Après la cérémonie, au moment où le repas de noces est sur le point de commencer et que les mariés sont encore debout, bourlinguant d'une table à l'autre, saluant et remerciant les convives, Yves se lève de son siège et s'avance lentement vers Jean-Marc. Comme sa démarche claudicante attire déjà l'attention, les éclats de voix font place aux chuchotements, et Jean-Marc a juste le temps de se retourner pour voir Yves qui, arrivé à sa hauteur, lui tend sa médaille à bout de bras. Après un moment d'hébétude, Rozon s'avance vers Yves et l'étreint de toutes ses forces. Il est assez rare que l'on voie un marié pleurer le jour de ses noces, mais, ce jour-là, Jean-Marc Rozon laisse des larmes de joie rouler sur son visage.

* * *

Lors de son évaluation de la mi-septembre, on juge qu'Yves est prêt à retourner vivre chez lui. Il continuera à suivre des traitements en clinique externe au Centre François-Charon. Une date est fixée : le dimanche 23 septembre 1990. Pour Dany, c'est une date importante : elle est même prête à oublier son anniversaire pour qu'Yves soit le héros de la journée.

23

Retour à la maison

Un accident comme celui auquel Yves a survécu engendre toujours une dépression majeure, une étape de deuil incontournable, qui touche non seulement la victime du drame, mais aussi la conjointe et la famille immédiate, qui doivent également affronter les bouleversements qui en découlent.

Ce deuil a toujours été tabou chez les La Roche. Tous les membres de cette famille ont toujours eu l'instinct de défier leurs limites, et les préoccupations d'ordre émotif ont le plus souvent été évacuées. Guy La Roche ne rate pas une occasion de réaffirmer que les La Roche ne sont pas des mauviettes.

— Des jambes cassées, on est habitués à ça! aime-t-il clamer à la ronde.

Mais ce que vit Yves intérieurement durant ces longs mois de réhabilitation, personne ne peut le comprendre. Bien souvent, des gestes issus des meilleures intentions se transforment en maladresses.

Faut-il attribuer à son immense force de caractère l'aisance avec laquelle Yves a traversé sa phase de deuil? À l'automne 1990, il peut passer des après-midi entières à visionner des vidéocassettes où sont immortalisés certains de ses exploits. Au début, c'est par réflexe qu'il veut les revoir, pour se faire plaisir, et aussi pour évaluer les dommages que l'accident a pu causer à sa mémoire. Il s'oublie ainsi pendant des heures, comme si le fait de revivre des instants de gloire maintenant à jamais inaccessibles couvrait d'un peu de baume ses accès de mélancolie. Mais avec la rage qui l'anime de retrouver ses moyens, Yves ne s'apitoie pas très longtemps.

Plus tard, il prend un sincère plaisir à montrer ses vidéos de ski à Sylvie Bergeron. Il lui explique ses sauts — «comme c'était beau, extraordinaire!» — avec une nostalgie à peine camouflée. Il veut que ceux qui l'entourent maintenant sachent comment il était avant l'accident, et la façon qu'il a de rayonner durant ces séances de visionnement donne à penser qu'il rêve de refaire des sauts.

Mais jamais Yves ne peut partager ce genre d'émotions avec sa famille. Il y a Dany qui l'aime toujours et qui essaie de le comprendre. Elle agit avec lui comme si rien n'était changé. Elle souhaite plus que tout pouvoir reprendre la vie avec lui là où elle s'est arrêtée il y a neuf mois. Mais les semaines qui passent érodent son optimisme. Comment croire que tout redeviendra comme avant?

Quelques jours avant la sortie d'Yves, une réunion organisée par le personnel du Centre réunit certains membres de la famille immédiate. Philippe La Roche et Dany s'y rendent dans la même voiture. Après la rencontre, Dany et Philippe retournent au parc de stationnement, émus, chavirés par les perspectives auxquelles on vient de les préparer. En véritable La Roche, Philippe ne s'est jusqu'à maintenant jamais répandu en épanchements émotifs. Un lourd silence pèse sur Dany et son beau-frère. Une fois dans l'automobile, Philippe agrippe le bras de Dany au moment où elle insère la clef dans le démarreur. Il vient de comprendre que son frère ne sera plus jamais comme avant et il se sent épouvantablement malheureux.

— Je m'ennuie tellement de mon frère! crache-t-il avant d'éclater en sanglots.

Dany le prend dans ses bras. Philippe hoquète encore :

— Si je peux faire quelque chose pour toi, pour Eliott...

Dany n'a encore jamais vu un La Roche se laisser aller à exprimer ses émotions. Elle-même a besoin de tout son courage pour ne pas craquer. Elle s'accroche à l'espoir que la vie sera moins rude une fois qu'Yves sera revenu à la maison.

Hélas! Dès l'arrivée d'Yves chez lui, les choses se gâtent. La présence d'Eliott ajoute au problème. Sa naissance pourtant désirée avait déjà provoqué une prise de conscience profonde chez Yves et Dany. Ils avaient toujours vécu au jour le jour, un peu comme deux grands adolescents, se tenant en groupe, voyageant beaucoup, participant à des fêtes fastueuses sans trop se préoccuper du lendemain.

Yves a peine à réaliser qu'il est le papa de ce petit bébé braillard et agité. Il ne comprend rien au rôle qu'on attend de lui. L'apprentissage est davantage difficile parce que Yves n'a pas d'acquis antérieurs, de références personnelles sur la tâche qui dorénavant lui incombe. Il ne s'est jamais occupé d'un bébé, il n'a jamais tenu maison.

Le retour d'Yves permet à Dany d'aller travailler un peu plus souvent au salon de coiffure, ce qui allège un peu leur budget, largement grevé par les frais de gardienne depuis l'accident. Les revenus de la fondation, que le cousin Yvon Robitaille administre avec parcimonie, sont d'un réel secours. Yves peut aussi recourir au petit coussin financier que l'ami fidèle Dominique Gstalder a déposé dans son compte suisse, avec les hommages de Marlboro.

Sous la supervision de Sylvie Bergeron, Yves teste ses capacités : il doit être capable d'accomplir trois ou quatre tâches ménagères — faire la vaisselle, le ménage, préparer un repas simple — tout en surveillant les jeux d'Eliott. Sylvie s'assure ainsi qu'Yves met en pratique tout ce qu'il a appris durant sa rééducation.

Mais Eliott, à quinze mois, est un bébé qui exige beaucoup. L'enfant est très intelligent mais turbulent, et il réclame énormément d'attention. Sans aucun doute ressent-il le stress et l'incohérence qui règnent dans le quotidien de ses parents. De plus, il éprouve de la jalousie à l'arrivée de ce «nouveau petit frère». Il tire les cheveux d'Yves, sépare ses parents lorsqu'ils s'embrassent, pour pouvoir déposer un bécot sur les lèvres de sa maman. Yves se révèle vite intolérant devant les crises du petit. Il est incapable de satisfaire ses besoins. Quand Eliott crie, Yves crie aussi, des «non!», des «je ne veux pas!» retentissants; c'est tout ce qui lui vient à l'esprit, son vocabulaire étant encore limité. On dirait, à les voir, deux bébés qui se disputent dans un parc. Eliott a aussi compris qu'en criant assez longtemps il finit par obtenir tout ce qu'il veut. Pour le faire taire, Yves prend l'habitude de lui donner un biberon : un système qui va durer des années.

Yves est dépassé par les événements. Le rôle de père, auquel il est si mal préparé, est une responsabilité de plus, une responsabilité de trop dans son quotidien déjà chargé d'apprentissages à la fois exigeants et frustrants. Lorsqu'il fait une lessive, il peut laisser le linge dans la laveuse automatique pendant des heures. Il omet d'habiller le petit lorsqu'il le sort. Parce qu'il a encore des troubles de la préhension, il est parfois plus lent qu'Eliott, qui profite de son agilité. Quand se répètent les collisions verbales avec son fils et que tous deux crient à qui mieux mieux, Yves réalise l'absurdité de la situation et se réfugie dans la salle de bains où, désespéré, il se frappe la tête contre les murs jusqu'à ce que son front rougisse.

Il ne comprend pas ce qui ne va pas. Il n'arrive pas à saisir la raison pour laquelle il ne réagit pas comme il avait jadis l'habitude de le faire machinalement. Il a beau savoir qu'il doit apprendre à tenir les objets différemment, il lui arrive encore trop souvent d'échouer, d'échapper ce qu'il tient à la main. Il se lance des «vas-y, La Roche, tu es capable!» à haute voix, mais quand il n'arrive pas à effectuer des actions pourtant si simples et si routinières, il se laisse sombrer dans le découragement. Pourquoi faire tant d'efforts, s'engager dans un tel défi pour accomplir des actes qui autrefois s'effectuaient tout seuls? C'est ce sentiment d'impuissance, cette impression d'avoir tout gâché, sa vie et celles de Dany et d'Eliott, qui l'ulcère et le porte à exprimer son accablement en se frappant la tête sur les murs.

Pour Dany, ce n'est pas plus facile. Elle doit s'occuper maintenant de deux enfants, en quelque sorte, et elle se sent encore plus seule. Rapidement, elle devient surmenée, épuisée, émotionnellement vidée.

Elle se rend définitivement compte que l'Yves qui est revenu vivre avec elle n'est pas celui d'autrefois. On le lui a prédit, elle s'y est préparée, mais elle n'arrive toujours pas à considérer son mari autrement que comme un étranger et sa déception lui donne des vertiges.

Peu de temps après le retour à la maison, le couple tente de renouer avec un ancien rituel qui remonte à l'époque de leurs fréquentations, au début des années 80. Ils allumaient alors tout autour de la baignoire des chandelles de différentes grosseurs et prenaient leur bain, avant de faire l'amour. Dany a donc l'idée de leur faire couler un bain et de tenter de vivre, pour la première fois depuis l'accident, un intermède romantique.

En fredonnant une chanson d'Elton John pour dissiper sa nervosité, elle dispose des bougies un peu partout dans la salle de bains, où l'eau cascade sur les huiles essentielles qu'elle a déposées dans la baignoire. Puis, après avoir inséré dans le lecteur de disques une musique de circonstance, elle invite Yves à se déshabiller et à la rejoindre dans le bain.

Ils sont un peu gauches, se félicitent de pouvoir recréer une atmosphère si chère et si significative pour eux. Ils se regardent, mais ne savent pas quoi dire. Yves finit par se risquer.

— C'est terrible, ce qui nous est arrivé.

Dany a le cœur gros et retient vaillamment les sanglots qui s'accumulent dans sa gorge. Ils se regardent en silence, puis tous deux se mettent à pleurer. C'est plus fort qu'eux. Cela les soulage, les libère de toute la tension qui s'était créée autour de ce moment tellement attendu. Ils ont peur de faire l'amour, que cela ne marche plus, que la magie ait disparu.

Ils se retrouvent dans la chambre à coucher. Yves l'enlace tout en essayant de dissimuler ses handicaps physiques, ses maladresses. Après qu'ils ont, tant bien que mal, fait l'amour, Dany est triste. Même si les fonctions biologiques de son mari ont été au rendez-vous, il n'est plus le même homme. Son âme n'est plus la même. Dany a eu l'impression de faire l'amour à son enfant. Yves sait qu'il a aussi l'esprit ailleurs, la réhabilitation occupe toutes ses pensées, et il ne ressent plus le désir sexuel de la même façon.

L'amère déception engendrée par l'expérience jette la grisaille dans leur vie pendant plusieurs jours. Dany ne sait pas comment expliquer à Yves qu'il a changé. Sa peau n'a plus la même odeur, ce n'est plus le même homme. Elle est persuadée que, le jour de décembre 1989 où les médecins de Grenoble ont percé un trou dans sa boîte crânienne, l'essence même d'Yves s'est échappée. «Mon Yves est mort», se répète-t-elle souvent.

Elle se drape dans le silence, le temps de se rendre à l'évidence. Quelques jours plus tard, elle annonce à Yves qu'elle préfère désormais dormir seule.

24

Boulevard des Rêves-Brisés

Au début de 1991, Dany et Yves commencent à dériver lentement chacun de leur côté. Pour Dany, l'épreuve est devenue trop lourde. Depuis quelques semaines, Yves a été admis au module psychosocial qui doit servir de tremplin à sa réintégration sociale. On l'y oriente professionnellement tout en offrant du soutien à sa conjointe. Comme Yves est plutôt occupé à réaliser sa réinsertion dans le domicile familial, c'est vers Dany que Sylvie Bergeron se tourne prioritairement. Elles discutent des enjeux conjugal, parental et financier de la situation. Dany reçoit l'aide de la chargée de séjour comme une bouffée d'air frais et éprouve envers elle une confiance grandissante. Sylvie connaît les statistiques : 90 % des couples vivant une telle situation finissent par se séparer. Elle doit ménager la chèvre et le chou, et son rôle n'est pas d'empêcher leur séparation si elle doit se produire.

Mais, à certains moments, la détresse de Dany devient toute personnelle. Sylvie est forcée de réévaluer son engagement auprès du couple le jour où Dany entre dans son bureau en pleurant.

— Le gars que j'ai marié est mort ! Je vis avec un autre homme et cet homme-là, je ne suis pas sûre que je l'aime !

Le deuil que doit vivre Dany est forcément cruel. Elle a tout perdu : l'homme avec qui elle a partagé dix ans de sa vie, sa gloire de champion du monde, un statut social enviable, une vie de plaisirs sans entraves. Le renoncement à sa vision idéalisée de ce qu'Yves était — et n'est plus — l'entraîne dans une spirale de colère, de refus. Yves a beau être gentil pour elle, elle a besoin d'une aide extérieure. Même Yves s'en rend compte. Parfois, c'est lui qui appelle Sylvie au Centre, pour solliciter un coup de main.

— Viens aider Dany, murmure-t-il. Ça ne va pas, aujourd'hui.

En février, Sylvie se résout à offrir un soutien psychologique à Dany en l'adressant à un autre thérapeute, afin ne pas entrer en conflit avec le travail qu'elle fait avec Yves.

Les traitements de physiothérapie en clinique externe prennent fin vers la même époque. On recommande à Yves de poursuivre les exercices à domicile, de s'appliquer à bien observer ses techniques de marche, et de continuer à s'entraîner avec les appareils du Nautilus. On lui suggère aussi des activités valorisantes, comme les travaux manuels, pour lesquels une propension naturelle a été identifiée à l'occasion de tests menés par le Laboratoire d'évaluation en activité physique adaptée. En atelier, il crée un petit cheval de bois, fort réussi, pour Eliott. Sa santé est meilleure, la quantité de médicaments qu'il absorbe va diminuant; il prend surtout du phénobarbital, pour apaiser les persistantes myoclonies focales, les contractions musculaires qu'il ressent encore de temps à autre comme des chocs électriques dans ses membres.

Comme Yves réapprend maintenant à expérimenter la vie domestique, Sylvie Bergeron introduit une éducatrice spécialisée dans son encadrement. Une autre Sylvie, Sylvie Hamel, vient seconder Yves dans sa réintégration sociale. Elle l'aide à développer des moyens compensatoires pour redevenir fonctionnel dans ses habitudes de vie, et à planifier ses activités au maximum pour combler ses déficits de mémoire.

L'une de ses premières interventions auprès d'Yves a lieu à l'occasion de la Saint-Valentin. Même si Dany et lui font chambre à part depuis quelques mois, Yves est persuadé que la situation n'est que temporaire, que Dany va lui revenir, et que tout va recommencer comme avant. Pour lui la question ne se pose même pas. Il est encore trop préoccupé par sa réhabilitation pour se rendre compte que Dany s'est déjà détachée de lui. Leur amours se sont toujours déroulées comme un conte de fées, comme un film romantique. Yves voit dans la Saint-Valentin une excellente occasion de raviver la flamme.

Il a encore besoin d'être accompagné pour effectuer des courses. La dernière fois qu'il a voulu accomplir un voyage tout seul, il a vécu une véritable odyssée. Ce jour-là, Sylvie Hamel avait accepté de le laisser se rendre seul au Centre François-Charon en autobus. Yves a mis presque deux heures pour franchir à pied le kilomètre qui le séparait de l'arrêt situé devant le petit centre commercial local, boulevard du Lac. Puis, lorsque l'autobus est arrivé, l'aventure a vite tourné au cauchemar. Yves avait oublié le tarif pour son passage, il n'avait pas la monnaie exacte exigée par le chauffeur, et il a dû redescendre du véhicule parce qu'il n'avait qu'un billet de cinq dollars sur lui. Il n'allait quand même pas payer trois fois le prix du billet.

Il n'est donc plus question de le laisser sortir seul pour faire des emplettes. Sylvie Hamel l'accompagne alors dans son équipée du jour. Connaissant les goûts particuliers de Dany, Yves tient mordicus à fouiller les boutiques de la Place Fleur-de-Lys pour dénicher la plus belle carte de la Saint-Valentin. Il a tout prévu : un budget pour acheter une carte, une rose rouge, et le prix d'une course en taxi pour aller déposer le tout à l'atelier de coiffure où Dany passe l'après-midi.

Yves se sent fébrile, il vit toute une aventure. Sylvie Hamel trouve touchant de le voir ainsi foncer, se dépasser, dans le but de faire un geste admirable et démontrer tout l'amour qu'il ressent pour son épouse. C'est une grande preuve de son désir de recouvrer son autonomie. Tout l'après-midi, son visage s'illumine devant les bijoux, les cadeaux qu'il n'a pas les moyens d'offrir à Dany. Chez le fleuriste, il inspecte pratiquement chacune des roses présentes dans la boutique avant de choisir celle qu'il va apporter à Dany. Il a toujours accordé beaucoup d'importance aux fleurs; il en dessine sur ses lettres d'amour, il en apporte à toutes les femmes qu'il aime, amies, conjointe ou partenaires.

Yves est on ne peut plus fier de lui lorsqu'il arrive au salon de coiffure. Dany accepte la rose et la carte de vœux avec une effusion feinte, car elle sait déjà que tout est terminé entre elle et lui. Yves a dû se rendre compte que le courant ne passe plus comme autrefois entre eux, mais il refuse de reconnaître cette nouvelle réalité. Il persiste dans ce refus inconscient de reconnaître le fossé qui se creuse entre Dany et lui. Au cours des semaines qui suivent, il lui apporte fréquemment des bouquets, comme un éternel soupirant.

Cette réalité qu'il persiste à occulter le rattrape bien assez vite. Un incident va lui ouvrir les yeux. Comme il est toujours à la recherche de nouvelles activités pour éprouver ses facultés retrouvées, il décide, un après-midi de printemps, de faire le ménage de la voiture de Dany et de la laver. Après avoir épousseté le tableau de bord et frotté les banquettes, il ouvre la boîte à gants pour y mettre de l'ordre et y trouve des pilules anticonceptionnelles. Il ne comprend pas. Comme Dany et lui font chambre à part depuis plusieurs mois déjà, il s'étonne de leur présence. Puis l'idée fait son chemin dans les méandres troublés de sa pensée. Cela signifie donc que Dany a recommencé à faire l'amour... mais pas avec lui.

Yves décide de taire sa découverte, mais il doit finalement admettre que tout est bien fini avec Dany. Il en est chagriné car justement, il sait depuis quelque temps qu'il a retrouvé tous ses moyens et il ressent de nouveau l'appétit sexuel.

À mesure que les jours passent, il observe Dany, et pourtant rien ne lui laisse croire qu'elle mène une double vie. Mais, en dépit de ses petites attentions qu'il sait encore maladroites, il voit bien que sa femme demeure inapprochable, et qu'elle a dressé entre eux une sorte de barrière invisible.

Tout à coup, un soir, Dany lui annonce qu'elle le quitte. Elle n'en peut plus. «Mon Yves est mort», répète-t-elle. Elle ne sent plus l'union de leurs âmes.

Elle a besoin de l'épaule de quelqu'un d'autre pour s'y appuyer à son tour.

Aucune dispute n'éclate; le départ de Dany est négocié dans le plus grand respect mutuel. Yves se voit forcé de la laisser partir. À la fin de juin, elle reprend l'un des logements de l'immeuble de la rue de la Canardière, au-dessus du salon de coiffure, et y apporte une bonne partie des meubles. Yves l'aide même à emménager.

— C'est mieux comme ça, explique-t-elle à Yves. Tu es maintenant comme mon frère, je suis ta sœur, je ne te laisserai pas tomber. Tu seras toujours mon enfant dans mon cœur. Tu es maintenant capable de continuer seul. Lorsque tu as commencé ta rééducation, tu étais comme un petit bébé. Maintenant, tu arrives à l'adolescence. Continue, et, surtout, trouve ton identité face à ta famille.

Car ce que Dany veut fuir, c'est également le clan La Roche. Elle est lasse des disputes qui l'opposent continuellement à la famille d'Yves. Avec certains de ses beaux-frères, la guerre est même ouverte. Yves a en effet perdu sa place au sein du clan, et Dany, par conséquent, la sienne.

Il est vrai qu'Yves est étouffé par les incessantes attentions de sa mère, les fruits qu'elle lui apporte et qu'il déteste, les «mets ta tuque pour pas geler de la tête» qu'elle lui lance chaque fois qu'il sort de la maison. Les idées de Dany sur la façon de composer avec un homme atteint d'un traumatisme cérébro-crânien sont diamétralement opposées à celles de sa belle-famille.

Car, aussi, Dany n'en peut plus des incursions de son beau-père dans leur vie de couple. Elle le surnomme «le Dictateur». Quand Yves a manifesté l'intention de faire de la bicyclette, Guy La Roche a commandé un tricycle adapté pour les personnes âgées, mais Yves n'a rien voulu entendre.

— Je ne suis pas niaiseux, papa... Je suis capable!

Et il attend d'être seul pour défier tout le monde. Il appelle son ami François Ampleman pour qu'il vienne le surveiller pendant qu'il essaie son vieux vélo dans la rue de la Sapinière.

Quand Dany a eu besoin de changer de voiture, Guy s'est aussi opposé au fait qu'elle veuille une conduite manuelle, ce qui serait plus difficile pour Yves si jamais il retrouvait la capacité de conduire.

Yves s'aperçoit qu'il est souvent coincé entre sa famille et Dany, et il n'arrive pas à s'affirmer, à imposer ses volontés. Au cours des rencontres d'évaluation qui se succèdent au Centre François-Charon, il ne parle que de ses progrès physiques et avec un enthousiasme hyperpositif. Sur le plan de sa vie privée, il ne se confie qu'à Sylvie Bergeron, et elle est sa meilleure conseillère. Il la consulte avant toute décision importante. Sylvie est, avec Dany, la seule personne qui lui dit les choses comme elles sont, sans détour. Peu après le départ de Dany, Yves implore Sylvie de l'aider à reprendre sa place parmi les siens.

Il veut une discussion ouverte avec sa famille, car il juge que le moment est venu de faire une mise au point. Sylvie Bergeron téléphone aux membres de la famille La Roche avec qui elle maintient les meilleurs contacts. Certains membres de la famille craignent que l'expérience ne soit pénible, et, plutôt que de les rassembler dans une salle de réunion du Centre François-Charon, Sylvie se rend à l'idée de Guy La Roche qui suggère d'organiser un souper à la résidence familiale, autour d'une bonne bouteille de vin, ce qui facilitera les échanges.

Tout le monde n'est pas là. Certains membres de la famille ne se sentent pas capables d'y assister. Dominic et Bernard font l'effort de passer en coup de vent au cours de la soirée.

Pendant le repas, à partir des informations que distillent les deux travailleuses sociales, Sylvie Bergeron et Sylvie Hamel, on discute du niveau des capacités d'Yves et de ses possibilités d'avenir. L'atmosphère un peu tendue au début de la rencontre cède la place à la bonhomie. Yves n'a pas préparé de long discours, il ne prend pas la parole, et son intervention est toute simple. Il a peiné de longues minutes, voire des heures, pour écrire à la main, avec sa nouvelle écriture d'écolier qu'il a développée de sa main gauche, une note qu'il va épingler à la fin du repas entre les cartes postales et les bouts de papier qui s'enchevêtrent sur le grand babillard du mur de la salle à manger. Discrètement, les La Roche se lèvent ensuite à tour de rôle pour aller la lire.

La famille La Roche,

Étant donné que c'est plus facile pour moi d'écrire ce qui m'arrive que de le dire, je vous l'écris.

J'aimerais que le monde comprenne plus en détail tout ce qui résulte de mon accident de parapente. J'ai été gravement atteint physiquement et je n'ai pas

*l'impression que je suis atteint mentalement. Je re-
mercie tous ceux qui m'ont aidé pendant et après
l'accident.*

*Pour l'instant, je crois être capable de prendre
mes décisions sans aide. J'apprécie toujours les
bonnes suggestions de tout le monde. Je crois être
capable de subvenir à mes besoins.*

*Quoi que vous pensiez, Dany a toujours été et
sera toujours d'une grande aide sur tous les points et
je n'en douterai jamais, quelle que soit la situation où
on se trouve présentement.*

*J'aimerais que les gens qui me côtoient cessent
de me prévenir pour ce qui va «supposément» arriver
dans ma vie de tous les jours.*

Merci.

Yves

25

Seconde adolescence

Le départ de Dany force Yves à reconsidérer sa
situation et à faire le point sur sa vie. Une vie qu'il a
chèrement reconquise mais qui, il le sait fort bien, lui
réserve encore nombre d'épreuves. Car ce qu'il a
baptisé «la compétition de la vie» s'éternise en ce qui
semble plutôt un interminable marathon.

Sur le plan pécuniaire, l'assurance hypothèque le
libère d'une partie du fardeau financier; il a une
maison où il peut vivre, tandis que Dany possède
désormais l'immeuble de la rue de la Canardière, où
elle loge, et continue d'exploiter son atelier de coiffure.
Au quotidien, Yves ne peut compter que sur la pension
d'invalidité que lui verse le gouvernement, soit un peu
plus de quatre cents dollars par mois. C'est bien peu.
Pour arrondir ses fins de mois, il met en vente une
grande partie de son équipement de ski et de ses
articles de sport. Il finit aussi par se résoudre à partager
son logis avec un colocataire, ce qui le soulage d'une
partie des dépenses courantes.

Yves est redevenu célibataire, il est affranchi de
la responsabilité d'Eliott, et l'heure est aux défis
personnels qui vont lui permettre de raffermir et
d'étendre son indépendance. Quand il est à court

d'idées, il consulte Sylvie Bergeron, avec qui il poursuit ses rencontres. Il s'acharne toujours à mettre à l'épreuve son endurance physique et c'est le sujet qu'il aborde souvent avec Sylvie.

Elle le met sur la piste :

— Voyons un peu. Tu possèdes une maison... Que pourrais-tu y faire ?

Une idée jaillit dans la tête d'Yves.

— Tondre le gazon !

Sylvie l'amène ensuite à évaluer la mission qu'il veut se donner. N'est-ce pas trop demander à son corps ? Ne devrait-il pas payer quelqu'un pour le faire à sa place ? Elle doute sincèrement qu'il puisse réussir. Elle connaît son degré de résistance et ses limites cognitives, cette stabilité qui s'installe au niveau du cerveau et qui favorise la concentration, les fonctions de longue haleine, comme les discussions suivies, la lecture d'un livre. Mais, fidèle à sa nature, Yves s'entête. Il a eu une idée et il va la suivre jusqu'au bout.

Le samedi matin, il se lève presque guilleret, anxieux, comme un athlète qui se prépare à une compétition importante. Avant neuf heures, il est déjà sur la pelouse, en short et en t-shirt, penché au-dessus des vieilles chaussures qu'il a enfilées, pour faire démarrer la machine. La pétarade qui en jaillit le fait reculer d'un pas. Puis, se ressaisissant, il se cramponne au manche de direction et pousse la tondeuse devant lui. Il est comme hypnotisé par le grondement et les vibrations de l'appareil et commence à parcourir le terrain machinalement.

La tâche est fastidieuse. La pelouse entourant la maison de la rue de la Sapinière est très étendue, mais heureusement assez plate et sans grandes dénivellations. Quelques arbres la parsèment sur le côté de la rue et au fond du jardin. Mais les distances à couvrir sont longues, et Yves avance lentement, d'un pas hésitant. Il a chaud, très chaud, car le soleil, en s'élevant vers son zénith, darde ses rayons sur son visage ruisselant de sueur.

À midi, Yves a tondu un peu moins du tiers du gazon. Il rentre à la maison pour se faire un sandwich et boire deux ou trois verres de limonade. Il ne s'accorde que peu de répit, car il n'aura pas l'esprit tranquille tant qu'il n'aura pas relevé le défi qu'il s'est imposé. Sa concentration est telle que c'est comme si rien d'autre n'existait. Son entêtement prend la tournure d'une obsession.

Retournant à la tondeuse, il la fait redémarrer et reprend sa marche claudicante en suivant soigneusement les sillons que laissent les roues de la machine sur l'herbe fraîchement coupée. Il ne s'arrêtera pas tant qu'il ne sera pas venu à bout de cette damnée pelouse et il sait, à mesure que l'après-midi passe, qu'il doit aller puiser dans ses ultimes ressources pour avoir l'énergie de terminer ce qu'il a commencé. Quand il vient à bout de tondre la dernière bande de terrain, le soleil est déjà bien loin à l'horizon. Il est passé dix-huit heures. Il lui semble qu'il a tout juste la force de pousser la machine dans l'espace de rangement aménagé sous le patio. En rentrant dans la maison, il se sert un verre d'eau glacée et va s'étendre sur le divan. La minute d'après, il glisse dans un profond sommeil sans rêves qui dure jusqu'au lendemain.

Quand il revoit Sylvie Bergeron, au Centre, le lundi matin, il est forcé d'admettre qu'il y est allé un peu fort.

— Je ne suis pas assez rapide pour faire ça. Je suis brûlé, j'ai des coups de soleil. J'ai eu besoin de toute la journée de dimanche pour récupérer!

Pour Sylvie Bergeron, l'expérience est néanmoins une réussite. Yves a découvert et accepté ses limites; il a appris à mieux se connaître et à mieux juger de ses capacités. Il impressionnera toujours son entourage par cette persévérance, cette obstination qui lui permet de toujours décrocher ce qu'il désire.

* * *

Comme Yves n'a pas été victime d'un accident de la route, il a toujours son permis de conduire. Lorsqu'il a voulu reprendre le volant, et que certains de ses thérapeutes du Centre François-Charon ont émis des doutes, il s'est vanté du fait que, de toute façon, il avait recommencé à conduire, avec la complicité de sa mère ou de sa sœur Lucie. Quelqu'un du Centre a fait preuve de zèle et a avisé la Société d'assurance automobile du Québec. Yves a donc dû prouver de nouveau ses capacités en retournant passer l'examen de conduite.

À sa première tentative, il réussit l'examen théorique, mais échoue au test pratique parce qu'il tourne à droite à un feu rouge. Yves est profondément frustré. Il tient mordicus à accroître son autonomie et à profiter de la liberté que confère l'usage d'une voiture. Son frère Simon, qui habite Ottawa, lui suggère de reprendre l'examen en Ontario. Il lui faut finalement attendre un an pour obtenir un nouveau permis de conduire, qui le restreint par ailleurs à la conduite d'un véhicule à transmission automatique. Ce n'est que plusieurs années après qu'il réussit, orienté par un centre ergonomique de Montréal, à obtenir un permis étendu à la conduite manuelle de véhicules lourds. Il sera alors en charge de l'équipe de ski acrobatique japonaise et devra piloter une camionnette pour assurer son transport.

Au début, certains de ses proches craignent de monter en voiture avec lui, tellement ils ont de la difficulté à croire qu'il a retrouvé ses moyens au point de pouvoir conduire sans danger. Même Dany, qui l'accompagne un jour en voiture et qui n'est pas facilement impressionnable, tique un peu et finit par lui lancer :

— En tout cas, Eliott ne montera jamais avec toi !

En participant à des activités organisées par le Centre, Yves démontre toutefois son incapacité à gérer d'autres domaines de sa vie. Jamais, de toute son existence, il n'a montré le moindre intérêt pour les questions domestiques. Son rapport avec l'argent, qui a toujours été nébuleux et vécu à travers Dany, ressemble désormais à une série de petits désastres.

Un jour, une excursion en camping a été planifiée par le Centre. Yves s'inscrit dans l'enthousiasme avec la perspective de participer aux tâches d'organisation et à la préparation des repas. Mais, au moment où il va partir pour le week-end, la travailleuse sociale l'informe que le chèque qu'il a tiré pour payer le coût de l'activité a été retourné par la banque. En apprenant la nouvelle au téléphone, Yves affiche une désinvolture qui désarçonne la thérapeute : il éclate de rire car il trouve cela drôle. Il ne parvient pas à gérer ses maigres fonds, et il est toujours à court de toute façon. Et cela ne l'inquiète pas, car il a galéré tellement d'années à l'époque de ses débuts avec l'équipe canadienne de ski acrobatique. Il reste insouciant. Il peut y avoir dans son réfrigérateur cinq sortes de moutardes importées, mais il n'a parfois même pas de pain pour s'en faire une tartine.

Sa mémoire émotive est plus puissante que sa mémoire technique et il éprouve encore de la difficulté à conceptualiser des détails auxquels il n'a jamais eu à réfléchir. Il lui arrive parfois d'oublier que l'eau est trop chaude ou trop froide. Quand un projet s'annonce, il fourmille d'idées, mais quand vient le temps de passer à l'action, il est paralysé par ses lacunes organisationnelles.

Un jour, il demande à Sylvie Hamel de le superviser pendant qu'il s'engage à relever un nouveau défi. Il invite son père à souper chez lui pour lui prouver qu'il est redevenu parfaitement autonome. Lorsque Guy La Roche entre dans sa cuisine, Yves doit affronter son incrédulité.

— Tout ça n'a franchement pas de bon sens! maugrée son père en déposant sa veste sur le dos d'une chaise.

La mise en situation est cependant une réussite. Yves a cuisiné un bœuf Strogonoff tout à fait acceptable. Sylvie l'a à peine aidé. Yves est très fier de ces petites expériences, qui confirment son aptitude à vivre librement. Peu à peu, il sent qu'il est un nouvel homme, et, regaillardi, il s'imagine encore souvent que Dany, ayant profité du répit qu'elle s'est accordé en le quittant, redeviendra bientôt amoureuse de lui. La vie va reprendre là où ils l'ont laissée, et tout sera comme avant. Il n'a jamais compris pourquoi Dany l'a quitté, et il ne voit pas pourquoi elle ne reprendrait pas la vie commune.

Un après-midi, il se rend dans le quartier Limoilou et entre chez un fleuriste pour acheter des roses. De retour dans sa voiture, il prend le temps de respirer les fleurs toutes fraîches. Il sent son cœur battre la chamade tandis qu'il a le nez plongé dans les pétales écarlates où se reflète l'éclat du jour.

Lorsqu'il entre dans le salon de coiffure, il aperçoit Dany au fond de la boutique, ses mains s'activant sur la tête blonde d'une cliente. Dans les petits haut-parleurs du plafond, la radio crache la mélopée sirupeuse d'une chanson à la mode. Dany le regarde, semble hésiter, puis dépose ses ciseaux dans un bac pour venir jusqu'à lui. Jamais il ne l'a sentie aussi lointaine, aussi étrangère. Elle regarde la gerbe de fleurs qu'il tient à la main, l'halogène du plafond faisant miroiter la pellicule de plastique de l'emballage. Au regard chargé d'impatience qu'elle lui jette, Yves sent son sourire le quitter.

— Il faut que tu arrêtes de m'apporter des fleurs, Yves. C'est fini, nous deux.

Il l'observe sans répondre, comme un enfant qui ne veut pas comprendre ce qu'on lui dit ou qui refuse d'obéir. Dany ajoute alors :

— Et puis je suis enceinte de mon nouveau *chum*.

* * *

Yves encaisse la défaite. Il est obligé de reconnaître que, cette fois, il doit accepter la difficile réalité. Il entre dans une période de révolte, une seconde puberté. Les semaines qui suivent lui permettent de mesurer l'ampleur de sa solitude. Son colocataire n'est pas souvent à la maison, et ses amis se manifestent de plus en plus rarement. Depuis qu'il sait que Dany ne lui reviendra jamais, il constate davantage son absence, et ressent la rupture définitive avec une douleur cuisante.

En orthophonie, où il poursuit sa rééducation en clinique externe, il devient désobéissant, et tend à vouloir développer ses moyens propres pour se faire comprendre des autres. Il demande d'ailleurs à voir moins de thérapeutes, voulant simplement vérifier ses progrès de temps à autre. Il réfute leurs suggestions, s'entête à ne pas vouloir se servir d'un agenda pour se rappeler tout ce qu'il doit faire. Il a décidé de tout assumer et de s'ancrer chez lui. Il est comme une huître qui se referme. Il ne voit à peu près plus personne, attendant plutôt qu'on l'appelle, qu'on vienne lui rendre visite, qu'on lui propose d'aller au cinéma. Il passe des soirées dans son fauteuil moelleux à regarder la télévision, en imaginant parfois que Dany est auprès de lui, assise en tailleur sur le tapis, la tête sur ses genoux.

Il regarde les vidéoclips à MusiquePlus pendant des heures, pour mettre à jour ses connaissances musicales. Il lit son journal à voix haute, le matin, pour exercer son élocution. Il voit parfois son voisin André Savard, et il visite son frère Alain, qui, ayant aban-donné la compétition, vient d'ouvrir une boutique d'équipement de ski à Lac-Beauport. Il reconstitue son passé. Il examine son présent. Il se rend compte qu'il n'y a plus qu'une chose qui compte, et c'est de faire du ski de nouveau, de rétablir des liens avec cet univers qui a constitué toute sa vie. Il est conscient que, si son corps est transformé, son esprit est toujours le même. Il veut retourner sur les pentes, qu'il connaît si bien; renouer avec un monde duquel il est coupé depuis trop longtemps, évoluer dans des lieux amis.

Le seul univers auquel Yves peut encore s'accrocher est celui du ski acrobatique. Il n'en parle encore à personne, mais cette perspective finit par occuper tous ses rêves. Sylvie Bergeron est la première personne à qui il ose s'en ouvrir. Sylvie n'est pas d'accord, elle croit qu'Yves n'a pas encore fait le deuil de son passé. Pour elle, parler de ski au début de sa rééducation n'était qu'un parallèle servant à mettre Yves en situation. Elle considère qu'il doit maintenant passer à autre chose. Comme toutes les fois où leur dialogue se heurte à un obstacle, elle lui demande de dessiner ce qu'il a en tête. L'exercice, cette fois, est stérile. Sylvie s'impatiente.

— Depuis des mois, on a fait le bilan des choses que tu as accomplies au cours de ta vie. Maintenant, il faut regarder en avant. Tu dois désormais courir des risques pour redevenir autonome. Vas-tu toujours dépendre de quelqu'un? Es-tu prêt à faire des efforts?

Yves opine.

— Où en sommes-nous? poursuit Sylvie. C'est clair que tu ne sauteras plus en skis, tu es d'accord avec ça, mais quelles sont tes limites maintenant? Est-ce que tu veux aller les vérifier?

Yves ne sait que répondre. Il sent que Sylvie a raison mais il ne veut pas céder. Il est toujours désagréablement surpris lorsqu'il se rend compte qu'elle voit clair en lui plus vite que lui-même. Il lui en veut presque d'avoir percé le mur de son entêtement.

— Qu'est-ce que tu veux, Yves? Il faut commencer quelque part! Penses-tu que tu peux être encore utile dans le monde du ski?

— Je veux m'occuper de ma rampe, marmonne Yves comme un bambin têtu.

— Alors, explique-moi ce que tu vas y faire, rétorque-t-elle, de plus en plus agacée par l'obstination d'Yves à ne pas vouloir s'exprimer.

Yves demeure muet.

Sylvie se résout à employer de nouveau la métaphore du ski.

— Quand tu faisais tes sauts, à quoi pensais-tu lorsque tu étais dans les airs?

— À retomber sur mes deux pieds, répond Yves.

— Eh bien, c'est ça que tu essaies de faire présentement.

Yves se fâche. Il bondit près de Sylvie, prend sa main et la colle sur son crâne.

— Compte les bosses! vocifère-t-il, la bouche tordue.

Sylvie bredouille; il l'a prise par surprise.

— Compte les bosses! Combien il y en a? Je n'ai jamais eu peur! Tu es en train de me dire que je suis un lâcheur!

— Je ne te dis pas que tu es un lâcheur, Yves. Je te dis seulement que tu n'avances plus parce que tu refuses d'agir, tu te dis que c'est trop dur. Ou tu avances ou tu restes où tu es. Choisis!

Bousculé par la logique implacable de Sylvie, Yves se lève en colère et quitte son bureau sans dire un mot. Il traverse le parc de stationnement du Centre François-Charon en boîtant, et, aveuglé par sa rage, il ne voit même pas qu'une voiture réussit tout juste à l'éviter dans un crissement de pneus. Il monte dans la sienne et rentre chez lui, agité et mécontent.

Il ne parle à personne jusqu'au lendemain matin, blessé dans son orgueil. Encore une fois, il doit admettre que la travailleuse sociale a raison, et, au début de l'après-midi, il retourne au Centre pour aller frapper à la porte de son bureau.

— C'est correct, j'ai compris, articule-t-il. Je suis retombé sur mes deux pieds. Maintenant, on peut avancer.

Il a un nouveau projet. Son voisin, l'ex-skieur Daniel Côté, lui a annoncé son intention de se rendre à Lake Placid pour voir les compétitions de ballet acrobatique, la discipline dans laquelle il s'est distingué au début des années 80. Yves saisit l'occasion pour aller voir les épreuves de saut.

Philippe La Roche est aussi présent à cette étape de la Coupe du monde. Plusieurs nouvelles figures brillent maintenant dans les rangs de l'équipe canadienne. Jean-Luc Brassard aux bosses, David Belhumeur au combiné et Nicolas Fontaine au saut acrobatique sont à leurs débuts dans le circuit. Sur le site des compétitions, Yves est ravi. L'émotion de se retrouver dans un lieu aussi familier fait battre son cœur. La nouvelle qu'Yves La Roche, l'illustre survivant qu'on ne croyait plus jamais revoir, est présent pour les finales fait le tour de la station. Les témoignages de sympathie abondent, et Yves est constamment entouré. C'est son premier véritable bain de foule depuis deux ans et demi. La journée passe en un éclair. Philippe remporte haut la main la première place en saut acrobatique. Les organisateurs s'approchent d'Yves pendant qu'on dresse l'estrade pour la remise des médailles. On lui demande d'aller les décerner. Lorsqu'il passe l'or au cou de Philippe, qui incline son torse depuis la première marche du podium, la foule éclate en une bruyante ovation.

* * *

Il est à peine huit heures trente le lundi matin lorsque Yves vient visiter Sylvie Bergeron à son bureau du Centre François-Charon. Il est surexcité.

— Je viens de passer une fin de semaine super!

Il a la figure rougie, ses yeux brillent comme des diamants, son visage est lumineux. Sylvie jubile autant que lui. Une importante étape vient d'être franchie.

26

Retour sur les rampes

En février 1992, les jeux Olympiques d'hiver se déroulent à Albertville, en Savoie, mais certaines compétitions ont lieu dans des stations sportives voisines. Il n'y a rien de surprenant dans le fait que les organisateurs aient choisi Tignes, la capitale du ski acrobatique, pour y tenir les compétitions non officielles de saut.

Plusieurs membres de la famille La Roche se sont rendus à Tignes. Philippe pour participer aux compétitions de saut acrobatique, et Dominic à titre d'analyste pour la Société Radio-Canada. Lucie, blessée quelques jours avant à Méribel, doit renoncer aux épreuves de descente mais elle rejoint ses frères. Guy et Suzanne ont aussi décidé de faire le voyage et d'assister, pour la première fois en France, aux prouesses de leurs enfants. Encore excité par son expérience de Lake Placid, Yves décide de se rendre également à Tignes. Au fil des ans, il a accumulé une fortune en points AirMiles, et, en dépit de son maigre budget, il peut ainsi s'offrir le voyage.

C'est la première fois qu'il revoit les neiges de Tignes depuis son accident. Charles et Renée Puts l'accueillent avec de grandes effusions lorsqu'il se présente à l'Inter-Résidences. Ils pleurent de joie. Ils n'auraient jamais cru revoir un jour leur champion favori debout sur ses deux jambes. Revisitant le Club des sports, Yves y retrouve Aimé Favre, qui occupe toujours son poste d'organisateur pour le circuit de la Coupe du monde. Les gens sont ébahis par la bonne mine d'Yves. Tout Tignes s'enchante de sa résurrection et s'empresse de souligner sa présence. Le maire du village organise un cocktail en son honneur.

Se retrouver au cœur de la fête olympique stimule Yves, qui voit se cristalliser ses plus profondes convictions : il veut recommencer à travailler dans l'univers du ski acrobatique. De toute façon, c'est tout ce qu'il sait faire. Au cours des derniers mois, le Centre François-Charon a cherché à le diriger vers de nouveaux défis, par le biais de ses ateliers de reclassement professionnel, sans tenir compte de son goût inextinguible pour le ski. C'est ce qui choque le plus Yves : on le traite comme un handicapé ordinaire, sans tenir compte du potentiel qu'il a toujours comme spécialiste du ski acrobatique.

Aux ateliers de menuiserie, Yves n'atteint pas les objectifs fixés par les superviseurs; il éprouve toujours de la difficulté à enchaîner certaines tâches coordonnées. On l'affecte ensuite à la livraison du courrier du Centre, mais son rendement est insuffisant; il a parfois de la difficulté à retenir le nom de certains services, et il commet des erreurs. À l'été, Yves est résolu à retourner à la rampe d'été dont Philippe assure la maintenance sur les rives du lac Beauport depuis son accident. Avec la complicité de Sylvie Bergeron, il peut y effectuer toute une gamme d'exercices propres à améliorer sa préhension et ses capacités non seulement physiques mais aussi organisationnelles. Le sentier qu'il faut emprunter dans le boisé pour se rendre au pied de la rampe se transforme en piste d'hébertisme. Gravir le long escalier qui mène aux paliers de départ devient un exercice d'équilibre. Yves participe ensuite à l'ouverture du camp d'entraînement estival et réussit, avec la collaboration de son frère Philippe, à procéder à l'ouverture du club. La mise en situation est efficace et bénéfique. Yves est obligé de communiquer avec les autres, il verbalise sa pensée, sa cohérence s'améliore. Toute l'énergie qu'il prend plaisir à dépenser pour un projet qui lui convient semble venir à bout de ses derniers handicaps. Plus que jamais, il arrive à fonctionner d'une façon autonome. Il s'aventure même à faire un saut simple sur la rampe d'été, entouré de ses frères et de ses amis, qui immortalisent l'événement avec un caméscope.

Vers la fin de l'hiver, il a aussi rechaussé ses skis pour la première fois. Eliott, qui va avoir trois ans, a reçu sa première paire de skis. Yves, qui le voit régulièrement, l'emmène sur le mont Saint-Castin pour y dévaler une pente qui a été baptisée «la piste La Roche», en hommage aux champions locaux. Il n'a pas assez d'équilibre pour prendre le téléski et choisit de monter avec le télésiège, chose qu'il a rarement faite auparavant. L'expérience est toutefois un demi-succès. Sa paralysie partielle rend les virages à gauche presque impossibles, ses skis se croisent et il manque de tomber plusieurs fois. Eliott ne voit rien de cela, instruit de la fière tradition familiale et trop excité de faire ses premières descentes.

Même s'il sait qu'il ne fera plus jamais de compétition, Yves s'énorgueillit de pouvoir au moins chausser ses skis. Il est convaincu qu'il peut se rendre utile à titre d'entraîneur. Son intelligence du saut est intacte, et il croit sincèrement pouvoir reprendre sa place au sein de l'équipe canadienne. Mais une grande déception survient à l'automne. Lorsqu'il téléphone à Ottawa pour offrir ses services à Tom McIllfaterick, ce dernier lui répond que l'Association canadienne n'a plus de budget pour cela.

Il en faut plus que cela pour qu'Yves lâche prise. Durant l'hiver 1993, il accompagne son frère Philippe aux championnats du monde, qui se déroulent à Altenmarkt, en Autriche. Yves entend bien y évaluer où en est le calibre de la compétition, et mesurer combien le sport a évolué durant ses années d'absence. Non seulement bénéficie-t-il de l'amitié de l'organisateur de la course, Thomas Uberall, un de ses ex-élèves, mais, grâce à sa notoriété, il peut accéder à tous les sites. Il assiste à tous les entraînements, et prodigue gratuitement ses conseils aux athlètes de l'équipe canadienne. Encore une fois, Philippe La Roche décroche l'or en saut acrobatique, et Jean-Luc Brassard termine également premier dans les descentes de bosses.

Yves sent qu'il a retrouvé ses facultés d'entraîneur et tâte le terrain auprès des dirigeants de l'équipe canadienne qui sont sur place. On ne manque cependant pas de lui rappeler que l'on n'entend pas retenir ses services, faute de budget. Philippe La Roche, qui est bien au fait de la situation, est convaincu que tout cela est faux. La vérité, c'est qu'on ne veut pas d'un entraîneur handicapé. Depuis son accident, Yves, avec sa démarche incertaine et son élocution laborieuse, a perdu ce qui était en surface une belle image publique comme certains organismes aiment en véhiculer.

Or, la célébrité d'Yves La Roche semble plus forte que les réticences de l'Association canadienne de ski acrobatique. Partout où il passe, Yves est salué, célébré, et personne n'hésite à lui rendre hommage. Il retrouve les feux de la rampe, et, à l'issue de certaines compétitions, c'est lui que les journalistes vont interviewer. Mais il en faut beaucoup plus pour convaincre les dirigeants de l'Association canadienne.

Philippe La Roche trouve une solution en obtenant l'appui de la chaîne des épiciers Métro-Richelieu, qui accepte de commanditer, pour la saison 1993-94, la présence d'Yves à titre d'entraîneur de l'équipe canadienne de saut acrobatique. Pour Yves, c'est le symbole de la renaissance, de la reconnaissance. Il a repris ses anciennes activités, et il s'efforce de croire que l'accident et ses longues séquelles appartiennent maintenant au passé. Il a appris à vivre avec ses nouvelles limites, ses petits handicaps, et, lorsque des reporters l'interrogent sur ses sentiments, il se contente de répondre doucement qu'il n'éprouve aucun regret de son ancienne vie.

— Autrefois, je suis allé au bout de mes possibilités; maintenant, je fais autre chose.

Yves est heureux, et il partage sa joie de vivre enfin retrouvée. En février 1994, il est aux Jeux de Lillehammer, où, pour la première fois, le saut acrobatique est présenté en compétition officielle. Philippe La Roche doit se contenter de la médaille d'argent. Le jour des épreuves, Yves est la vedette du jour. Les reporters de toutes les chaînes de télévision l'entourent pour qu'il commente sa miraculeuse rééducation. Le soir, lorsqu'il se retrouve seul dans sa chambre d'hôtel, Yves se tourne vers son passé. Il téléphone à Sylvie Bergeron pour lui témoigner sa reconnaissance.

— Aujourd'hui, je suis à Lillehammer avec l'équipe canadienne. J'ai réussi. Je t'appelle seulement pour te dire merci. Je suis bien et je suis heureux.

Plus que jamais, tout le monde apprécie Yves. Il se fait aimer des autres parce qu'il accomplit plusieurs de ces petits gestes que beaucoup ne prennent pas le temps de faire. Il appelle aussi Dany, qui vient de faire une fausse couche. Il sait maintenant que tout est définitivement terminé avec elle, mais il entend maintenir avec son ex-épouse des relations plus que cordiales. Son père n'a jamais digéré le fait que Dany l'ait abandonné après l'accident. Guy La Roche répète souvent :

— On le sait bien, maintenant que la belle vie de voyages est finie, elle ne va pas passer le reste de ses jours à s'occuper d'un handicapé !

Mais Yves a depuis longtemps cessé de prêter l'oreille aux commentaires de sa famille concernant Dany. Et quand le destin de cette dernière voulut qu'elle donne naissance à une enfant handicapée l'année suivante, il accourt auprès d'elle pour la réconforter.

* * *

Grâce au soutien financier de Métro-Richelieu, qui assume toutes ses dépenses de voyage, Yves accompagne l'équipe canadienne durant toute la saison 1994. Un jour, alors qu'ils sont cantonnés en Autriche, il reçoit un coup de fil de Denis Grenier, alors responsable des commandites chez Métro et qui sert d'intermédiaire entre lui et l'entreprise. Denis Grenier lui propose de rentrer à Montréal pour un week-end, le temps de participer au gala MétroStar à titre de présentateur. Yves accepte avec plaisir. Soucieux de ne pas laisser tomber l'équipe, et sans être salarié, Yves choisit de se comporter en bon employé. Il demande donc à l'entraîneur-chef de l'équipe canadienne, Peter Judge, l'autorisation de s'absenter des compétitions pour quelques jours.

Yves connaît peu les vedettes québécoises et ignore tout à fait l'importance du gala MétroStar. Il ne sait pas que ce rendez-vous annuel est l'un des plus suivis par le public et qu'il atteint chaque année une cote d'écoute spectaculaire, à l'instar du gala de l'Adisq. Le gala MétroStar est aussi une grande fête populaire puisque c'est le vote du public qui détermine les lauréats.

Yves arrive à Dorval le samedi soir et couche à l'hôtel où on lui a réservé une chambre. Le lendemain, il se présente à l'heure convenue au théâtre Maisonneuve pour les répétitions. Il découvre un monde inconnu, l'agitation des coulisses, les dizaines de techniciens qui s'affairent, les régisseurs, les caméramen prostrés sur leurs gros engins mobiles, le ballet des maquilleuses qui circulent, houppette à la main, les vedettes qui se toisent dans les salons de repos et dans les corridors de l'arrière-scène. On a loué un smoking pour Yves, on le coiffe, on le maquille, on le bichonne. Il a répété son texte à l'hôtel durant l'après-midi, et, malgré le brouhaha qui enfièvre les coulisses, il ne se rend toujours pas compte de l'importance de l'événement. Quand on lui dit que le diffuseur s'attend à atteindre un million et demi de téléspectateurs, il éclate de rire, croyant que c'est une blague.

Lorsque le gala commence, Yves reste calme dans l'un des salons, essayant de bien se remémorer son texte et attendant qu'une hôtesse vienne le chercher. Puis, quand vient le moment de décerner le trophée Artis du meilleur commentateur sportif, on l'emmène en coulisses et on le fait attendre derrière l'immense rideau de scène qui semble couler du ciel. L'animateur Rémy Girard est en train de parler de lui.

— Notre présentateur est un inventeur et un créateur. Malgré son jeune âge, il fut l'instigateur du ski acrobatique, un sport qui est devenu aujourd'hui une discipline olympique dominée par des Québécois. Il est aussi devenu, par son courage et sa détermination, non seulement un modèle pour tous les sportifs, mais un exemple pour tous les Québécois. En effet, il y a quelques années, il a subi un grave accident qui lui a presque coûté la vie, et aujourd'hui il est entraîneur de l'équipe canadienne de ski acrobatique, qui a remporté deux médailles aux derniers jeux Olympiques. Mesdames et messieurs, pour présenter le MétroStar catégorie «animateur animatrice lecteur ou lectrice émission de sport et nouvelles du sport»… Un des pères du ski acrobatique, Yves La Roche!

L'hôtesse donne le signal à Yves, qui s'avance lentement, la jambe droite un peu raide, le pied tourné vers l'intérieur pour mieux assurer son équilibre. Une seule chose le préoccupe, sera-t-il capable de voir clairement son texte sur le télésouffleur? Quand il arrive devant le lutrin, les applaudissements augmentent en force au lieu de s'éteindre poliment. Un immense courant de sympathie électrise peu à peu la salle. Les quelque quinze cents personnes qui occupent les sièges de la salle Maisonneuve se lèvent toutes en même temps, en battant énergiquement des mains. L'ovation est longue, on crie, on siffle, et, pendant les trente secondes que dure l'hommage, Yves sent ses yeux se voiler d'un filtre humide. Il ne comprend pas pourquoi on l'applaudit avec tant de chaleur. Ceux qui ont le plus besoin d'amour sont toujours les plus surpris d'en recevoir. Yves frémit devant l'immensité de la salle, trois mille yeux lui transmettent une enivrante caresse, trois mille mains frappent la cadence du tonnerre heureux qui emplit ses oreilles.

— Merci…, merci, murmure-t-il avant de réciter son texte et de présenter les personnalités qui sont en nomination.

Plus tard dans la soirée, lorsqu'il apprend que le gros de l'assistance était composé de tout le gratin de la colonie artistique, il a presque le vertige. «Toutes ces vedettes l'ont salué avec autant d'ardeur? Ce sont ces célébrités qui lui ont réservé un accueil de superstar?» Yves se sent tellement moins important qu'elles. Il a toujours cru dur comme fer que les véritables idoles populaires étaient des vedettes de la télévision, des animateurs, des comédiens, ou des chanteuses comme Céline Dion. Pendant la réception qui suit le gala, il est constamment entouré, des vedettes viennent lui manifester leur admiration. Quand Marie-Soleil Tougas vient l'embrasser, il a l'impression qu'il rêve, que tout cela est irréel. C'est presque une revanche sur toutes ces années où il était champion du monde et où il rentrait à Mirabel ou à L'Ancienne-Lorette dans l'anonymat.

Bien sûr, même avant les exploits de son frère Philippe, de Myriam Bédard, de Jean-Luc Brassard et de Nathalie Lambert à Lillehammer, le public québécois incluait parfois dans son firmament d'étoiles des idoles du monde sportif autres que des joueurs de hockey du Canadien ou des Nordiques. Mais Yves comprend que, si l'on rend hommage à ses exploits passés, il est aussi admiré pour son incroyable résurrection, après avoir échappé à la mort dans les Alpes et passé soixante et un jours dans un coma apparemment irrémédiable. Il est respecté pour son courage, sa ténacité et la force de sa volonté.

Après le gala MétroStar, Yves acquiert une nouvelle notoriété et devient de plus en plus populaire auprès des médias. Son frère Dominic, maintenant devenu producteur d'émissions sportives, tourne sur lui un touchant reportage qui est diffusé par le Réseau des Sports. Le 30 mars 1994, Yves se rend à Toronto, où on lui décerne le prix Sylvie-Fréchette au gala du Prix sportif canadien. Il participe ensuite à un talk-show télévisé où il revoit Mike Abson. Il joue son propre rôle dans le populaire téléroman *Chambres en ville*, au réseau TVA. En septembre, en compagnie de Lucie et de ses frères, il laisse l'empreinte de ses mains sur le mur des Célébrités de Place Laurier, à Sainte-Foy.

Fort de toutes ces marques de reconnaissance qui fusent de partout, Yves est absolument convaincu que l'Association canadienne de ski acrobatique va s'empresser de requérir officiellement ses services. Mais lorsqu'il contacte de nouveau Tom McIllfaterick, on lui répond sans aménité que l'Association n'a toujours pas d'argent.

Selon toutes les sources, c'est encore faux. Car, peu de temps après, Yves apprend de la bouche de son frère Philippe que l'Association vient d'embaucher un sauteur américain comme entraîneur pour l'équipe de saut.

27

Julie

Offrir un bouquet de roses est l'une des marques de commerce d'Yves La Roche. Même à l'occasion d'une première rencontre, Yves se présente les bras chargés de fleurs. Comme il se rend régulièrement à Montréal, il a découvert à mi-chemin, près de l'autoroute 20, les célèbres serres de Rose Drummond. Comme il ne roule pas sur l'or, il choisit toujours des roses rouges, car elles sont meilleur marché. Il a ainsi pris l'habitude d'offrir des roses rouges à tous vents, et, avec une candeur désarmante, sans jamais se soucier du langage des fleurs.

La première fois qu'il apporte des roses rouges à Sylvie Bergeron, la travailleuse sociale reste pantoise. Depuis qu'il a recommencé à voyager, Yves lui envoie souvent un petit mot, des cartes postales,des cadeaux ou des affiches pour ses fils. Consciente des dangers de transfert qui peuvent survenir dans ses relations avec des patients, elle a toujours veillé à désamorcer toute situation ambiguë en interrogeant Yves sur ses intentions. Il semble être devenu dépendant d'elle sur le plan affectif. Il ne prend aucune décision personnelle sans la consulter. Depuis longtemps, il refuse de la considérer comme une simple travailleuse sociale. Ce qu'il recherche auprès d'elle, c'est de l'amitié.

Pendant un certain temps, Sylvie a préparé la rupture, espaçant les rendez-vous avec Yves à mesure qu'il volait de ses propres ailes. Lorsqu'il lui fait une visite inopinée, elle refuse parfois de le recevoir en lui disant qu'elle n'a pas le temps. S'il est en détresse, elle s'occupe de lui et fait tout pour qu'il ne se sente pas rejeté. Mais, un jour, elle décide de prendre le taureau par les cornes et l'aborde franchement à ce sujet. Yves finit par avouer qu'il n'a pas d'amis, personne d'assez intime avec qui il peut partager ce qu'il vit.

— Tu n'es pas ma travailleuse sociale, insiste-t-il. Tu es mon amie.

Sylvie doit lui expliquer qu'elle ne joue qu'un rôle de remplacement. Il faut qu'Yves se crée un nouveau réseau social, qu'il aille vers de nouvelles personnes, qu'il se construise une nouvelle vie. C'est l'étape la plus difficile pour lui. Il est redevenu aussi sauvage et solitaire qu'en son adolescence. Et quelle femme aurait envie de lui maintenant? Ses goûts, ses aspirations ont changé aussi. Depuis son accident, la dimension spirituelle occupe le premier plan dans ses désirs. Il a des attentes très élevées : il aimerait rencontrer une compagne dotée d'une profonde philosophie de la vie. Il arrive au milieu de la trentaine et il ne veut pas perdre son temps en fredaines.

Les premières femmes qu'il fréquente sont des répliques de Dany, des femmes au caractère solide et dominant. Or, Yves souhaite aller au-delà de ce sentier battu.

Grâce à son caractère doux et affectueux, il a déjà acquis la sympathie de la plupart des employés du

Centre François-Charon, pour qui il fait des détours, lorsqu'il vient subir ses traitements en clinique externe, afin de leur raconter une bonne blague ou simplement leur dire bonjour. Parfois, certaines sont plus séduites que d'autres. Une infirmière du Centre, Marie-Ève, ne rate aucune occasion de parler avec lui. C'est une belle femme, elle a deux enfants et elle est divorcée. Elle fait du ski au Relais, une activité qui permet d'amorcer bien des conversations avec Yves. Ce dernier, qui n'a pas encore retrouvé toute sa confiance en lui, hésite beaucoup à faire avancer les choses.

Yves a une cousine, Danièle La Roche, qui travaille au sein de l'organisation des Expos de Montréal. Au printemps 1992, elle convie Yves à participer aux cérémonies du match d'ouverture de la saison. Il se joindra à d'autres athlètes olympiques qui feront un tour de voiture sur le terrain pour saluer le public. On lui a réservé une chambre à l'hôtel Reine-Élisabeth.

Yves franchit le pas et demande à Marie-Ève de l'accompagner. Au Stade olympique, assis dans la voiturette entre son frère Philippe et la patineuse Isabelle Charest, il fait son tour de piste, puis assiste au match. La soirée est douce, la partie est mouvementée, Yves et Marie-Ève passent un agréable moment. Quand ils rentrent à l'hôtel, ils ont une surprise : la chambre ne comporte qu'un seul lit à deux places. Ne sachant d'abord comment réagir, Yves se réfugie sous la douche. Puis il rejoint Marie-Ève, qui est restée assise sur le lit. Il veut mettre les choses au clair tout de suite. Il n'a pas envie d'une aventure d'un soir. Il cherche avant tout une compagne. Ils discutent pendant un bon moment, puis ils s'embrassent et font l'amour.

Le lendemain, malgré la satisfaction d'avoir goûté au plaisir charnel, qui lui manquait terriblement depuis plusieurs mois, Yves éprouve une certaine amertume. L'expérience ne satisfait pas son besoin d'absolu. Il sait au demeurant que Marie-Ève est impressionnée parce qu'il a été un athlète de renom. De retour à Québec, ils continuent néanmoins de se voir pendant quelques mois, puis le feu s'éteint.

Une autre histoire tourne court. À l'automne 1993, Yves a pris l'habitude d'aller se faire masser régulièrement. Des massages assez vigoureux, qui aident à réveiller son côté droit, partiellement paralysé, et à soulager son côté gauche, qui doit toujours fournir un effort supplémentaire. Hélène, la massothérapeute, est jolie, quoique Yves trouve qu'il émane d'elle un charme étrange. Elle a de longs cheveux noirs qui caressent parfois la peau nue d'Yves, étendu sur la table de massage.

Yves, qui n'a rencontré aucune femme depuis Marie-Ève, un an auparavant, trouve le courage de lui faire des avances. Il lui propose de l'accompagner pour un court séjour en Floride. Mais, au lendemain de leur première nuit, elle lui avoue qu'elle n'est pas libre. Déception. De retour à Québec, Yves visite Sylvie Bergeron, auprès de qui il trouve un peu de réconfort.

— C'est toujours toi qui me donnes le bon mot pour comprendre les choses et pour m'aider à prendre les bonnes décisions, lui répète-t-il.

Lorsque, quelques mois plus tard, Sylvie quitte son emploi au Centre François-Charon, elle accepte de donner ses coordonnées à Yves. Ainsi, ils pourront se revoir à l'occasion, en amis. Elle lui présente son mari et ses deux fils. Elle ne craint plus qu'un transfert se produise, et son intuition se confirme lorsqu'elle reçoit un mot d'Yves.

Encore une fois, je veux te dire merci pour tout ce que tu as fait pour moi. C'est très dommage que le Centre François-Charon ne soit pas conscient de ce qu'il perd. Quand j'étais entraîneur dans les compétitions de ski internationales, on m'appréciait. Mais on oublie de reconnaître les vrais entraîneurs de la vie comme toi. Merci beaucoup.

Sylvie Bergeron est demeurée l'une des amies les plus sincères d'Yves et il va encore, à l'occasion, chercher conseil auprès d'elle. Son opinion, à ses yeux, est primordiale. Et lorsque Yves rencontre Julie, à l'été 1995, Sylvie est l'une des premières personnes à qui il souhaite la présenter.

* * *

Julie Joannette est une sportive accomplie. Enfant, elle excellait en natation. Quelques années plus tard, elle s'intéressa au marathon, puis au triathlon. C'est après avoir participé à une compétition provinciale, à Lac-Beauport, qu'elle rencontre Yves pour la première fois le 25 juin 1995.

Ils se croisent au comptoir d'une crèmerie où Julie est venue s'acheter une glace en guise de récompense après le vif effort qu'elle vient de fournir. Elle sait qui est Yves La Roche et le reconnaît tout de suite. Mais elle ne sait pas quoi lui dire. Heureusement, Yves l'aborde avec une question qu'elle juge intelligente et qui la séduit sur-le-champ.

— Ça consiste en quoi au juste, votre entraînement pour le triathlon?

Mais leur conversation est trop brève, car Julie n'est pas seule; elle est accompagnée de Stéphane, lui aussi athlète au triathlon. Lorsqu'elle rentre chez elle, à Montréal, le souvenir de sa rencontre avec Yves ne se dissipe pas et elle finit par s'avouer qu'elle ressent une attirance folle pour lui. Elle sait que c'est le coup de foudre qui vient de la terrasser. Comme sa relation avec Stéphane bat de l'aile depuis un bon moment et qu'une rupture a déjà commencé à se profiler à l'horizon, elle n'hésite pas un instant à obéir à son désir de revoir Yves par tous les moyens.

Elle connaît un ami au lac Beauport à qui elle a justement promis d'envoyer des documents sur la nutrition. Julie est une fille plus que rangée, elle s'intéresse depuis plusieurs années à la spiritualité, et observe un régime alimentaire sain et strict. Elle prépare donc une enveloppe pleine de documentation pour son copain du lac, et glisse dans son envoi une note cachetée qu'elle le prie de remettre à Yves. Elle a écrit :

Cela m'a fait plaisir de te rencontrer; je t'admire beaucoup pour ce que tu as été dans le passé. J'ai de la difficulté à me concentrer durant mon entraînement; aurais-tu des conseils à me donner?

Dès qu'il reçoit le billet, Yves s'empresse de téléphoner à Julie. Comme il doit bientôt aller à Montréal, il lui propose de lui rendre visite. Il se présente à son appartement avec rien de moins que quatre douzaines de roses rouges. Julie manque de s'évanouir. Yves se contente d'égrener son rire innocent. Julie est subjuguée par la conversation qu'ils ont et qui s'étire tout l'après-midi. Elle est fascinée par ces yeux verts dans lesquels elle a l'impression de pouvoir tout lire. Mais elle s'inquiète des quatre douzaines de roses qu'il a bien fallu disposer dans le salon, dans la salle à manger et jusque dans la cuisine. Que va dire Stéphane, son compagnon, lorsqu'il va rentrer en fin d'après-midi ?

Julie doit participer à un autre triathlon à Chicoutimi en juillet et elle et Yves conviennent de s'y retrouver. La compétition est pénible ; il vente beaucoup et les conditions météorologiques rendent l'exercice épuisant. Julie obtient un résultat médiocre. Elle est de mauvaise humeur, insatisfaite de sa performance. Elle va plonger dans le lac pour se laver de sa fatigue, puis elle revient s'asseoir sur la grève. Yves est là, assis à une dizaine de mètres d'elle, silencieux. Lorsqu'elle s'approche de lui, il lui dit simplement :

— Bravo, Julie ! Tu as fini la course, même si c'était dur.

Cette petite phrase lui fait tellement de bien. Elle est déterminée à revoir Yves, et se demande entre-temps comment elle va trouver le moyen de rompre avec Stéphane. Les événements la devancent. Alors que se prépare la petite réception qui suit la compétition, Stéphane est d'une humeur massacrante et Julie en profite pour rentrer jusqu'au lac Beauport avec Yves. Puis, faisant ensemble le reste du trajet jusqu'à Montréal, Stéphane et Julie ne s'adressent même pas la parole. Ils feront simplement chambre à part en attendant que Stéphane se trouve un appartement.

Tout l'été, Julie et Yves se revoient. Ayant accès à un petit chalet sur les bords du lac Millette, dans les

Laurentides, Julie y invite Yves. Ils se baignent, font du pédalo, vont manger sur une terrasse à Saint-Sauveur-des-Monts, puis rentrent au chalet pour dormir dans des chambres séparées. Julie se couche toujours très tôt et se lève aux aurores. C'est la première fois qu'Yves rencontre une femme qui vit au même rythme que lui.

Par la suite, Yves accompagne Julie lorsqu'elle se déplace pour aller inspecter les lieux de ses futures compétitions et visualiser les parcours. Pour Yves, Julie représente un nouvel idéal. Elle est organisée, d'une douceur tyrannique, a la tête pleine de projets et le verbe plein d'humour. Comme elle est follement amoureuse de lui, elle l'entoure d'attentions et glisse à tout bout de champ des mots tendres dans ses affaires.

En novembre, Yves lui demande de l'accompagner à un gala qui a lieu au Monument-National, boulevard Saint-Laurent, à Montréal. Un journaliste du magazine *Dernière Heure*, à qui Yves a déjà accordé plusieurs entrevues, insiste pour photographier le couple avec l'intention d'écrire un article sur leur nouvelle relation amoureuse. Julie refuse carrément et Yves se plie à sa volonté. Mais ce refus le tourmente. Quelques jours après l'événement, il ne peut s'empêcher d'interroger Julie.

— Pourquoi tu n'as pas voulu qu'on fasse la photo ? Est-ce que tu as honte de moi ? Tu ne veux pas te montrer avec moi ?

Julie comprend sa blessure et accepte à contre-cœur de recevoir le journaliste de *Dernière Heure*. L'article paraît en mars 1996, sous le titre «La femme qui a sauvé ma vie», et s'ouvre sur ces mots : «Yves

La Roche ne marche enfin plus seul sur le chemin qui le mène à l'autonomie et à la dignité. Il y a huit mois, son existence a de nouveau été bouleversée, mais cette fois pour le mieux : l'ex-champion a rencontré la femme de sa vie…» Le problème, c'est que le magazine annonce qu'ils sont fiancés depuis trois mois, et que sur la photo du couple qui occupe presque toute la première page du reportage, on distingue clairement une rutilante bague de diamants au doigt de Julie. Or, cette bague n'a rien à voir avec leurs amours. C'est plutôt un gage offert par Stéphane peu de temps avant que Julie ne rencontre Yves.

Bien que tout eût été fini entre eux, Julie et Stéphane continuaient de partager la même résidence, et Julie prenait soin de ménager son ex-compagnon en dissimulant autant que possible ses rencontres avec Yves. Mais lorsque Stéphane a sous les yeux l'article de *Dernière Heure*, il fulmine, fait une scène, et, le lendemain, revient à la maison avec un camion pour emporter tout ce qui lui appartient. À quelque chose malheur est bon : Yves et Julie vont enfin pouvoir vivre ouvertement leur passion amoureuse.

Julie et Yves étaient faits pour se rencontrer. Entre eux s'installe une harmonie presque parfaite. Leurs principales difficultés d'adaptation tiennent au fait qu'Yves habite le lac Beauport et que Julie est retenue à Montréal par ses activités professionnelles. Yves n'a jamais aimé l'agitation des grandes villes et il refusera longtemps de quitter ses racines pour venir partager la vie de Julie à Montréal.

L'entourage de Julie est perplexe. Ses amis et ses parents ne manquent pas de lui rappeler qu'Yves n'a pas la même éducation qu'elle, qu'il ne travaille pas, qu'il a un handicap. Mais Julie ne voit rien de tout cela. Elle est totalement éprise, entièrement dévouée à l'homme que le destin a mis sur sa route. Elle reçoit l'amour d'Yves comme une sève nouvelle. Il n'a pas encore trouvé de situation stable, mais il est vaillant et, grâce à l'entraînement, qui reste intensif, il est fort comme un cheval. Elle apprécie sa douceur, ses gentillesses, sa façon de respecter les femmes. Elle affirme que ses mains sont magiques lorsqu'il la masse la veille ou le lendemain d'un triathlon. Elle apprécie la façon dont Yves l'aime, la manière qu'il a de la chercher des yeux lorsqu'ils sont dans une foule.

Pour Yves commence une nouvelle ère de bonheur tranquille, une histoire d'amour comme il en rêvait depuis que Dany l'a quitté. Julie et lui partagent le même amour du sport. Il la suit à vélo tandis qu'elle fait son jogging et que le soleil se lève. Il se sent revitalisé par sa présence. Il est maintenant capable de mesurer tout le chemin qu'il a parcouru depuis son accident. Il est redevenu autonome après une longue période de rééducation dont il est sorti transformé. Il a repris contact avec l'univers du ski, qui ne tardera pas à lui faire de nouveau une place, il en est sûr, et, par-dessus tout, il a retrouvé l'amour d'une femme. Il est un homme neuf et sa vie reprend.

À la fin de 1998, il met en location sa résidence de Lac-Beauport et s'engage dans la vie commune avec Julie, qui vient d'acquérir une maison dans sa ville natale, sur la rive nord de la rivière des Mille-Isles. Pour la première fois depuis l'après-midi fatidique du 9 décembre 1989, il sent enfin qu'il est redevenu un homme comme les autres.

28

La fin d'un chapitre

En rencontrant Julie au milieu des années 90, Yves La Roche a réalisé qu'il avait rattrapé le temps perdu. Il mène maintenant une existence nouvelle qui le comble à tous les niveaux, sauf un : la vie professionnelle. En dépit de sa popularité, il ne comprend pas pourquoi l'Association canadienne de ski acrobatique refuse de considérer son offre de services. Yves sait qu'il peut encore être utile ; il a une expertise exceptionnelle, et il sera toujours l'un des inventeurs du saut acrobatique. Mais les dirigeants de l'Association continuent de faire la sourde oreille.

Lorsque l'entraîneur américain Frank Beare, embauché à l'automne 1994, donne sa démission le printemps suivant, Yves croit que son heure est enfin venue de reprendre le commandement de l'équipe canadienne. Mais les propositions qu'il fait à l'Association demeurent lettre morte. C'est clair, on ne veut plus de lui. Philippe La Roche se retire à son tour de la compétition. Non seulement, pour la première fois depuis 1979, il n'y a aucun La Roche au sein de l'équipe canadienne, mais l'esprit du *Québec Air Force* a bel et bien disparu.

L'exclusion dont Yves se sent victime le déprime. Durant la saison 1995-96, pour la première fois, il se retrouve à l'écart des compétitions. Il s'occupe en devenant l'entraîneur privé de l'athlète Kim English. Pour tromper l'ennui, il contribue à l'élaboration des spectacles Marlboro organisés en France par son ami Dominique Gstalder. Mais, cette fois plus que jamais, il doit reconsidérer son avenir. Arrivé à la mi-trentaine, il se demande souvent quelle est sa mission, son véritable destin.

Il lui arrive de penser que la clef se trouve dans l'épisode du coma. Il se demande souvent où est passée son âme durant ces soixante et un jours où il a dormi de ce sommeil surnaturel. Il sait bien qu'il a dû vivre des expériences hors du commun, mais le seul souvenir qu'il garde est celui d'une très longue nuit.

Au contact de Julie, Yves est sensibilisé à la dimension spirituelle de l'existence. Durant l'année 1996, des circonstances inusitées l'éclairent. Julie avait un frère, Charles, mort tragiquement à 29 ans. La mère de Julie, qui connaît une spirite à Bois-des-Filion, invite le couple à se joindre à elle pour une séance de table tournante. Les événements qui surviennent durant cette soirée chavirent Yves. Après plusieurs heures d'attente, un esprit se manifeste et s'adresse directement à lui.

L'esprit se réclame du prénom de Charles. C'est le frère de Julie. Mme Joannette est profondément émue. L'esprit emprunte le corps du médium pour dire à Yves qu'ils se sont déjà rencontrés, aux portes de la mort, alors qu'Yves était dans le coma. L'esprit de Charles s'adresse ensuite à Julie pour lui expliquer que c'est lui-même qui a mis Yves sur sa route, et qu'il est le garant de sa félicité pour le reste de ses jours.

Yves, qui ne s'est jamais interrogé sur la vie après la mort, est profondément bouleversé par cette séance de spiritisme. Il y croit. Il comprend, il admet qu'il a séjourné entre deux mondes, dans un purgatoire céleste où son âme a continué d'exister pendant que son corps, lourdement endommagé, était maintenu en vie, durant soixante et un jours, par les vivants.

Yves se persuade que si son âme est venue réintégrer son corps, c'est parce qu'il n'a pas encore réalisé sa destinée. Il le sait et il essaie de comprendre ce vers quoi la vie l'achemine. Mais il ne voit toujours pas avec précision quelle est la véritable nature de son destin. Vers la même époque, un autre rendez-vous avec la mort parachève sa réflexion.

Atteint d'un cancer, son père, Guy La Roche, doit être hospitalisé. Le patriarche revoit tour à tour ses amis, ses fils, sa fille, sa femme. Hughette, sa secrétaire, qui a aussi été sa passion parallèle pendant vingt-cinq ans, n'est jamais très loin. Yves, cependant, rend rarement visite à son père. Il ne s'est jamais senti près de lui, il ne ressent pas de douleur particulière, seulement la triste réalité de la mort. Comme il sait que Guy souffre, il souhaite plutôt que son agonie soit courte. Une fois retiré chez lui, dans sa maison de la rue de la Sapinière, ou auprès de Julie, à Montréal, il se convainc qu'une part importante de la compréhension de son destin se joue alors. Perdre son père est un moment unique dans la vie de chacun. Pour la première fois depuis son accident, Yves est de nouveau confronté à la mort. Il veut trouver un sens à ce qui arrive.

Pour son ex-femme, Dany, qui a longtemps été à couteaux tirés avec son beau-père, la fin proche de

Guy La Roche a un sens, celui d'une réconciliation. Un après-midi de mai, elle fait l'effort de se rendre à l'hôpital, y amenant avec elle son fils.

— Je vous ai amené Eliott, dit-elle gentiment en s'approchant de son ex-beau-père.

Affaibli par la maladie, Guy La Roche, pour une fois, laisse échapper un peu d'émotion. Il regarde le petit bonhomme qui aura bientôt sept ans, assis sur le bord de son lit. Il ressemble terriblement à Dany. Guy lui murmure :

— Prends toujours bien soin de ta mère... Et n'oublie pas ton père.

Puis il lève les yeux vers Dany et lui dit :

— Tu sais, Dany, on n'a pas toujours été d'accord, mais on a fait ce qu'on pouvait, chacun de notre côté.

Des ondes pacifiques emplissent la chambre de l'hôpital. Dany les assimile. Avant de quitter Guy La Roche, elle dépose sur son front un baiser presque filial.

Lorsque Guy La Roche rend l'âme, le 18 juin 1996, sa femme Suzanne, endeuillée, a un regret de plus : celui de ne pas avoir eu le temps de lui pardonner de son vivant sa longue histoire avec Hughette. Le jour des funérailles, les deux femmes sont réunies dans la chapelle de Lac-Beauport et prient ensemble pour le repos de l'âme du défunt, qu'elles ont toutes deux aimé.

* * *

Ces deux expériences secouent Yves, qui s'interroge plus que jamais sur le sens de sa vie. Lui qui n'a

290

jamais cru aux fantômes voit ses pensées habitées par les révélations que lui a faites le frère de Julie durant la séance de spiritisme, et la mort de son père lui fait prendre conscience de sa propre finitude.

Cependant, quand on lui propose de devenir entraîneur de l'équipe nationale de sauteurs acrobatiques du Japon, à l'automne 1996, il est convaincu que c'est là la voie naturelle pour lui, que la vie continue, et qu'il n'a pas à s'interroger davantage.

Les Japonais ont toujours éprouvé une grande admiration et un immense respect pour les athlètes du *Québec Air Force*. Ils sont fous de joie lorsque Yves accepte de devenir leur entraîneur. Celui-ci n'a vraiment pas de remords à agir de la sorte, puisqu'il a compris que le Canada ne veut plus de lui. Il est embauché pour piloter l'équipe japonaise en formule NorAm, avec l'espoir de la hisser dans les rangs de la Coupe du monde. Il ne perçoit pas de salaire, mais une allocation qui sert à couvrir ses dépenses et celles de son équipe, composée de quatre athlètes. Ce sont des jeunes qui ont entre dix-huit et vingt ans.

Yves se sent utile auprès d'eux et retrouve son enthousiasme d'autrefois. Bien qu'il soit allé au Japon à quelques reprises et qu'il ait eu soin de se renseigner auprès de son frère Philippe, qui s'y est aussi rendu souvent après lui, Yves subit un véritable choc culturel lorsqu'il commence à travailler avec les athlètes nippons. Ils ont un code de vie tellement différent. Ils sont d'une discipline presque servile, ils observent religieusement tous les règlements, et, à son sens, ils manquent d'initiative et de fantaisie. Ils font tout ce qu'on leur demande, mais ils pensent parfois plus à imiter ce que les autres ont réalisé qu'à innover. Ils ne parlent jamais de leur vie personnelle, et ils entretiennent de solides divisions de castes. Il sont aussi un peu comme des enfants. Yves doit voir à tout : les déplacements, l'hébergement, les repas. C'est tout un travail de gestion qu'il n'avait pas l'habitude de faire à l'époque où il était entraîneur de l'équipe canadienne. Parfois, tard le soir, on frappe à la porte de sa chambre, à l'hôtel, pour demander un remboursement, reçu à la main. Yves doit répondre :

— Désolé, les gars, mais le bureau est fermé. *See you tomorrow.*

Quant à l'entraînement, les athlètes japonais déçoivent quelque peu Yves, qui a toujours côtoyé la crème des sauteurs. Il doit communiquer avec eux en anglais, mais comme il a depuis longtemps l'habitude de s'exprimer par des gestes, tout se passe bien. Durant la saison 1997-98, l'équipe entraînée par Yves accède au circuit de la Coupe du monde. La ronde des voyages reprend, Tignes chérie en décembre, Mont-Tremblant, Lake Placid et Breckenbridge en janvier. Yves accompagne ensuite l'équipe aux championnats du Japon, à Inawashiro. En arrivant, les choses se gâtent un peu. Les athlètes sont tellement affolés à l'idée de se produire devant leurs compatriotes qu'ils s'embrouillent dans une multitude de conseils contradictoires émanant de leurs parents et des dirigeants de l'équipe japonaise.

Les Japonais font si piètre figure qu'ils doivent abandonner le circuit de la Coupe du monde à la mi-saison. Ils vont plutôt se préparer aux jeux Olympiques d'hiver de Nagano. Depuis le début de leur association, l'équipe japonaise mise beaucoup sur Yves, sur son expérience et ses compétences.

Craignant sans doute des résultats médiocres, Yves leur répète souvent que si les athlètes donnent leur pleine capacité, ils auront obtenu leurs meilleurs résultats, quelle que soit leur place au classement.

Lorsque s'ouvrent les Jeux de Nagano, en février 1998, Yves participe pour la première fois d'une façon officielle à une compétition olympique. Encore une fois, il est la coqueluche des reporters sportifs. On ne manque pas de souligner qu'un Canadien, un fleuron du *Québec Air Force*, est devenu l'entraîneur de l'équipe japonaise et qu'il l'a conduite jusqu'à Nagano. Yves répond aux journalistes : «C'est un honneur pour moi que les Japonais aient vu en moi l'apport que je pouvais leur fournir et cela me fait très chaud au cœur.»

Mais au terme des Jeux, dont les athlètes japonais reviennent bredouilles, Yves doit s'avouer qu'au fond il est plutôt déçu. L'entraînement de l'équipe nippone lui a permis de prouver qu'il était encore à la hauteur et d'avoir le dernier mot sur la scène du sport acrobatique. À la limite, il a un peu le sentiment d'avoir fait un dernier pied de nez à l'Association canadienne. Mais le cœur n'y est plus. Quand il fait le bilan, il comprend qu'il est temps de tourner la page. Il n'a plus envie de courir la planète, d'être entraîneur. Il est convaincu qu'un autre rendez-vous avec le destin va se produire. Il a trente-huit ans, et, nonobstant l'hiatus de son accident, il a donné dix-huit années de sa vie au ski acrobatique. L'heure est venue de se retirer du sport et de passer à autre chose.

29

Revoir Tignes

À l'automne 1998, pour la première fois, Yves se rend à Tignes en simple touriste. Les temps ont changé. Ses exploits en Coupe du monde font maintenant partie de la légende. Son expérience à la tête de l'équipe japonaise de ski acrobatique est inscrite dans son passé. Par ailleurs, le saut acrobatique est sur son déclin. Pour la première fois depuis presque vingt ans, Tignes doit se retirer du circuit de la Coupe du monde, faute de commanditaires. L'organisateur Aimé Favre s'apprête à quitter le village. En dépit des brillantes performances de Nicolas Fontaine et de David Belhumeur, l'épopée du *Québec Air Force* fait maintenant partie de l'histoire sportive. La relève québécoise se fait rare, la multiplication des réglementations étouffe le plaisir, et la palme de l'audace revient aux planchistes qui tourbillonnent désormais de plus en plus sur les pistes enneigées.

À Tignes, Yves s'installe de nouveau à l'Inter-Résidences, où Charles Puts et sa femme Renée l'accueillent à bras ouverts, comme un fils prodigue rentré au bercail. Partout dans le village, on le salue, on le félicite pour sa bonne forme. Aux yeux de tous, il est le miraculé du Palafour. Il est et sera toujours le «fou du ciel», le «gourou du saut». En visitant la Grande Motte, Yves est abordé par le jeune planchiste québécois Jasey Jay Anderson, qui est émerveillé de rencontrer inopinément le héros qu'il vénère depuis son enfance et qu'il respecte comme une légende vivante. Pendant plusieurs minutes, ils discutent neige, stems, inclinaisons et conditions de pentes. La lumière qui émane d'Yves lorsqu'il parle de motivation, d'effort et d'excellence irradie.

Au-delà des retrouvailles, comme celles, chaleureuses, qu'il a vécues à Annecy, où réside toujours son ami Dominique Gstalder, Yves a voulu revenir à Tignes pour revoir le mont Palafour. Pour évaluer le passage du temps. Pour se mesurer à lui-même.

Pour la première fois depuis son accident, il se rend sur les lieux où il s'est envolé, l'esprit léger, avec son parapente, neuf ans auparavant. L'après-midi s'étire et annonce déjà le crépuscule en revêtant ses voiles pourprés. Exactement comme le jour de l'accident. La montagne est toujours aussi abrupte, ses aspérités sont toujours aussi inhospitalières. Encore une fois, la quatre-quatre du Club des sports le laisse descendre près du sommet et Yves doit terminer le trajet à pied. Plusieurs minutes plus tard, il s'approche en silence du piton d'où il s'est élancé le 9 décembre 1989. Les montagnes ont toujours été ses amies. Il sait que cet accident de parapente a bouleversé son existence, l'a amené sur une nouvelle voie qu'il a mis des années à reconnaître. Mais on ne peut pas en vouloir aux mauvais esprits du vent toute sa vie. Bravant son amertume, Yves embrasse le paysage avec une passion qui n'a jamais voulu s'éteindre.

Lorsqu'il retrouve le plateau fatal, poudreux et silencieux, il se recueille quelques instants. Il regarde autour de lui le groupe irréel des pics glacés, respire à pleins poumons l'air rare et pur qui aiguillonne son visage. Oui, c'est comme la dernière fois, il s'en souvient maintenant. Le disque lumineux est en train de s'emmailloter de nuages pourpres entre les cimes de la Grande Casse et de la Grande Motte, une lumière rosée miroite sur le glacier de la Vanoise, et le dôme de Pramecou, plus proche, annonce le soir avec son ombre violacée.

Yves se remplit les yeux de ce paysage impressionnant. Contrairement à ce qu'il avait imaginé, aucun reproche ne lui vient à l'esprit. Il ne garde aucune rancune à l'égard du mont Palafour. Une larme, plutôt, réussit à franchir la frange épaisse de ses cils pour venir courir le long de sa joue.

30

Les ailes de l'ange

En juin 1999, Yves La Roche célèbre son quarantième anniversaire. Il est au seuil d'une nouvelle étape de sa vie. Cela fera bientôt dix ans qu'il s'est colleté avec la mort dans les Alpes françaises. Son extraordinaire récupération a pris valeur de symbole. Il a déjoué tous les pronostics énoncés par les spécialistes qui ont présidé à sa rééducation. Il est devenu une figure par excellence de volonté, de courage et de détermination. Tout autant que ses exploits réalisés en ski acrobatique, le miracle de sa renaissance l'enveloppe désormais d'une aura presque magique.

Tous ceux qui ont la chance d'approcher Yves La Roche apprennent vite une chose : il passe comme un ange, on ne l'entend pas. Il surgit souvent à nos côtés, silencieux, discret, l'âme toute disponible et rayonnant d'humanité, prêt à donner et à se donner. Consciemment ou non, il joue dorénavant les anges gardiens.

Lorsque sa compagne, Julie, lui demande de venir animer une courte séance de motivation auprès de son équipe de triathlon, les Antilopes, Yves y consacre tout un après-midi. L'entraîneur et toutes les athlètes sont ébahis. C'est en de tels moments qu'Yves se sent plus utile que jamais et s'offre sans compter. Il sent en lui cette lumière nouvelle qui l'habite, et l'emploie à illuminer autrui.

Le ski acrobatique, c'est bien fini pour lui. Les dernières nouvelles du circuit de la Coupe du monde sont d'ailleurs affligeantes. La saison 1999-2000 ne comporte que six étapes. Même la France, qui a long-temps été une mecque pour les sauteurs, est absente du calendrier. En juillet 1999, l'Association cana-dienne de ski acrobatique a coupé les vivres à ses athlètes. Pour Yves, c'est bien simple : on vient de reculer de vingt ans ; on se retrouve comme à l'époque de ses débuts, où les athlètes étaient laissés à eux-mêmes.

Yves trouve une bien plus grande satisfaction dans le travail du bois, le bricolage, et il s'est créé un nouvel atelier de menuiserie au sous-sol de la résidence qu'il partage avec Julie. Il se rend fréquemment à Lac-Beauport pour s'occuper de son fils Eliott, qui vient d'avoir dix ans. Il séjourne aussi régulièrement chez sa mère, Suzanne La Roche, qui conserve son sourire malgré les ravages de la maladie de Parkinson. Elle vient de mettre en vente la maison du chemin des Pentes. La grande salle à manger, avec ses larges fenêtres donnant sur les pentes du mont Saint-Castin maintenant désert, ressemble encore à un musée, avec ses dizaines de trophées et ses centaines de médailles sportives qui tapissent les murs lambrissés. Avant longtemps, l'héritage du *Québec Air Force* ne sera plus qu'un souvenir.

Cependant, le passé d'Yves et l'empreinte qu'il a laissée font qu'il demeure un modèle pour toute une nouvelle génération de sauteurs. Dépositaire de la tradition, Nicolas Fontaine est devenu dans les années 90 la figure de proue de l'équipe canadienne. Yves a été son premier entraîneur. Il était présent lorsqu'il a gagné sa première médaille à Albertville, sa première Coupe du monde en 1994 et son premier championnat du monde à Nagano en 1997. Aujourd'hui encore, Nicolas Fontaine consulte Yves avant chaque compétition importante. «En janvier 1999, à Mont-Tremblant, j'ai déjeuné avec Yves et quelques heures plus tard, pour la première fois de ma carrière, je remportais une Coupe du monde ici, chez moi, au Québec. J'ai toujours trouvé, comme sauteur, que je ressemblais plus à Yves qu'aux autres athlètes. J'ai toujours aimé faire des sauts plus difficiles, comme lui. Je suis un gars qui ne parle pas pour rien dire, et je sais qu'Yves est ainsi. C'est pour cela que je le respecte beaucoup.»

Depuis 1997, Nicolas Fontaine a établi un nouveau record : voilà trois années consécutives qu'il obtient le titre de vainqueur de la Coupe du monde. Il maintient le contact avec Yves, peu importe l'endroit où il se trouve. Il a l'impression qu'Yves le comprend et il en retire du réconfort et de l'encouragement. Qu'Yves le veuille ou non, le ski acrobatique fera toujours partie de sa vie. Une force d'attraction inexplicable continue de drainer vers lui les héritiers d'un sport dont il est l'un des pionniers. En plus d'avoir joué un rôle important dans l'évolution du ski acrobatique, Yves demeure à jamais une référence incontournable.

Yves veut partager son talent de motivateur avec le plus grand nombre, les jeunes surtout, qui ont besoin d'être stimulés. Il se rend régulièrement à Québec pour faire avancer un projet éducatif avec la collaboration d'Optimum Relations publiques, une division du groupe Cossette. Car, au fil des derniers mois, il a réalisé à quel point son magnétisme attire l'attention. Il a toujours été son propre patron et, éternel solitaire, il a l'habitude de paver sa propre voie. Ses projets se précisent.

Son frère Philippe, qui s'est aussi retiré de la compétition pour exploiter une franchise du restaurant *La Cage aux sports* à Chicoutimi, offre parfois à Yves de l'accompagner lorsque celui-ci est invité à donner des conférences dans les grandes entreprises. Philippe lui-même s'émeut lorsqu'il voit l'assistance pleurer sans retenue en écoutant le témoignage de son frère. Yves prend peu à peu conscience de sa force d'attraction et trouve l'expérience fascinante. Il répète aussi l'exercice dans des écoles, et prend plaisir à transmettre aux jeunes le grand principe qui l'a toujours guidé. Une philosophie qui tient en quelques mots : toujours donner le meilleur de soi-même sans jamais se comparer aux autres.

La détermination d'Yves séduit tout le monde. Dans les restaurants, des chefs d'entreprise l'invitent à leur table, désireux de connaître les secrets de sa force intérieure. Un jour, à la Ronde, alors qu'il est venu encourager un Montréalais qui essaie d'établir un nouveau record Guinness dans un manège, il est abordé par une jeune athlète adepte du *tumbling*, une nouvelle discipline qui consiste à exécuter des figures sur une sorte de petit trampoline rectangulaire. Leur conversation s'anime tout naturellement et Yves quitte la file d'attente pour trouver un carré d'herbe dans lequel il passe trois quarts d'heure à enseigner à la jeune fille des mouvements et des trucs d'entraînement.

Un autre jour, alors qu'il est de passage dans la région de Québec, Yves visite son amie Sylvie Bergeron. Elle héberge alors un adolescent de seize ans qui évolue dans une ligue de hockey Midget AAA. Elle sollicite d'Yves un bon mot pour l'ado qui s'interroge sur ses performances. Yves lui consacre tout un après-midi; la vie du jeune hockeyeur est transformée. Sylvie n'est guère étonnée : elle sait qu'Yves a le don de parler avec son cœur.

Ces expériences diverses convergent toutes vers une nouvelle vocation. Yves ne veut pas limiter ses enseignements à une poignée de professionnels du sport. Conscient que la somme de son expérience ne peut qu'être utile à la jeunesse d'aujourd'hui, il désire maintenant proposer ses ateliers-rencontres dans toutes les écoles du Québec. Le groupe Cossette lui donne un sérieux coup de main en agissant comme maître-d'œuvre du projet. À l'automne 1999, toutefois, les démarches sont ralenties par le gel des activités parascolaires exercées par la centrale syndicale des enseignants. Il faudra plutôt se tourner vers les commanditaires.

Heureusement, Yves a développé un rare sens de la patience depuis sa résurrection. Il croit à l'avenir. Il est désormais en paix avec son passé, il ne nourrit plus aucun regret. Il a refait sa vie avec une femme qu'il aime et qui l'aime, il a un fils qu'il regarde grandir avec fierté, et plusieurs interrogations ne se posent plus. Car à force de combattre le doute, on cultive la confiance. Poussé à l'extrême, c'est presque de l'invulnérabilité.

Avec sa légendaire simplicité, Yves La Roche ne brille plus uniquement que les quelques secondes que duraient ses sauts acrobatiques. Il éclaire dorénavant le monde qui l'entoure, comme un astre, comme un ange. Il a maintenant des ailes. Il peut prendre son envol d'où qu'il soit, il sait maintenant qu'il ne tombera plus jamais.

Remerciements

Merci à Yves La Roche pour sa confiance, sa générosité, son amitié.

Pour leur contribution exceptionnelle, merci à Suzanne La Roche, Alain La Roche, Philippe La Roche, Christine et Dominique Gstalder, Renée et Charles Puts.

Pour leur aide précieuse et leur aimable collaboration, merci à Mike Abson, François Ampleman, Henri Authier, Pr Michel Barge (Hôpital Michaillon, Grenoble), Martin Barron, Sylvie Bergeron, Claude-Denis Bertrand, Janick Bisson (Centre François-Charon, Québec), Daniel Côté, Ted Dumaine, Aimé Favre, Nicolas Fontaine, Sylvie Garon (Centre François-Charon, Québec), Sylvie Hamel, Julie Joannette, Martine Landry (Centre François-Charon, Québec), Lloyd Langlois, Dominic La Roche, Simon La Roche, Gérard Méda, Pierre Plamondon, Philippe Reymond (Club des sports, Tignes), Yvon Robitaille, Jean-Marc Rozon, André Savard, Dr Gérard Schubert (Centre médical de Tignes), Carole Théberge, les Sapeurs-Pompiers de Tignes, le Service des Pistes de Tignes, la Société des Téléphériques de la Grande Motte.

Merci à Suzanne Bélanger pour son enrichissante collaboration.

Merci à Denyse Parizeau et Nathalie Mallette pour leur soutien constant.

Un merci spécial à Me Paul Jolicœur dont l'amitié m'est précieuse.

Merci également à Roger Beaulieu, Josette Gagné, Michel Saulnier et Ubu, pour son amour inconditionnel.

Enfin, ma reconnaissance à Jean-Louis Millette pour son amitié et ses conseils.

Table des matières

Ce volume a été achevé d'imprimer
sur les presses de l'imprimerie Gagné
à Louiseville
en février 2000

Imprimé au Canada